U0336132

华章经典 · 金融投资

跨市场交易策略

TRADING WITH
INTERMARKET ANALYSIS
A Visual Approach to Beating the
Financial Markets Using Exchange-Traded Funds

| 典藏版 |

[美] 约翰 J. 墨菲 著　　王帆 高闻酉 马海涌 译

机械工业出版社
China Machine Press

图书在版编目（CIP）数据

跨市场交易策略（典藏版）/（美）约翰 J. 墨菲（John J. Murphy）著；王帆，高闻酉，马海涌译 . —北京：机械工业出版社，2018.10

（华章经典·金融投资）

书名原文：Trading with Intermarket Analysis：A Visual Approach to Beating the Financial Markets Using Exchange Traded Funds

ISBN 978-7-111-61075-5

I. 跨… II.① 约… ② 王… ③ 高… ④ 马… III. 资本市场 – 市场交易 IV. F830.9

中国版本图书馆 CIP 数据核字（2018）第 224902 号

跨市场交易策略（典藏版）

出版发行：机械工业出版社（北京市西城区百万庄大街 22 号 邮政编码：100037）

责任编辑：贾 萌　　　　　　　　　　　责任校对：殷 虹

印　　刷：北京瑞德印刷有限公司　　　　版　　次：2018 年 11 月第 1 版第 1 次印刷

开　　本：170mm×230mm　1/16　　　　印　　张：21

书　　号：ISBN 978-7-111-61075-5　　　定　　价：69.00 元

凡购本书，如有缺页、倒页、脱页，由本社发行部调换

客服热线：（010）68995261　88361066　　　投稿热线：（010）88379007

购书热线：（010）68326294　88379649　68995259　读者信箱：hzjg@hzbook.com

版权所有·侵权必究

封底无防伪标均为盗版

本书法律顾问：北京大成律师事务所　韩光 / 邹晓东

　　我撰写的第一本与跨市场分析有关的书出版于 1991 年，书名为《跨市场技术分析：全球股票、债券、商品及外汇市场交易策略》（*Intermarket Technical Analysis*：*Trading Strategies for the Global Stock, Bond, Commodity, and Currency Markets*）。我写那本书的目的在于证明全球的金融市场是紧密相连、相互影响的。那本书的主旨在于，技术分析师需要扩大图表的分析范围，应该将这些市场间关系（intermarket relationships）也考虑在内。比如，在单独分析股票市场时，如果不将美元、债券及商品市场的最新动态考虑在内的话，这一分析就是不完整的。我在那本书中指出，金融市场通常可以作为相关市场发展趋势的领先指标，至少可以用这一指标确认（或否认）其他现行趋势。

　　由于本书初版中所包含的信息动了技术分析界的"奶酪"，对他们所持的**单一市场理论**构成了挑战，因此某些图表分析师对这些信息提出质疑，他们认为这一新的、应用范围更广的跨市场分析方法在技术分析领域不会有容身之处。许多分析师怀疑市场间关系是否存在，即便这一相关性真的存在，它们是否具备足够的持续性，从而具备预测价值，这都是未知数。我曾向证券市场技术分析师协会（Market Technicians Association, MTA）提交了一篇与跨市场技术分析有关的论文，结果被拒稿，理由是缺乏证据。这一看似革命性的想法（全球市场之间存在着联系，美国的分析师可以通过追踪国外市场趋势来获得某些优势）也饱受质疑。如今，20多年过去了，世界已经发生了天翻地覆的变化。

20多年后，**跨市场分析**（intermarket analysis）已经成为技术分析的一个分支，其地位也愈加重要。《技术分析杂志》（*Journal of Technical Analysis*）对证券市场技术分析师协会的会员进行了一项调查，让他们对各技术分析学科的相对重要性进行排名。在调查中所涉及的14个技术分析学科中，跨市场技术分析排名第五。此外，我出版的第二本与跨市场分析有关的书《跨市场分析：从全球市场相关性中获利》（*Intermarket Analysis: Profiting from Global Market Relationships*），已经成为证券市场技术分析师协会注册市场技术分析师（Chartered Market Technician, CMT）项目的必读书目，而该项目恰恰就是此前拒了我稿件的那个项目[⊖]。看到跨市场分析在过去的20多年里获得如此长足的发展，并成功地为技术分析界所接纳，真是令人欣慰。读完本书之后，希望你也赞同这一点：跨市场分析已经成为技术分析领域不可或缺的一部分。

我写的第一本跨市场分析的书（1991年）回顾了20世纪80年代以来所发生的事情。自那时起，发生于20世纪70年代的10年超级通货膨胀期已经结束，商品泡沫于1980年破裂。这也导致了债券及股票市场在20世纪80年代初期的大幅上升，长达20年的**通货膨胀放缓**的大幕正式开启，债券与股票市场也逐渐步入牛市。该书还分析了1987年的股市崩

⊖ 注册市场技术分析师项目是由证券市场技术分析师协会（mta.org）管理的三级考试认证项目，该项目的申请人需要证明其在技术分析方面的能力。成功通过考核的申请人将获得注册市场技术分析师的资格。

盘，而这一事件也让我将跨市场分析的理论变成现实。在该书于 1990 年年底付梓时，我还介绍了导致第一次海湾战争爆发的全球事件。我写的第二本关于跨市场分析的书（2004 年）承接了第一本书未言尽的部分，并对第一次伊拉克战争（1990 ～ 1991 年）与 13 年之后的第二次伊拉克战争（2001 ～ 2003 年）进行了比较。这两次战争的实际爆发时间也为股市在 1991 年与 2003 年的新牛市拉开了序幕。第二本书还描述了 20 世纪 90 年代的市场趋势，其中包括 1994 年的那次**隐性**熊市，这也为市场间关系提供了另外一些启示，石油价格的猛涨是债券及股票市场在这一年下跌的决定性因素。

20 世纪 90 年代发生的两起转折性事件，为金融评论的字典增添了一个新名词——**通货紧缩**（deflation），这两起事件分别是 1990 年的日本股市崩盘及 1997 ～ 1998 年的亚洲金融危机。自 20 世纪 30 年代以来，通货紧缩首次引起人们的关注。在 2004 年出版的书中，我介绍了始于 20 世纪 90 年代末期的通货紧缩威胁，并对它如何改变某些重要的市场间关系，进而导致了纳斯达克股市泡沫在 21 世纪初期的破裂进行了说明。在市场于 2000 年首次见顶之后的十多年里，这些变化仍在起作用。在第二本书的结论部分，我谈到了新一轮牛市于 2003 年的春天启动（和石油价格在第二次伊拉克战争开始时的崩盘有一定关系）。

我写的下一本书名为《图表炒家》（*The Visual Investor*），这本书包括了那些与 2007 ～ 2008 年金融危机有关的市场事件，在很大程度上，这次金融危机由大萧条（Great Depression）以来最大的一次房地产市场崩盘所引发。这本书说明了如何将传统的图表技术分析方法与跨市场理论结合，借此掌握事情的发展全貌。在这本书出版近 5 年之后，我们依然能够感受到此次全球金融危机带来的深远影响。

《跨市场交易策略》将回顾 2000 年以来的市场事件，意在说明，在过去的 10 年里，通货紧缩的威胁已经主导了大多数市场间关系及美联储政策。美联储为了消除通货紧缩的压力而将美元贬值（美联储曾在 20 世纪 30 年代尝试过这一方法），这也是始于 2002 年的商品泡沫的直接诱因。跨市场相关性最重要的变化之一当属债券与股票间关系的变化，自 1998 年以来，这两者间的相关性已**不复存在**。在 1998 年之前的 10 年中，债券价格的上涨总是伴随着股票价格的上涨，然而，自 1998 年以来，债券价格的上涨会让股票的价格下跌，这一新现象在 2000～2002 年的股市崩盘中变得越发明显，在 2008 年金融危机中则再一次重现。

自 2007 年房地产市场泡沫破裂以来，股票价格与商品价格之间的联系日益紧密，这是跨市场相关性的第二个变化，这不禁让人想起 20 世纪 30 年代的大萧条。股票与商品的价格自 2008 年以来日趋同步，这是因为两者均依赖于全球市场的变动趋势。与 2008 年金融危机有关的事件给我们上了另外一堂难忘的经济课，即必须注重市场与总体经济之间的关系。股票市场是一项领先经济指标。股票市场通常先于总体经济见顶及见底。在房地产市场崩盘后发生的大萧条始于 2007 年 12 月（在股市见顶 3 个月后发生），终于 2009 年 6 月（在股市见底 3 个月后发生）。这也是自 20 世纪 30 年代大萧条以来，影响时间最长、程度最深的一次经济衰退。美联储所采取的措施与 20 世纪大萧条时期所采取的手段如出一辙，也就毫不令人惊讶了。

在我看来，在过去的 20 多年里共发生了 3 个主要的通货紧缩事件。首先，日本股市在 1990 年年初见顶，这一世界上第二大经济体（在当时）随后进入通货紧缩螺旋状态。其次是 1997～1998 年的亚洲金融危机。最后是 2007 年的房地产市场崩盘。在我们迈进 21 世纪的第二个 10 年之时，这 3 个通货紧缩事件让市场间关系进入一种**新格局**。本书的目的就在于解释这些新的格局是什么，以及你应如何利用它们。

跨市场分析的视觉性极强。尽管本书所介绍的市场间关系有其坚实的经济学理论基础，也得到了相关统计的支持，但我的分析方法主要依靠的还是价格图表，使用图表来分析这些相关性。因此，你会在本书中发现许多图表。图表会让我们更容易比较，而且更引人注目。请放心，要理解这些图表，你不需要是一名图表专家。你只要拥有辨别涨跌的能力，保持一个开放的心态就够了。

| 致谢 |

      首先，我要感谢John & Wiley Sons 公司的执行主编Pamela Van Giessen，感谢她在我先前出版的书中所做的指导工作，也感谢她对我出版更多书籍的鼓励。Burton Evan 是 Giessen 的继任，他让我相信，新一代的书有着出色的图形及数字增强技术，因此特别适合进行可视化市场分析，也会为其带来更广泛的受众。这一点他做到了，我很开心。我还要感谢 John & Wiley Sons 的 Judy Howarth，感谢她和我密切合作，一起完成整合全书的艰苦工作，让本书变得亲切可读。本书中所有的图表均来自 StockCharts. com 网站。我要感谢 StockCharts.com 公司的总裁 Chip Anderson，感谢他为本书创造的市场新指标，也感谢他所提供的极其有用的历史市场数据。这些年来，我从其他作者那里也受益良多。我要特别提到 Sam Stovall，他是标准普尔公司的首席投资策略师，我要感谢他在经济周期中的行业板块轮动分析方面所做的工作。我还要感谢 John Greengan Jr.，感谢他提供的外汇交易的专门技术。还有我的代理人 Ted Bonanno，他为我排忧解难。最后，我要感谢我的读者，他们是我早前出版的跨市场分析书籍的忠实拥趸，正是他们的不断激励，让我在这一激动人心的领域中做出些许贡献。这本书就是献给他们的。当然，也要献给那些对跨市场分析感兴趣的新读者。

|第一部分|

旧格局

| 第二部分 |

2000 年与 2007 年的市场见顶

|第三部分|

经济周期与交易所交易基金

第 9 章　经济周期对行业板块的影响　/ 144

|第四部分|

新格局

结论

TRADING WITH INTERMARKET ANALYSIS

旧　格　局

第 1 章

跨市场分析：相关性的研究

本章的要点在于跨市场分析，主要包括下面几部分内容。首先，我们发现各市场之间是相互关联的；其次，我们阐述了在经济周期的不同阶段进行资产配置与行业板块轮动的相关策略，同时说明股票价格是如何先于总体经济见顶及见底的。其他要点还包括：原油价格在金融市场中所起的重要作用；交易所交易基金（exchange traded funds，ETF）使跨市场交易发生了怎样的深刻变革；使用图表分析的优越性及参考大型图表的重要性；跨市场分析对技术分析的启示，它为技术分析领域带来了一种什么样的新模式，为什么说这种新模式是一种进步；各市场之间的相关性为什么会发生变化。本章最后简要概括了跨市场交易分析的基本原则。

所有市场都是相关的

顾名思义，**跨市场分析**（intermarket analysis）就是要研究各种不同类型金融市场之间的相互关系，这种研究出离于传统市场的分析模式之外，因为后者主要致力于研究**单一的市场**品种。例如：股票分析师将时间主要花费在分析股票市场之上，他们侧重研究股市中不同板块及各类个股的变化情况，而股票交易者对债券、商品或美元（更不必说海外市场了）的走势没什么太大的兴趣。同样，固定收益证券的分析师与交易者主要致力于分析债券市场，对其他金融产品的情况并不关心；商品交易者会全力追踪其所交易市场的价格行情，对其他类型的金融资产不会太过关注；而在外汇市场中从事交易的人群也只局限在期货从业人员以及银行间交易商中。

跨市场分析就是研究各类金融市场之间是如何彼此相互联系的。

如今情况大不一样了，在过去十年当中，通过更加广泛地应用跨市场分析方法，传统的图表分析模式已经脱胎换骨。同时，我很高兴地想到，我之前出版的两部跨市场分析的著作（分别出版于 1991 年与 2004 年）已经将研究重点推向这个领域。今天，对一个交易者来说，操作这四类金融资产中的任意一个品种而不研究其他三类资产的行情趋势是不可想象的。

墨菲小常识

与跨市场分析有关的四类资产包括债券、股票、商品及外汇。

之所以要了解不同类型金融资产间的互动问题，原因有二。第一个原因是这有助于你分析其他金融市场对你所关注市场的影响。比如，如果你交易股票，那么了解债券和股票间的相互关系非常关键。之所以要观察债券的情况，是因为债券的价格走势与股票价格的运行方向常常相反。在大多数情况下，债券市场往往先于股票市场而提前转势，而债券的收益率与债券价格是反向相关的，所以，下降的债券收益率（上升的债券价格）可以为股票市场的行情变化提供反向预警。

图 1-1 比较了美国 10 年期国债与标普 500 指数在 2000 年的价格变化情况。当年 1 月（箭头 1），债券收益率见顶之后开始下跌，这比股市的转势提前了很长一段时间；当年的春季，债券收益率跌至年内最低点，而标普 500 指数仍在左右摇摆（尽管纳斯达克指数于同期升至顶点）；直到 2000 年第四季度，标普 500 指数才开始下跌（箭头 2），而这一波熊市持续的时间长达两年之久。从这个鲜活的案例当中，我们可以看到债券收益率的下降能够为股市

的下跌提供早期预警; 同时, 它说明债券市场在重要的行情拐点之处往往先于股票市场提前转势, 它可以成为研究股市的领先指标。另外, 图 1-1 也表明, 在股票分析当中, 参考债券市场的行情变化是非常重要的。

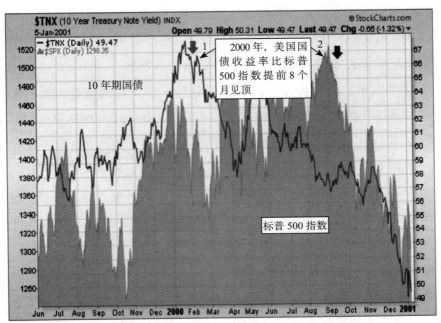

图 1-1　2000 年债券收益率下降对相应股市见顶的预警

　　如果你是债券交易者, 你就应该关注商品市场的行情变化。比如, 商品价格的飙升经常伴随着债券价值的下降。而对市场间相互关系进行的另一项研究表明: 美元价格的下跌通常会引起商品价格的上扬。此外, 在本书后面的章节中, 你会发现美元价格的走势可以决定美国境外股票相对于境内股票的吸引力。

资产配置策略

　　理解市场间关系的第二个重要原因, 在于它可以帮助我们优化**资产配置**

策略。在过去的一段时间里，投资者的投资范围仅限于债券、股票或外汇交易，资产配置的模式也很有限，但是投资者的经营范围在过去的 10 年间得到了相当大的扩展。比如，2002 年伊始，各类商品资产的金融属性被发挥到了极致，其交易模式已经被华尔街和大众投资机构接受，成为债券和股票的可靠替代品，而交易所交易基金的出现又与商品资产交易的蓬勃发展密不可分；同样，外汇市场从 2002 年以后也得到了强有力的发展。

2002 年以来，随着美元价格的下跌并创下历史性的新低，我们来观察一下这四类资产的相对表现：自 2002 年伊始的 10 年间，商品资产价格上升了 64%；相比较而言，债券价格上涨了 23%；美国境内的股票价格相对平稳地上升了 9%；在商品价格上涨的刺激下，美元价格下跌了 32%，这是因为美元价格与商品资产价格的运行方向相反，美元的贬值引发了商品价格的高涨。

墨菲小常识

商品资产价格与外币价格的行情走势一致，与美元价格的运行方向相反。

图 1-2 比较了美元指数与 CRB 指数[⊖]在 2000 ～ 2008 年的变化情况。图中很清晰地表明两者的运行方向相反。另外，我们还可以看到 2002 年商品价格飙升（见上指箭头）的同时，美元价格开始下跌（见下指箭头）。在对各金融市场间关系的研究当中，我们发现美元价格走势与商品市场行情变化之间的反向相关态势是持续的、最为可信的关系之一。

与此同时，外币价格也因为美元的贬值而上升，对那些将本币价值与商品出口紧密相连的国家，如澳大利亚和加拿大，情况尤为突出——自 2002 年伊始的 10 年里，（伴随着商品价格的飙升）澳元对美元升值 101%，而欧元对美元升值 50%。这些情况很清晰地说明：通过扩大投资范围，在债券与股票

⊖ Commodity Research Bureau Indexes，美国商品调查局公布的敏感商品期货价格的指数变化。——译者注

之外进一步优化资产配置，投资者能够获得可观的收益。而交易所交易基金则从中起着很重要的作用。

图 1-2　2002 年美元见顶转势导致了商品价格的上涨

交易所交易基金对跨市场交易的深刻变革

交易所交易基金与金融交易范围的扩展有着密切的关系，它将商品及外汇这类产品作为金融替代品纳入市场。实际上，随着交易所交易基金的广泛普及，跨市场交易发生了深刻的变革，全球跨市场交易策略的实施也变得更加容易。比如，在 20 世纪 90 年代，相对于期货市场以外的交易者，在其投资组合之中纳入商品期货和货币产品几乎没有可能性。而交易所交易基金的出现使得商品期货投资和外汇交易就像在股票交易所买入股票一样容易，通过交易所交易基金，投资者可以在全世界任意角落交易任意一种金融资产。正因为如此，我们会将交易所交易基金的相关问题贯穿于本书的始终，同时探讨各类市场间的互动关系，并学会如何利用这些关系。在行业板块轮动策略的实施过程中，交易所交易基金也变得极其流行。

行业板块轮动与经济发展周期的相关性分析

跨市场分析在确定行业**板块轮动**（sector rotation）策略方面起着很重要的作用。美国的股票市场可以划分为不同的行业板块（还可以进一步细分为行业团体）。

交易所交易基金覆盖了所有的市场行业板块（以及大多数行业团体）。这极大地便利了投资者在经济周期的各个不同阶段内进入及退出不同的市场行业板块。在本书后面的章节中，我将向你说明如何利用跨市场原理（还有某些简单的图表技术）来确认领先及落后的行业板块，这将保证你的领先位置，或是助你摆脱落后的局面。你还将了解到，跟踪行业板块轮动将为股票市场及总体经济的发展方向提供哪些有价值的洞见。

墨菲小常识

股票市场可以划分为 10 个行业板块以及大约 90 个行业团体。

当股票的新一轮牛市即将启动时，像非必需消费品股票（也包括其零售商）这样的经济敏感型行业的表现通常好于大多数股票。科技股与交通运输类股票也属于此类，它们的走势与经济周期密切相关。小盘股也先于大盘见底。当市场见顶时，这些极其类似的行业板块通常率先转头向下。当股市进入牛市末期时，能源股（其价格与石油价格密切相关）很容易成为市场龙头股。当能源类股票成为领头羊时，对股市来说，这往往是一个危险的信号。当资金从能源股中出逃，并流入诸如生活必需品、医疗保健以及公共事业股等防守型板块中时，我们可以将其视为股市正在见顶的一个信号。我将说明，如何确认这些风格转换，如何利用这一点来获利，以及它们的含义是什么。

股票市场先于总体经济见顶或见底

如果股市形成重要的顶部，那么通常会使经济逐渐走弱（或步入衰退期）。比如，股市在2000年见顶，在接下来的春天，经济步入衰退期。2007年10月的股市见顶导致经济在当年的12月步入衰退期。当市场见底时，情况同样如此。在两次衰退期（2003年与2009年）结束前，市场在几个月前即已调头向上，由熊转牛。当股票市场走弱，资金就会从股市向债市转移。市场见底时则情况相反，资金会从债市向股市转移。幸运的是，投资者的这些情绪变化很容易确认，我将在本书后面的章节中对此加以说明。我们很难将金融市场的发展趋势从总体经济的发展趋势中分离出来。跨市场分析不但表明了市场的走向，而且为我们指明了总体经济的发展方向。在本书后面的章节中，你还会发现债券、股票及商品价格的历史走势均会出现波峰与波谷，在经济周期的拐点处，其走势是可以预见的。

墨菲小常识

在市场见顶或见底时，通常是债券率先改变方向，其次是股票，再次是商品价格。

当你处于经济周期的不同阶段时，这些知识可以帮助你确定自己所处的位置。它还可以帮助你确定经济周期是即将转而向上，还是掉头向下。

石油价格的作用

在2007年年初，石油价格开始上涨，随后，股票市场开始下跌。当市场于 2007 年见顶时，石油价格的作用不算反常，实际上，其表现可以说十分正常。在过去的 40 年里，每一次经济衰退都有石油价格上涨的影子。石油价格上涨还导致股票市场见顶，随后踏入漫漫"熊途"。20 世纪 70 年代中期的情况正是如此，在 1973 年（第一次石油危机期间），原油的价格暴涨了 3 倍，股票市场在其后的 1 年（1974 年）中暴挫 50%。在 1987 年、1990 年、1994 年以及 2000 年的股市下跌中，原油价格的暴涨均先于股市的暴跌出现（或与股市同步出现）。与此相反，原油价格的暴跌通常会带来股市的上涨。两次伊拉克战争（1991 年年初及 2003 年）初期的情况正是如此，股市因此开启了新一轮的牛市。当与石油价格密切相关的股票成为龙头股时，这对股市来说通常是一个危险的信号。这是我们跨市场分析必须考虑石油价格的原因所在。在大多数股票市场见顶之前，你都能看到石油价格激增的影子。

墨菲小常识

石油价格的上涨通常会迫使美联储提高利率，这会使股市走弱，并让经济减速。

图 1-3 对原油及标普 500 指数在 2007～2008 年的价格进行了比较，图中显示了两种联系紧密的跨市场趋势。第一种趋势是，石油价格的上涨通常先于股票市场见顶。原油价格于 2007 年年初上涨（图中第一个上指箭头）。在 2007 年 8 月小幅回调之后，原油价格从 9 月开始了更为迅猛的上涨（图中第二个上指箭头）。一个月以后，股市在 10 月见顶回落（图中第一个下指箭头）。对股票来说，石油价格的上涨通常是一个警示信号，在大多数情况下会导致股市见顶回落。跨市场分析所掌握的第二种趋势是，石油价格通常在股市之后见顶回落。图 1-3 表明，原油价格在 2008 年 7 月见顶（图中第二个下指箭头），此时是股市见顶 9 个月之后。

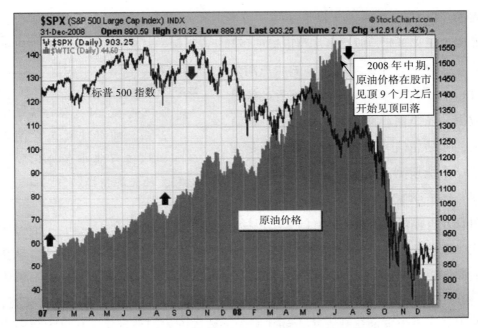

图 1-3 2007～2008 年的原油价格上涨导致股市见顶

使用图表分析的好处

读到这里，你可能已经开始觉得我们对市场间关系所进行的讨论充斥了太多的经济学理论。这也不无道理，因为跨市场分析所依据的正是经济学原理。然而，跨市场分析是从市场出发的，绝非纯粹的理论分析。分析反映收益与损失的财务报表用不着什么经济理论。经济学家通过经济统计数据来确定经济的发展动向，由此推断金融市场的可能走向。与之相反，图表分析师着眼的是市场本身。这两者之间有很大的区别。就其本身的性质来说，经济统计数据是**往回看的**（backward-looking）。除此之外，它还能为我们提供什么有价值的东西吗？它只会告诉我们上个月或上个季度都发生了什么事，却不会告诉我们任何未来（就此而言也包括现在）要发生的事情。而市场是**向前**

看的（forward-looking）经济主体。市场被称为**贴现**（discounting）机制，其原因也正在于此。股票市场可以提前预知（或贴现）未来 6 ～ 9 个月的经济动向。这也是为什么某些市场被叫作**期货**（futures）**市场**。你是信赖往回看的统计数据，还是信赖向前看的市场呢？换言之，你是相信一个滞后指标呢，还是相信一个能预测市场未来走向的领先指标呢？经济学家信赖滞后的经济指标，而图表分析师则更信赖向前看的金融市场。

墨菲小常识

股市通常先于总体经济改变走向，而债市的变化通常早于股市。这使得债市成为比股市更领先的经济指标。

这一分歧恰恰是技术分析的核心所在，其理论基础是，市场是其自身基本面的领先指标。从这种意义上讲，图表分析是经济及基本面分析的一种快捷方式。这也是跨市场技术分析使用图表的原因之一。在进行跨市场分析时，图表的一个很大的优势在于它能让我们考察许多不同的市场。如果不使用图表，我们想不出哪个人能对全球市场的所有资产进行研究、比较。通过图表，你不但能更容易地比较如此多的市场，而且不必成为所有市场的专家。你只要掌握绘制图表的知识，具备确认市场涨跌的能力，这就足够了。跨市场分析还可以更进一步，即确定两个相关的市场是同向而行，还是背向而行。

重在掌握全局

本书所介绍的可视化工具最大的优点是其普遍性及可转移性。它们可以以任一时间维度在全世界的任何地方应用于任何一个市场。

可视化工具既可以应用于短线交易，也可以应用于长期投资。无论哪个市场，只要能绘制出该市场的图表，就能进行分析。和那些使用某种形式的经济或基本面分析法的人相比，图表分析师拥有明显的优势。前两种分析方法需要处理大量的问题——经济学家不得不处理大量过时的数据，而基本面分析师（那些研究公司与行业盈利情况的人）需要处理海量数据。这使得基本面分析师无法涉足全部市场。因此，基本面分析师不得不专门化。与之相比，跨市场图表分析师可以按照自己的喜好，在世界的任意角落跟踪任一市场，却又不必成为每个市场的专家。在这样一个彼此之间相互联系、相互作用的跨市场分析与交易的世界里，这的确是一个巨大的优势。更为重要的是，能在全世界如此多的市场中研究分析各类资产，这为跨市场图表分析师提供了从**全局**把握市场总体走势的机会。和那些仅关注一小部分金融领域的市场分析师的"井蛙之见"相比，从全局的高度把握市场是一种巨大的优势。

跨市场分析对技术分析的启示

由于涉及多个市场的考察，跨市场分析通常需要用到价格图表。图表分析是研究市场间关系最简单、最有效的方式。跨市场分析使技术分析变得更有用。在讨论那些曾经只限于证券分析师及经济学家研究的话题（如通货膨胀、通货紧缩、利率的走向、美元的影响以及经济周期的现状等）时，像我这样的技术分析师在过去是难以置喙的。现在我们也有了发言的机会，比如，由于对债券、股票及商品市场在经济周期中的转换情况略知一二，我们可以讨论经济状况。行业板块轮动理论也可以说明经济是收缩的还是扩张的。

墨菲小常识

当经济扩张时，可选消费品类股票成为领头羊；当扩张接近尾声时，龙头股是能源类股票；在经济衰退时，日用消费品类股票表现强劲。

金融市场是经济走向的领先指标。美联储直到 2003 年春天才确认通货紧缩的威胁，而市场在 1 年前就已经确认了这一点。在对 2007 年房市崩盘的确认上，美联储花的时间也比图表分析师长得多。与股市在 2000 年与 2007 年两次见顶有关的事件表明，在进行经济及基本面预测时，我们需要将图表分析及跨市场分析也包括进来。在 2000 年上半年及 2007 年，市场见顶的警讯已经清晰可辨，经济正步入泥沼（我们将在后面的章节中对此加以说明）。在图表分析师看来，这已经是尽人皆知的事情了，华尔街却花了太长的时间来确认这一点。技术分析是基本面分析的一种快捷方式，其理论基础是，任何市场上的价格动向都是该市场自身基本面的领先指标。在 2000 年与 2007 年，许多华尔街分析师（及其客户）忽视了市场释放出来的明显的图表信号，他们为此付出了沉重的代价，也同样为忽视跨市场信号而付出代价。

一种技术分析的新模式

跨市场分析的最大贡献是改变了市场分析师的交易视野。想在市场中搏杀，却对市场间互动关系一无所知，这就好像驾驶一辆汽车，却既不看侧视镜与后视镜，也不看窗子一样。跨市场分析包括了全球的所有市场。这一分析方法将市场分析师的关注点由内向型转为外向型，从而为市场中的各种作用力量提供了一种更为合理的认识。跨市场分析还为全球市场行为提供了一个更统一的视角，它使用的分析方法与分析师在市场内分析所使用的方法没什么大的区别。跨市场分析并未取代传统的技术分析，它只是为其增加了一种新的分析模式。

跨市场分析是一种进步

我觉得，跨市场分析算得上是技术分析理论与实践演化过程中的另一个重大进步了。越来越多的人认识到全球市场是彼此联系着的，交易者也越来越多地在其分析中将这些相关性考虑在内。因其灵活性及在所有市场中的适用性，技术分析成为实施跨市场研究的唯一选择。

　　跨市场分析为理解单个市场及行业之间的相互联系提供了一个更有用的分析框架。在 20 世纪的大部分时间里，技术分析主要关注市场内部。进入 21 世纪以来，人们越来越多地发现，技术分析方法不仅能应用于金融市场，而且在经济预测中有广泛的应用。现如今，美联储也开始从金融市场中寻找线索，以此预测经济的未来走势。要这样做，就必须使用图表分析。本书中所介绍的跨市场分析原则为技术分析的发展提供了一个更广阔的视野。我认为，跨市场分析在未来的重要性将与日俱增。

　　对市场间关系视而不见，就相当于放弃了无数有价值的价格信息。更糟糕的是，市场分析师会因为不能理解交易市场中的外部动力而处于不利位置。如今，只跟踪一个市场的时代已经一去不复返了。市场分析师需要知晓所有金融市场发生的情况，也必须了解全世界所有相互联系的市场之走势所产生的影响。技术分析具有极大的可转移性，可以很容易从一个市场转移到另一个市场，在比较这些市场之间的相对表现时，技术分析非常有用。

墨菲小常识

　　技术分析可以用来分析任何市场及任一资产类别，它既可以应用于短线交易，也可以应用于长期投资。

市场间关系缘何变化

　　市场间关系不是一成不变的。尽管大部分相关性在长期内保持不变，但它们会在短期内发生某些变化，持续的时间还很长。你很快就会看到，债券市场与股票市场间的相关性即是如此。然而，没有什么事情会无缘无故地发生变化。在 20 世纪末期，债券市场与股票市场间的相关性已经近乎消失，这表明，与第二次世界大战（简称"二战"）后的历次衰退相比，21世纪的经济周期将大不相同。在房地产市场于2007年崩盘后，情况尤其如此，此次崩盘也促成了大萧条以来最大的一次金融危机。为扭转这次危机，政府依然依靠传统的财政与货币政策，这些政策在过去是有效的。不幸的是，这一次，这些政策失灵了。

墨菲小常识

战胜通货紧缩比战胜通货膨胀困难得多。在过去的10年间，美联储已经将短期利率降至0，无法进一步降低利率，只能诉诸其他手段。

这是因为，2000年之后（尤其是2007年之后）的经济周期已经与传统的经济周期大不相同了。政府所采用的传统手段已经无法驾驭通货紧缩了。市场间关系在21世纪初及2007年之后发生了某些变化，这足以让我们意识到，这次和往常大不一样。

本书中所介绍的跨市场分析法只是一种指导原则，而非硬性的规则。适应市场环境变化的能力是盈利的关键因素之一。跨市场分析所采用的方法和对其他市场的分析没什么区别。尽管市场间关系在大多数时间里保持不变，但某些市场间关系也可能在短期内减弱。在这种情况下，我们最好不考虑这些相关性，直至它们变强为止。幸运的是，我们有相应的工具，可以判断这些相关性何时较强，何时较弱。尽管跨市场分析的范围非常广泛，有着无尽的想象空间，这要求我们必须扩大自己的分析视野，我对其未来的发展充满了信心。当你读完本书时，我希望你也同意我的看法。跨市场分析是市场研究的沃土，能为交易者提供大量的盈利机会。

跨市场分析原则

在对各金融市场进行实际分析之前，我们首先来回顾一下跨市场分析所依据的基本原则。这些原则的数量较少，也很容易理解。所有这些原则均有其坚实的经济学理论基础，也得到了历史分析的支持。尽管下列这些市场间关系在几十年里大多非常稳定，有些相关性还是会随着时间的推移而变化。这些相关性为什么会发生变化呢？如果发生了变化，你将如何确定呢？我将对这些问题加以说明。

跨市场分析的基本原则：

● 全球市场彼此之间相互联系。

● 分析任何一个市场都应该把对其他市场的分析纳入进来。

需要分析的四类资产包括：

● 股票；

● 债券；

● 商品；

● 外汇。

市场间关系：

● 美元与商品价格的变动趋势相反。

● 债券与商品价格的变动趋势相反。

● 自1998年以来，债券与股票价格的变动趋势呈反向变动。

● 自2008年以来，股票与商品价格的变动趋势十分密切。

市场间互动关系：

● 债券价格通常先于股票价格改变方向。

● 股票价格通常先于商品价格改变方向。

● 当市场见顶时，债券收益率率先见顶，股票价格其次，商品价格最后见顶。

● 与市场见顶时相比，这些轮动性在市场见底时并不明显。

国外市场的影响：

- 全球市场的所有股票都是紧密联系的。
- 美元升值利好美国股票。
- 美元贬值利好国外股票。
- 新兴市场与商品市场的走势密切相关。

回顾旧格局

在过去的几十年间，上面所列举的跨市场分析原则大多相当稳定。然而，在过去的 10 年间，某些原则发生了变化。近年来发生的一种变化是，股票与商品价格的走势关系越发紧密。自 2008 年金融危机（主要由房地产业的信贷萎缩所引发）以来，这种情况尤为明显。更重要的变化是债券与股票的关系，从 20 世纪 90 年代末的亚洲金融危机之后，两者间的相关性就已经发生了变化。自 1998 年以来，债券与股票的价格走势呈反向关系（这与其先前的走势相反）。在通货紧缩仍属一种威胁的那 10 年中，这种关系也算是非常典型的了。尽管本书的主要关注点是 2000 年（尤其是 2008 年）以来市场间关系的**新格局**，为给跨市场分析工作打好基础，我们也将对 20 世纪最后 30 年里的市场间关系进行简要回顾，并对那些形成新的市场间关系的市场事件进行检验。在下一章中，我们将回顾那些**旧有的**市场间关系。

第 2 章

对旧格局的回顾

　　本章对市场间关系在 20 世纪最后 30 年里的**旧格局**进行了回顾。商品价格于 1980 年见顶回落，终结了 20 世纪 70 年代以来 10 年的超级通货膨胀期，由此开启了长达 20 年的通货膨胀减缓大幕，债券与股票市场也逐渐步入牛市。本章还将说明，1987 年股市崩盘是如何强化这一市场间关系的，1991 年年初的第一次伊拉克战争及 13 年后的第二次伊拉克战争也起到了相同的效果。在 1994 年那次**隐性**熊市中，市场间关系保持得相当稳定。1997 ～ 1998 年发生的亚洲金融危机，自 20 世纪 30 年代以来首次将**通货紧缩**之虎放出牢笼，某些市场间关系也因此而改变。日本股市在 1990 年的崩盘以及随后的通货紧缩，也为 21 世纪初日渐成长的通货紧缩威胁推波助澜。

1980 年是一个关键的转折点

　　在市场间关系的研究历史中，1980 年是非常重要的一年。在这一年里，商品价格泡沫破裂，20 世纪 70 年代以来的超级通货膨胀得以终结，在过去的 10 年间，硬资产（如商品）价格飙升，而纸面资产（如债券及股票）则萎靡不振。商品价格在 1980 年见顶回落（适逢美元见底回升），一波长达 20 年的通货膨胀减缓大幕正式开启，债券与股票的牛市也正式启动。在 1980 年，美元不断升值，商品价格则不断下跌，在两者的共同作用下，债券的价格于 1981

年反转向上,高歌猛进。在一年以后的 1982 年,股市也开始了一轮强劲的牛市,其升势一直延续至 20 世纪末期。这一历史的重要转折点与传统市场间关系的走势十分吻合。

首先,当商品价格升至历史性高点时,正值美元跌至历史性底部。这再次印证了一个非常稳定的跨市场分析原则:商品价格与美元的走势呈反向关系。如图 2-1 所示,在 1980 年,当 CRB 指数(下指箭头)见顶时,适逢美元指数从历史大底处回升(上指箭头处)。美元的这一强势上扬也终结了 20 世纪 70 年代商品通货膨胀的恶性循环。

墨菲小常识

美元的升值会使商品价格下跌,而下跌的商品价格通常会导致较高的债券价格。

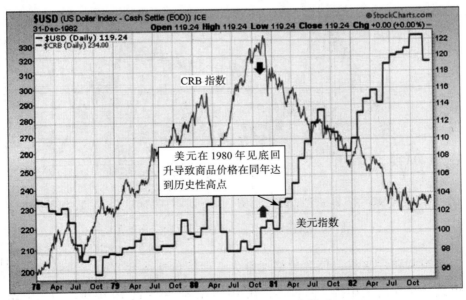

图 2-1　商品与美元之间的反向关系

跨市场分析的第二条原则是债券与商品价格的变动趋势相反。债券价格在 1981 年强劲反弹,商品价格在 1980 年的重挫是一个主要原因。如图

2-2 所示，商品价格在 1980 年升至历史高点（下指箭头），这使得美国国债价格在 1 年后（1981 年）触底反弹（上指箭头）。跨市场分析在该时期的第三条原则是债券与股票价格的变动趋势呈同向变化关系（这一关系在 20 世纪 90 年代末有所变化）。债券价格在 1981 年年底触底回升，这使得股票价格在 1982 年反转向上。图 2-3 表明，国债价格在 1981 年转头直上（第一个上指箭头），随后，标普 500 指数在 1 年后（1982 年）大幅反弹（第二个上指箭头）。

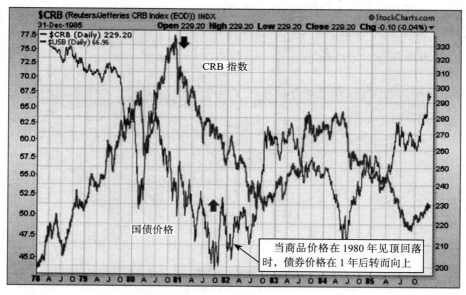

图 2-2 债券价格与商品价格呈反向变化关系

从正常顺序来讲，债券价格通常先于股票价格改变方向，债券先于股票回升这一事实与之相符。简言之，在 20 世纪 80 年代这 10 年间，美元率先上涨，商品价格随之下跌，然后，债券与股票价格开始上涨。自 20 世纪 70 年代以来形成的市场间关系完全被这些变动趋势颠覆。

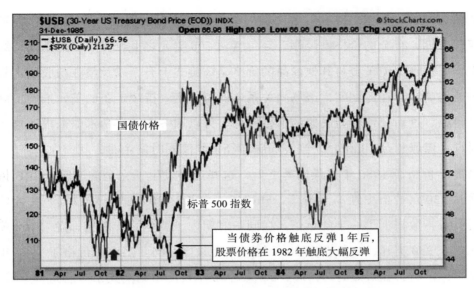

图 2-3　债券与股票价格之间呈同向变化关系

20 世纪 70 年代通货膨胀期的终结

　　要想充分理解金融市场自 1980 年以来发生的戏剧性转折，我们有必要先了解一下 20 世纪 70 年代所发生的一些事情。在这 10 年间，商品市场经历了一场爆发式增长，这导致螺旋式通货膨胀及利率的上扬。1971 ～ 1980 年，CRB 指数上涨了 250%。债券收益率（随着债券价格的下跌而上升）在同期上涨了 150%。20 世纪 70 年代不仅对债券不利，对股票来说也同样如此。在这一时期的期初及期末，道琼斯工业平均指数都徘徊在 1 000 点附近。在这 10 年滞胀期中，由于石油价格在 1973 年开始猛涨，美国股市的市值在 1974 年损失过半。

　　20 世纪 70 年代是商品等有形资产

墨菲小常识

　　当石油价格开始飙升时，股市通常会随之走低。

的黄金时代，而像债券和股票之类的纸面资产则无人问津。到了20世纪70年代末期，黄金的价格已经飙升至每盎司700美元之上。美元在此期间持续走弱，这也促使黄金与其他商品的价格呈螺旋式上升，以及债券与股票走势的相对疲软。在此期间，市场间关系也保持不变。持续走弱的美元推高了商品价格，进而使债券与股票的价格走低。可以用一个经济学术语来描述这一时期：**滞胀**（stagflation），当高通胀与经济停滞同时发生时，就产生了滞胀。当商品价格于1980年见顶回落之后，这些走势发生了完全的逆转。CRB指数从330点的历史性高点滑落，开始了一轮长达20年的下跌过程，在此期间，该指数损失了一半的市值。在同一时期内，黄金的价格从每盎司700美元跌至250美元，从其在1980年的高点处暴挫60%。当商品价格于1980年见顶回落时，在短短的两年间，20世纪70年代的市场间关系即已完全逆转。在接下来的20年里，市场青睐的是债券与股票之类的纸面资产，而像商品之类的有形资产则无人问津。

当高通胀与经济停滞同时发生时，就产生了滞胀。

1987 年股市震荡强化了这一市场间关系

20世纪80年代发生的最大的一次金融事件（1987年股市震荡）为市场间的互动关系提供了另一个戏剧性的例子，让我们更加关注全部市场。1987年上半年，那些忽略了债市与商品市场间互动关系的股票分析师很快就在下半年里遭受了市场崩盘的突然袭击。在1982年后的4年里，支持股票价格不断上涨的因素主要有两个：持续下跌的商品价格（低通胀）以及持续上涨的债券价格（持续下跌的利率）。

然而，在1987年4月，商品价格开始猛涨，而债券价格开始暴挫（持续上涨的商品价格通常会导致债券价格不断下跌）。从那时起到 8 月，股市持续上涨并最终见顶。债券价格比股票价格提前 4 个月见顶，这一事实再一次说明，债券价格先于股票价格改变方向。最终，股市于 1987 年 10 月崩盘。

墨菲小常识

债券市场通常先于股票市场改变方向。

在 1987 年的春夏两季，我曾经在华尔街做过演说，并曾撰文警告：债券与商品的市场间关系已经变得对股票极为不利。尽管股票市场的跌幅令人咋舌，但它本不该跌得如此之惨。图 2-4 表明，在 1987 年的春天，商品价格形成向上的尖峰（上指箭头），而债券价格也恰于此时跳水（下指箭头）。在当年的 10 月，标普 500 指数崩盘（见图 2-4 的顶部）。

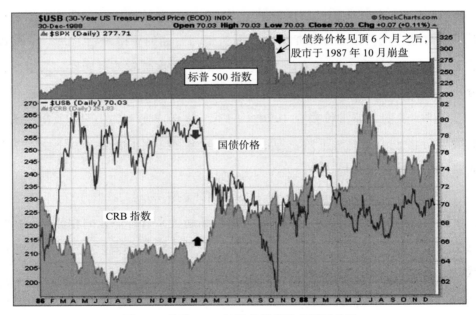

图 2-4 导致 1987 年股市震荡的市场间关系

1987 年股市震荡的影响范围是全球性的，跨市场分析工作又从中得到一个教训：在市场低迷时，全球股市已经变得高度相关。市场在 2000 年与 2008

年重复了这一教训。在这样的情况下，全球分散化的好处已经消失殆尽。我们将在本书后面的章节中看到，当市场低迷时，美元升值会使美国境外的股票跌幅超过境内股票。

两次伊拉克战争

在股市从 1987 年崩盘中恢复过来 3 年后，全球市场开始被迫面对 1990 年的海湾危机（伊拉克于 1990 年 8 月入侵科威特）。对此事件，金融市场再次做出反应，从市场间关系可以做出预测。在当年夏天及侵略发生后的 1 个月内，黄金与石油的价格开始飙升，而全球的股票及债券价格暴跌。当美军于 1991 年 1 月开始实施"沙漠风暴"行动时，所有的市场间关系都发生了逆转。全球债券与股票市场重拾升势，而黄金与石油的价格开始下跌。13 年以后（2003 年），市场分析师开始分析伊拉克战争再次爆发的可能性，为指导其分析，他们只得重新研究市场在 1990～1991 年的反应。他们的工作卓有成效。图 2-5 表明，原油价格在 1990 年的下半年形成向上的尖峰（上指箭头），而股票价格也恰于此时下跌。原油价格在次年的 1 月开始跳水（下指箭头），股票价格开始重拾升势。

"沙漠风暴"行动时期（1990～1991 年）的市场间关系与 10 年后的第二次伊拉克战争时期（2002～2003 年）的市场间关系有着惊人的相似点。在第二次伊拉克战争期间，黄金与石油的价格在伊拉克战争爆发之前的几个月内飙升，而股票与债券的价格暴跌（这一表现与 1990 年相比，别无二致）。另外，当战争实际爆发后，市场间关系再一次发生了根本性逆转。在战争开始爆发（2003 年 3 月 17 日）的那个星期里，美国股市急升 8%，这是该市场 20 年来最大的周升幅（由此开启了一轮长达 4 年的大牛市）。而全球股市也同时暴涨，黄金价格下跌了 15%，原油价格重挫 33%。美元升值 4%，致使商品价格下跌。

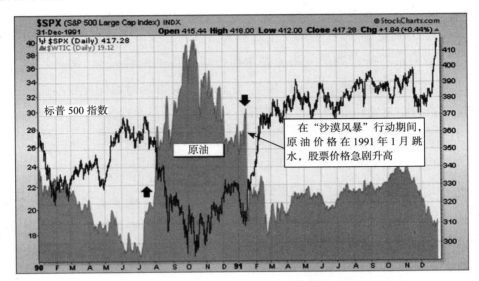

图 2-5　在第一次伊拉克战争中，原油价格是如何影响股市的

　　债券作为避风港，在第二次伊拉克战争之前的几个月里曾吸引了大量资金涌入，随着资金大量转入相对更加安全的国债以及流回股市，其价格也开始下跌。在两次伊拉克战争期间，上述 4 个金融市场（债券、股票、商品及外汇）的表现与跨市场分析的结果非常一致。那些分析市场在第一次伊拉克战争期间的反应，为第二次伊拉克战争寻求线索的分析师，是绝对不会失望的。

墨菲小常识

　　石油与黄金价格经常在危机时刻上升，而一旦危机结束，价格随即回落。

你知道吗？

　　在第二次伊拉克战争期间，债券与股票的走势呈反向关系，表明这两个市场之间相关性的变化（自 1998 年以来，这两个市场间的相关性已不复存在）。

在 1994 年的隐形熊市中，市场间关系同样得到了印证

说到 20 世纪 90 年代中期发生的最大的市场事件，当属股票市场在 1994 年的**隐形**熊市。所谓隐形，指的是主要市场指数的跌幅只有 10% 多一点儿（而债券遭遇了 10 年来的最大跌幅）。然而，主要市场指数相对较小的跌幅，掩盖了市场中某些行业所遭受的严重损失。比如，小盘股下跌 15%，交通运输类股票的跌幅为 26%，而公共事业类股票从高峰到低谷的跌幅高达 34%。

石油价格在 1994 年的上升是交通运输业（燃料依赖型行业）遭受重挫的原因，而由此急升的利率（以及债券价格的下跌）又使公共事业类股票（利率敏感型行业）的市值暴跌。在这一波熊市的整个过程中，旧有的市场间关系模型依旧有效。

> **墨菲小常识**
>
> 交通运输类股票受日益高涨的石油价格的影响尤其严重，因为这一行业高度依赖燃料。

商品价格在 1993 年上半年的上涨，引起债券价格在当年的下半年下跌。债券价格于 1993 年 9 月见顶。5 个月以后，股票价格于 1994 年 2 月见顶回落。债券市场再一次先于股票市场改变方向。在见顶之后，股票与债券随着商品价格的上升一同下跌，这也和跨市场分析的结果相一致。美元在 1993 年全年一路下滑，致使商品价格持续上扬。和商品价格在 1993 年的上涨导致债券与股票价格见顶一样，商品价格在 1994 年的中期见顶回落，市场间轮动开始向另一个方向转变。

商品价格在 1994 年中期见顶回落，引发债券于当年 11 月见底。股票则在债券之后的 1 个月内转头向上。市场再一次依照旧有的轮动顺序变化。商品价格上涨引发债券价格上涨，相应地又引起股票价格上涨。当股市于 1994 年第四季度见底回升时，股市开始了一波疯牛式上涨行情，一直持续到这一 10 年期期末。1994 年之后，股市受惠于美元升值及商品价格的下跌。国债

价格则一直上涨至 1998 年的秋季，这也是股票价格上升的动力之一。从跨市场分析的角度来看，美元的升值与商品价格的下跌是股市与债市走牛的动力，这也是那一时期的正常规律。然而，在 1998 年，一个重要的市场间关系开始发生变化。发生这一变化的原因是：自 20 世纪 30 年代以来，**通货紧缩**（deflation）开始重现江湖。图 2-6 表明，在 1994 年与 1995 年里，国债价格与公共事业类股票价格之间的关系非常紧密。债券价格在 1994 年急转直下，使得对利率非常敏感的公共事业类股票遭受重挫。这两个市场在 1995 年分别走出一波波澜壮阔的行情。

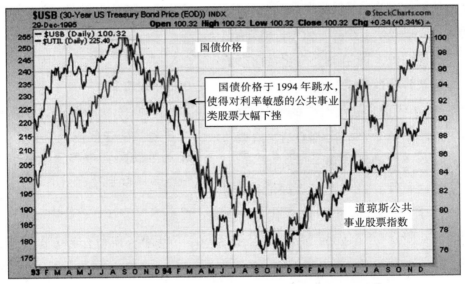

图 2-6　1994 年，公共事业类股票随着债券的价格一同下降

来自 20 世纪 30 年代的回响

从 1998 年开始，**通货紧缩**这个词自 20 世纪 30 年代以来再度重现。通货紧缩形成的主要原因是从 1997 年到 1998 年席卷全球的亚洲金融危机，另一

影响因素（尽管其认可程度较低）是 20 世纪末期已经深入日本经济肌体的长期经济低迷。在 1998 年之后的短短几年间，通货紧缩开始从亚洲向全世界蔓延，而且已经影响到全球债券及股票市场的方方面面——美国也不例外。作为一种最主要的因素，通货紧缩的再度重现，让一条重要的、自"二战"以来一直保持的市场间关系得以改变。这一市场间关系发生的变化就是债券与股票价格间的相关性为负。换言之，股票与债券价格的走势呈反向运行，这是对它们之前同向运行趋势的一种偏离。自 1998 年之后，利好债券的消息开始利空股票。债券和股票之间的这种新型关系在 2000 年表现得淋漓尽致，当时，债券收益率[⊖]不但随着股票价格的下跌而下跌，而且先于股票下跌而下跌。当股票开始下跌时，债券价格开始上涨。

市场间关系的第二个变化是商品价格与股票价格的联系日益紧密，这和 20 世纪 30 年代通货紧缩时期的情况相同。当房地产市场于 2007 年崩盘后，股票与商品价格之间的这种紧密联系进一步加强了，这导致了 2008 年的金融危机（这也唤醒了人们对 20 世纪 30 年代的大萧条的痛苦回忆）。

墨菲小常识

2000 年与 2007 年，债券收益率先于股票价格下跌而下跌，这也为股票市场的下跌发出了一个预警信号。

在 2008 年之后，大萧条这一历史事件所包含的通货紧缩启示，进一步强化了股票与商品价格之间的联系。这是因为，这两种资产类别与全球经济周期之间的联系变得更为紧密。商品（如石油与铜）价格的上涨，意味着经济正在走强，这同样利好股票。商品市场价格下跌，意味着经济走弱，这对于股市是利空。

在 21 世纪的第一个 10 年里，硬资产（如黄金或其他商品）再度兴起，在

⊖ 与债券的价格呈反向关系变化。——译者注

很大程度上，这是美联储为消除通货紧缩威胁，放任美元贬值的结果。当美国在 20 世纪 30 年代通过退出金本位制度来使美元贬值时，美联储也曾采用这一策略。这两种情况下的共同结果是黄金价格高企。和大众的想法相反，黄金资产在通货紧缩的环境下表现极佳，不管是 20 世纪 30 年代，还是 2000 年之后的 10 年里，情况都是如此。在 1929 ～ 1932 年这 4 年间，股票与商品的价格同时暴跌。只有两类资产战胜了通货紧缩，即国债与金矿采掘业的股票。在本书后面的内容中，我将介绍商品的复苏（还有美元的崩溃），届时，我还将比较美联储在 2002 年之后与 20 世纪 30 年代的调控政策。

通货紧缩情境

在 1999 年出版的《金融市场技术分析》（*Technical Analysis of the Financial Markets*）一书的修订本中，我用一章的篇幅介绍了跨市场分析，对"二战"后占据主导地位的历史关系进行了回顾。在本书中，我增添了新的一节，题为"通货紧缩情境"。这一节描述了始于 1997 年中期的亚洲货币及股市的崩盘，那次危机对全球商品市场的压制作用尤其明显。对整整一代人来说，这种情况也是首次经历，商品价格暴跌至 20 年来的最低点，市场分析师开始将关注点转移至通货紧缩，如果物价上涨速度较慢，经济进入**通货膨胀减缓期**，这是有好处的；如果商品价格实际下降了，经济进入**通货紧缩期**，这就变得有害了。金融市场对通货紧缩的初始威胁将做何反应，确定了那时的跨市场分析模式。

通货膨胀减缓：物价上涨速度较慢。

通货紧缩：物价实际下降。

当债券价格暴涨时，商品价格会急速下挫。这并不稀奇，因为商品价格的下跌通常会产生较高的债券价格。但是，股票受商品价格的下跌与债券价格上涨的共同影响，是一种新现象。相应地，股价不会上涨而会下跌。1998年，为了避险，全球的资金都涌入美国国债，每个人都在抛售股票。换言之，股票的价格下跌，债券价格上涨。这种情况并不多见，同时也极大地偏离了旧有的跨市场分析范式（**旧格局**）。

当商品价格于 1980 年见顶回落时，一段持续了将近 20 年的通货膨胀减缓期开始了，这对商品价格不利，对债券和股票却是利好。通货紧缩（始于 20 世纪 90 年代末期）同样利空商品，利多债券，但是，通货紧缩也不利于股票。通货紧缩改变了债券与股票之间的关系。

墨菲小常识

与股票相比，通货紧缩时期更有利于债券。

当经济处于通货紧缩时期时，债券的价格上涨，利率下降。然而，在这种环境下，下降的利率对股票没什么好处。恰恰相反，利率下降对于股票是利空。在 2000 年与 2007 年的两次熊市中，这一新型关系得到了证实，在此期间，随着股票价格的下降，债券收益率也同时下降。

日本股市泡沫于 1990 年破灭

在 20 世纪 90 年代初期发生了另一起重要事件，20 年后，这一事件仍然影响到全球经济。在 1990 年，日本股市泡沫破灭，日本经济自此走上长达 13 年的漫漫熊途，这一当时世界上第二大经济体最终步入通货紧缩的旋涡。10 年以后，西方各国的央行行长们开始着力研究日本通货紧缩模式，以对抗各国经济中日益清晰的通货紧缩信号。美国股市于 1990 年见顶，大约 10 年之后，债券与股票之间的关系**不复存在**（脱钩，decoupling），日本的通货紧缩是影响因素之一，并仍然影响着当今的市场间关系。

在 20 世纪末期，通货紧缩日益成为一种威胁，日本股市在 20 世纪 90 年代初期的崩盘是影响因素之一，但是，发生于 1997 ～ 1998 年的亚洲金融危机是主要原因。下一章，我们将分析这一通货紧缩事件，并说明它如何影响了至少一种主要的市场间关系。

墨菲小常识

脱钩一词指的是这样一种情况：两个市场间的正常联系消失，或是发生逆转。

第 3 章

1997 ～ 1998 年亚洲金融危机

本章主要讨论了各个市场对 1997 ~ 1998 年发生的亚洲金融危机的反应。这次危机所导致的最重要的结果是，债券与股票价格之间的联系神奇地消失了。对那些在接下来的 10 年里占据主导地位的跨市场分析模型来说，这些市场间互动关系可以说是一次预演。从这次危机中我们所学到的一个关于跨市场分析的教训是：在 2000 年之后，债券收益率下跌（债券价格上涨）对股票价格发出的预警信号不如 1998 年之前那样有效了。20 世纪 90 年代发生了两件通货紧缩事件：日本股市于 1990 年崩盘，还有就是 1997 年的亚洲金融危机。日本经济在过去 20 年的通货紧缩也许可以解释美国债券收益率的持续下跌。在日本股票与美国债券收益率的走势之间，存在着一种正相关性。

始于 1997 年的亚洲金融危机

在 1997 年的夏天，泰国货币率先崩盘。这一趋势迅速蔓延至该区域的其他货币。相应地，亚洲货币市场的崩盘也导致了亚洲股票市场的崩盘，这也在全球产生了连锁反应。对全球通货紧缩的恐惧推动商品价格直线坠落，也让全球资金从股票向国债转移。在接下来的一年半里，CRB 指数降至 20 年以来的新低。

图 3-1 表明, 由 19 个商品市场组成的 CRB 指数在 1998 年降至 20 年以来的最低点, 其位置低于该指数在 1986 年与 1992 年的低点。持续高位运行了 10 多年的商品价格, 曾促成良性通货膨胀减缓期的形成, 但因这次下跌而宣告终结。1998 年, 商品价格跌至 20 年以来的新低, 良性的通货膨胀减缓期有可能转化为危害更大的通货紧缩。

墨菲小常识

CRB 指数是由 19 个交易活跃的商品市场组成的一篮子市场, 它是最老的测度商品价格走势的指标。

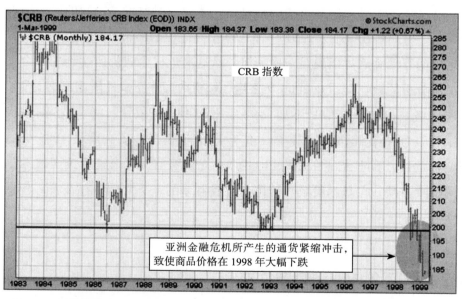

图 3-1　商品价格在 1998 年跌至 20 年以来的新低, 引发了人们对通货紧缩的担心

亚洲各央行行长对此次危机的反应, 为跨市场分析经济学提供了某种借鉴。为了稳定各国日益贬值的货币, 他们提高了利率。利率的高企让亚洲股市急剧下跌, 这一过程至少持续了 1 年, 严重影响了全球金融市场。在这 2 年的时间里, 所有传统的市场间关系均保持得十分稳定——只有一个例外。

债券与股票之间的相关性不复存在

1997 ～ 1998 年的亚洲金融危机导致了一个最重要的结果：债券与股票之间的相关性不复存在。**脱钩**的意思是债券与股票价格的走势呈反向关系，而不是传统的同向变动关系。1997 年下半年，美股的价格下跌，而国债的价格上升。1998 年上半年，股价上涨，而债券价格下跌。1998 年第三季度，国债的价格飙升，股票的价格大幅下跌。1998 年的 7 ～ 10 月，道琼斯工业指数下跌了 20%。全球股市大幅下跌。当股价下跌时，美国国债的价格暴涨至历史新高。在 1998 年下半年这 3 个月的恐慌期里，美国国债市场成为全球表现最好的市场（在接下来要讲到的 2000 年与 2008 年的股市崩盘这一过程中，我们还将看到这一趋势）。

脱钩的意思是债券与股票价格的走势呈反向关系，这与其传统的同向变动关系不同。

截至 1998 年年底，人们认为危机已经过去，债券价格由此暴跌，而股票的价格飙升，这与 3 个月前的情况完全相反。1999 年全年，债券价格继续下跌，而股票价格飙升至历史新高。

墨菲小常识

在金融恐慌中，投资者通常将资金从股市转移到美国国债上，而美国国债被公认为全世界最安全的投资之一。

1997 ～ 1998 年的亚洲金融危机是股票与债券间相关性脱钩的主要原因，新的关系一直持续至今。股票与债券间相关性的变化，始于亚洲金融危机当中，金融界开始流行这样一个词：**通货紧缩**。

图 3-2 比较了股票与债券在 1998 年及 1999 年年初的价格走势。在危机的高峰期（1998 年 7 ～ 10 月，图中的阴影部分），股票价格大幅下跌，而债券价格飙升。全球的投资者都在疯狂地抛售股票，将资金转移到安全的美国

国债上来。当危机于 1998 年 10 月结束时，这些趋势发生了逆转。投资者开始出售债券并买入股票。股票与债券间相关性在 1998 年的脱钩，可视为这一关系在接下来 10 年中的一次预演。

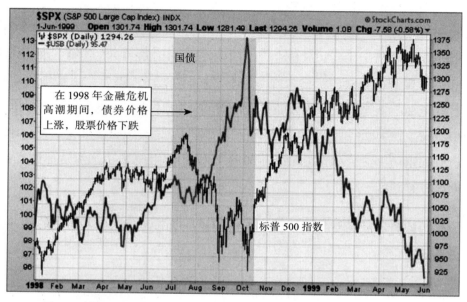

图 3-2　在 1998 年的通货紧缩恐慌中，债券与股票之间的关系不复存在

在始于 1997 年年中的亚洲金融危机中，投资者开始出售股票，买入债券。这种交易模式转换的原因，在于通货紧缩改变了部分正常的市场间关系。在通货紧缩的环境下，债券的价格上涨，而股票的价格下跌（这种情况也会发生在通货膨胀减缓期）。这就是 1997 年中期到 1998 年第四季度所发生的事情，这种情况并不罕见。然而，股票市场的反应并不积极，这就十分少见了。在出版于 1999 年的《金融市场技术分析》一书中，我引用了那一时期的一段评论：

在 1997 年中期起源于亚洲的通货紧缩于 1998 年中期蔓延至俄罗斯与拉丁美洲，并开始扰乱全球股市。商品价格的跳水对那些商品出口国（如澳大利亚、加拿大、墨西哥、俄罗斯）的损害尤其严重。通货紧缩让商品价格下跌，这对债券价格产生了积极的影响，使其创历史新高。1998 年的市场活动是证明全球市场间存在关系的一个典型范例，同时，这一事件还说明，在一个通货紧缩的世界中，股票与债券之间的关系是如何脱钩的。

1997 年与 1998 年的市场反应只是一次预演

同 2000 年春季开始的毁灭性股市震荡相比，金融市场对 1997 ~ 1998 年通货紧缩威胁的反应方式，只不过是一场预演罢了。在这个自大萧条以来股市表现最糟糕的 3 年里，尽管股票价格下跌，债券价格却持续上涨。美联储在一年半的时间里降低利率 12 次，但对股市影响甚微。如果分析师对几年前亚洲金融危机所发出的警讯有所察觉，他们就同样会注意到，在通货紧缩的情况下，持续上涨的债券价格（下跌的利率）未必利好股市。

图 3-3 对 1998 年前后的股票与债券收益率的走势进行了比较。在 1998 年以前，债券收益率下跌是利好股票的（见左指箭头）。然而，从 1998 年开始，债券收益率开始和股票价格同向变化（见右指箭头）。1998 年以后，债券收益率下跌，开始利空股票。我们可以从 2000 ~ 2002 年 3 年的熊市中清晰地看到这一点。图 3-3

墨菲小常识

当经济低迷时，美联储会降低利率，这有助于稳定股市。然而，当经济因通货紧缩而低迷时，美联储的政策就不那么有效了。

还显示，在 2000 年，债券收益率先于股票走低（这种情况在 2007 年再一次发生了）。除了债券的**价格**先于股票下跌（这是 1998 年之前的范式）这一规律不复存在之外，债券先于股票改变方向这一历史趋势得以保持，这两个市场之间的新关系使得债券**收益率**成为股票的领先指标。

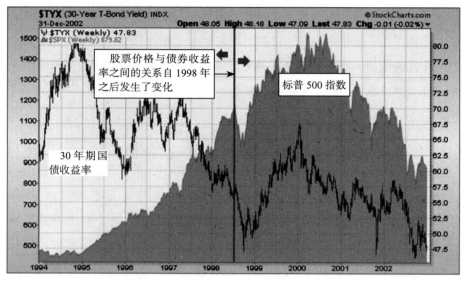

图 3-3　自 1998 年以来，债券收益率下跌已成为股票的利空消息

你知道吗？

由于债券的**收益率**与**价格**走势相反，这意味着从 1998 年之后，债券的**价格**与股票的走势呈反向关系。

1997 ～ 1998 年的亚洲金融危机给跨市场分析带来的启示

亚洲金融危机发生这两年具有转折性意义，我们从中学到了许多与跨市场关系有关的知识。这两年的风风雨雨，还证明了对全球市场进行监控的必要性——只关注股票是不够的，还应该关注外汇市场。相对不透明的亚洲货币的崩盘产生了连锁反应，最终对美国的债市与股市产生了深远的影响。最明显的影响是资金逃出股市，流入债市，这一过程长达 18 个月之久。在危机最严峻的阶段，股票市场的行业板块轮动也受到了影响。投资者将资金从经济敏感类股票中撤出，并将其投入必需消费品等防守型股票。**亚洲金融危**

机造成的另一个后果是商品价格的崩盘，这进一步加剧了全球对通货紧缩的恐慌。

在亚洲金融危机中所能学到的最重要的一课，或许是起源于亚洲的通货紧缩趋势，导致债券与股票之间的关系发生了重大变化。债券价格的上涨不再利好股票。债市上扬，带来的是股市的下挫。换言之，债券收益率下跌，对于股票不是好消息。在始于 2000 年的股票熊市中（在 2008 年又再次出现），这一关系变得更为明显。

墨菲小常识

外汇交易所交易基金（ETF）的存在，使投资者很容易跟踪外汇的走势，并利用这些趋势获利。

亚洲金融危机让美联储的调控策略失效

当美国股市的泡沫在 2000 年破灭之后，为了让熊市止跌，稳定美国经济，美联储在一年半中调低利率 12 次，但这一调控计划并未生效。部分原因在于来自亚洲的通货紧缩趋势的影响。到了 2002 年，就是美联储也开始使用"D"（通货紧缩）这个词了，此举意在否认通货紧缩是一个真正的威胁。当然，美联储这一行为（认为有必要发出否认的信号）本身就让人们感受到通货紧缩的威胁是切实存在的。

墨菲小常识

通货膨胀减缓（物价以较慢的速度上涨）与通货紧缩（物价实际是下降的）是有区别的。通货膨胀减缓可能利好股市，而通货紧缩通常使股市下跌。

发生于 20 世纪 90 年代的两起通货紧缩事件

20 世纪 90 年代发生的两起通货紧缩事件向我们发出了警讯：自 2000 年

之后，跨市场分析以及经济分析将呈现出不同的景象。第一个通货紧缩事件是日本股市于 1990 年崩盘。第二个事件是 1997 ～ 1998 年的亚洲金融危机，它导致全球商品价格暴跌。日本股市崩盘最终将日本经济拖入通货紧缩的泥沼，至本书创作时已经持续了 20 多年；而亚洲金融危机对金融市场的影响堪称立竿见影。

图 3-4 显示，这两起通货紧缩事件发生的时间间隔为 8 年。第一个下指箭头显示，日本股市的崩盘始于 1990 年，并一直持续至 20 世纪 90 年代末期。在第一次海湾战争（1990 ～ 1991 年）之后，日本股市是全球各大市场中唯一没有恢复元气的。第二个下指箭头表明，在亚洲金融危机期间，商品价格在 1997 年下跌，并在 1998 年跌至其 1992 年历史低点之下（这和日本股市的表现如出一辙）。商品价格在 1998 年崩盘，这对债券收益率的巨大影响是显而易见的。

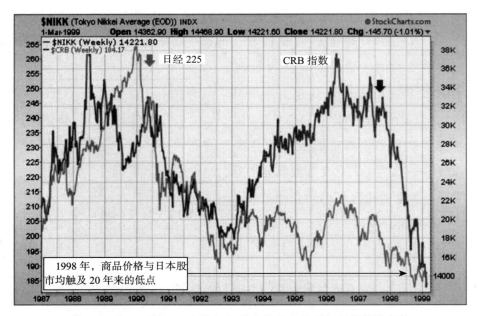

图 3-4　在 20 世纪 90 年代初期及末期发生的两起通货紧缩事件

通货紧缩对债券收益率的影响

图 3-5 显示了美国国债收益率 1990 ～ 1999 年 10 年间的走势。债券收益率自 1981 年以来（商品价格见顶后）一直下跌。图 3-5 中的两个箭头显示了债券市场是如何对前述两起通货紧缩事件做出反应的。第一个箭头表明，在日本股市于 1990 年见顶后，债券收益率下跌。在 1993 年下跌了 6% 之后，债券收益率在 1994 年飙升（这也使股市在这一年里下跌），并在接下来的 3 年里横盘整理（介于 1993 年的低点与 1994 年的高点之间）。第二个箭头标示的是商品价格在 1997 年亚洲金融危机中开始下跌的位置。

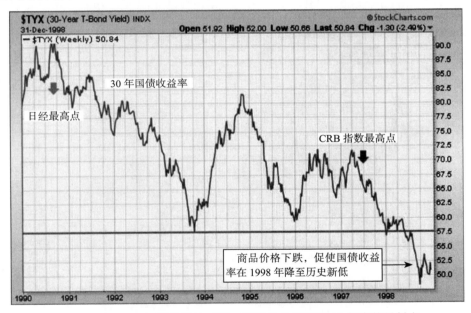

图 3-5　在 1998 年通货紧缩时期，债券收益率降至 20 年来的最低点

在 1 年内，长期债券的收益率跌破了 1993 年的低点，降至 20 年以来的最低点（正如 CRB 指数在同年的表现一样）。发源于亚洲的两起通货紧缩事件，

墨菲小常识

债券收益率的走势通常与商品价格同向变动。

是债券收益率暴跌的直接原因。

日本通货紧缩与美国利率的关系

有一种观点认为，日本的通货紧缩对美国利率走势的影响，远比我们想象的大得多。图 3-6 对日本股市与美国国债自 1990 年以来 20 年的走势进行了比较。如图所示，这两条线之间存在着非常紧密的联系。实际上，在此期间，这两个市场的相关系数为 0.75。两个市场间的**相关系数**（correlation）指的是两者间的联系强度。相关系数超过 0.5 后数值越高，其相关性也就越强。

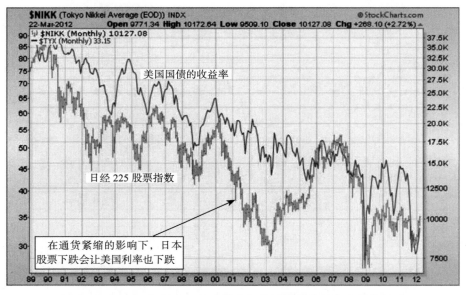

图 3-6　自 1990 年以来，日本股市与美国国债收益率之间的关系

相关系数指的是两个市场之间的联系强度。相关系数超过 0.5 后数值越高，其相关性也就越强。

尽管 20 世纪 90 年代的亚洲金融危机对美国国债收益率的影响非常显著，

始于 1990 年的日本通货紧缩对美国利率下跌趋势的影响却更加微妙，时间也更长。

总结

这样，我们就结束了本书的第一部分。第 1 章介绍了跨市场分析，并说明了它对资产配置与行业板块轮动策略的影响，以及跨市场分析在经济预测中的作用。交易所交易基金的出现，对于跨市场分析是一次变革。第 1 章还说明了使用图表分析的好处，跨市场分析是怎样为技术分析增添了一种新模式的。第 1 章还提及了石油价格的关键作用。在第 1 章的最后，我们回顾了跨市场分析的原则。

墨菲小常识

两个市场间的相关系数既可以是正数，也可以是负数。相关系数为正，意味着这两个市场变动方向相同。相关系数为负，意味着这两个市场的变动方向相反。

第 2 章回顾了 20 世纪最后 30 年中存在的市场间关系（**旧格局**）。对 4 类资产（债券、股票、商品与外汇）而言，1980 年是一个关键的转折点。商品价格在这一年见顶回落，结束了 20 世纪 70 年代以来的超级通货膨胀期，一波长达 20 年的通货膨胀减缓及股票与债券大牛市的大幕正式开启。第 2 章还对 1987 年股市震荡、1990 ~ 1991 年的伊拉克战争以及 1994 年隐形熊市中的市场间关系作用机理进行了说明。第 3 章对 1997 ~ 1998 年亚洲金融危机及 20 世纪 30 年代以后重现江湖的通货紧缩进行了回顾。这一新的通货紧缩威胁所带来的主要后果是债券与股票价格的关系脱钩。

在本书的第二部分中，我们将视角转向 21 世纪，首先，第 4 章介绍了 2000 年股市见顶前后的跨市场事件。第 5 章将说明，始于 2002 年的美元大幅贬值是如何让商品价格大幅下跌的。第 6 章与第 7 章回顾了 2007 ~ 2008

年股市崩盘之前的市场事件。此外，我们还将说明，如何将跨市场分析与传统的图表分析原则结合起来。

自　测

1. **跨市场分析中所包括的 4 类资产分别是 _____。**

   a. 债券　　　　　　　b. 股票　　　　　　　c. 商品

   d. 外汇　　　　　　　e. 以上都对

2. **美元的下跌通常会导致商品价格 _____。**

   a. 下跌　　　　　　　b. 上涨

   c. 横盘整理　　　　　d. 没有影响

3. **商品价格下跌通常会导致债券价格 _____。**

   a. 下跌　　　　　　　b. 上涨

   c. 横盘整理　　　　　d. 没有影响

4. **通货紧缩利好哪类资产？**

   a. 债券　　　　　　　b. 股票

5. **股市下跌通常会导致 _____。**

   a. 经济走弱　　　　　b. 经济走强

   c. 经济走平　　　　　d. 没有影响

答案：

　　1. e　　2. b　　3. b　　4. a　　5. a

第二部分

TRADING WITH INTERMARKET ANALYSIS

2000 年与 2007 年的市场见顶

第 4 章

与 2000 年市场见顶有关的跨市场事件

本章主要讨论那些和 2000 年股市见顶有关的跨市场事件。石油价格在
1999 年增至 3 倍，促使美联储提高短期利率，从而在 2000 年年初形成了一
条危险的反向收益率曲线。当纳斯达克市场于 2000 年春天崩盘时，资金流向
日用消费品及房地产信托投资基金（REIT）。债券、股票及商品价格依次见
顶。2003 年春季，美联储承认了通货紧缩威胁确实存在。美元在 2002 年的
贬值使得商品价格先于股票 1 年触底。

2000 年市场见顶之前的市场事件

在前面的章节中，我们介绍了笼罩 1998 年金融市场的全球通货紧缩恐慌
是如何改变资金走向的，在其影响下，资金从商品与股票中撤出，转而投向
债券市场。1999 年，这一趋势出现反转。股票市场飙升至历史新高，而债券
价格则遭遇了历史上最糟糕的一年。债券价格下跌的部分原因在于石油价格
猛涨，它将全球利率进一步推高。亚洲市场的崩盘使得商品价格在 1997 年与
1998 年急剧下跌。这些市场在 1999 年的反弹又推高了商品价格，全球债券
市场因此遭受重大损失。在 1999 年，尽管资金从债市流出在一开始是利好股
票的，其长期的影响却是毁灭性的。亚洲股市的反弹也促进了全球对铜铝等
工业品的需求。商品价格上涨，促使美联储于 1999 年中期提高利率，这一行

动让股市在接下来的一年（2000年）里形成了重要顶部。

原油价格暴涨两倍

与其在市场间活动中所扮演的关键角色一样，在1999年，原油价格的变动

形成了连锁反应，股市在接下来的一年里步入熊途。原油价格在1999年涨了两倍，这也是利率上升、债券价格下跌的主要原因。和往常一样，石油价格的上涨对某些群体有利，对另外一些群体不利。在石油价格上涨过程中受惠最多的是石油相关类股票。在1999年，能源股成为市场中表现最好的行业板块（在本书后面的章节中你会发现，为什么能源股领涨通常是股票牛市与经济复苏即将结束的一个预警信号）。石油价格上涨的最大受害者是燃料密集型的交通运输类股票以及对利率敏感的金融股。

这些行业的转换是市场见顶的早期预警信号。石油价格的上涨，不但引发了这些不利的行业板块轮动，而且促使美联储在1999年中期提高了短期利率，这也是市场在下一年见顶的主要原因。

你知道吗？

判断经济从**扩张期末期**向**紧缩期初期**转换的一个标准，是市场领涨股从能源类股票转为日用消费品之类的防守型股票，这正是2000年春天所发生的事情。

短期利率导致反向的收益率曲线

美联储在1999年夏天提高了短期利率，这是美联储在商品价格开始迅速

上升时的惯常做法。到了 2000 年第一季度，美联储的紧缩政策导致**反向的收益率曲线**（inverted yield curve）出现。当短期利率超过了长期利率，就出现了反向的收益率曲线。这种情况通常出现在美联储进行了一轮紧缩性政策（由于石油价格或其他商品价格上涨）之后，反向的收益率曲线通常是股市见顶或经济走弱的一个早期预警信号。在 1970 年、1974 年、1980 年、1982 年以及 1990 年的那几次经济衰退期之前，都出现了反向的收益率曲线。在一条正常的收益率曲线中，长期利率高于短期利率。当美联储为摆脱通货膨胀的威胁而收紧货币政策的时候，它通常会提高短期利率。当美联储将短期利率提高至长期利率之上时，就达到了经济（以及股市）的警戒点。股市在 2000 年年初期触及其警戒点。

你知道吗？

当 2 年期利率超过 10 年期利率时，由此形成的收益率曲线即为正式的反向收益率曲线。

当市场形成反向的收益率曲线时，那些市盈率最高的股票（这类股票通常被认为是市场上最贵的）最容易下跌。在 2000 年之初，纳斯达克市场上的网络与科技股定价过高。在 2000 年的春天，纳斯达克市场泡沫最终破灭，从而终结了史上最长的一次牛市。

图 4-1 显示，科技股主导的纳斯达克综合指数在 2000 年第一季度见顶。这在美国各大股指中也算是第一个了。到了 5 月，纳斯达克市场的市值已经跌去 40%，这已经完全符合官方对熊市的定义了。当市场从前期的头部下跌 20%，**熊市**（bear market）就形成了。

熊市指的是市场从前期的头部下跌 20%。

然后，股市重整旗鼓至 8 月末，随后掉头直下。2000 年年末，纳斯达克市场跌至 2000 年春末以来的新低，这也使该市场走入下行通道。当市场由一系列的更低的高点及更低的低点组成时，我们就说该市场进入了**下行通道**。

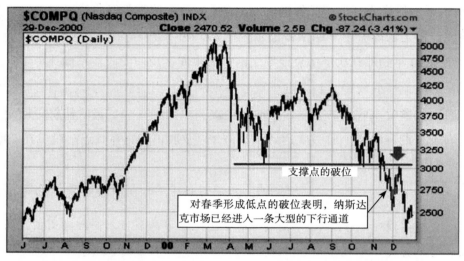

图 4-1　纳斯达克综合指数降至 2000 年春季以来的新低，这意味着熊市的到来

下行通道指的是一系列的更低的高点及更低的低点。

　　尽管纳斯达克市场遭遇了灭顶之灾，而那些通常在经济衰退的早期阶段表现更好的防守型市场板块则因此受益，比如日用消费品与公共事业类股票（在后面的章节中，我将介绍市场见顶前后的行业板块轮动）。随着市场利率与股市一同跳水，房地产投资信托基金也转而上扬。由于其对利率的下跌比较敏感，房地产类股票在随后的股票熊市中表现出色。

墨菲小常识

　　房地产类股票的上扬有助于经济在随后的衰退中免遭更严重的损失。

房地产信托投资基金得益于股票的下跌

在 2000 年 4 月，由于纳斯达克市场的崩盘，房地产信托投资基金表现最为出色。在熊市中，为了避险，投资者经常将资金转投在房地产股票上。有3 件事有利于房地产信托投资基金。第一，房地产信托投资基金支付很高的股息，在一个正在下跌的股市中（还有债券收益率的暴跌），这一做法极具诱惑。第二，房地产信托投资基金和股市的相关性也较低。因此，当股市下跌时，这也能起到分散化的好处。第三，从历史上看，房地产信托投资基金与科技股之间是负相关的。这意味着：当科技股下跌时，房地产信托投资基金通常会上涨。在 2000 年春季，这一幕再次上演。房地产信托投资基金不但**相对**表现好于股票市场，实际上，当纳斯达克市场在 2000 年 4 月见顶时，房地产信托投资基金已经开始上升了。由于得益于利率的下跌，住宅建筑类股票也开始转而向上。

图 4-2 显示，房地产信托投资基金在 2000 年春季转头向上，此时适逢纳斯达克市场见顶（如箭头所示）。房地产信托投资基金与纳斯达克市场间通常是负相关的。利率的下跌，同样会加大支付股息的房地产信托投资基金的吸引力。2000 年，住宅建筑类股票（受利率影响较大）也从下跌的利率中得益。也有人认为，始于 2000 年的股票熊市，还有美联储在这一时期实施的积极宽松政策（旨在稳定股市与经济）共同造就了房地产市场的繁荣，这一繁荣期持续了几年，最终在 21 世纪的第一个10 年里破灭。与房地产有关的股票没有从 2007～2008 年的股票大熊市中获益，实际上，房地产股票的崩盘是这轮熊市的始作俑者。

墨菲小常识

房地产业在 2007 年的崩盘，使得股市进一步堕入深渊，其严重性甚于 2000 年年初的那次股市震荡。

图 4-2　当纳斯达克市场在 2000 年见顶时，房地产信托投资基金开始转头向上

日用消费品类股票开始走强

在经济周期的不同阶段，某些特定行业板块的表现会更好。在经济低迷的初期，**日用消费品**是表现最好的行业之一。从其本质上来看，日用消费品具有防守的功能，在经济周期拐点处具有更强的抵抗力。原因在于，这一板块包括饮料、食品、烟草以及家居用品类股票，无论经济情况好还是坏，人们都得使用这些产品。当这一板块表现的相对强势时，往往意味着经济走势放缓。(**相对强势**（relative strength）指的是某一市场板块与标普 500 指数之类的市场基准间的相对表现。）在经济衰退的初期，还有一些防守型板块对市场资金吸引力较大，如医疗保健与公共事业类股票。如果股票市场的下跌同时伴随着利率的下降（如 2000 年的情况），这一情况就更加明显了。债券收益率的下跌让付息型股票更具吸引力。大多数防守型股票均属此类。

相对强势指的是某一市场板块与某个市场基准标准（如标普 500 指数）间的相对表现。

图 4-3 显示，当纳斯达克市场在 2000 年春季见顶时，由日用消费品类股票组成的一篮子商品组合开始转头向上。在市场见顶及经济衰退的开始阶段，防

墨菲小常识

当债券收益率急速下挫，为寻求更高的收益，投资者偏好付息型股票。

守型股票的表现通常更为出色。医疗保健以及公共事业板块也会从下跌的股市中获益。在后面的章节中，我将阐释行业板块轮动策略在经济周期中不同阶段的作用机理。你还会发现，在 2007 年的熊市中，同样的防守型行业板块轮动情况再次发生了。

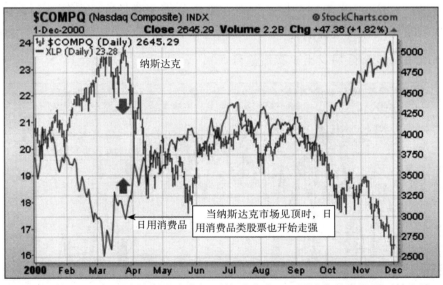

图 4-3 在 2000 年，当纳斯达克市场开始下跌时，日用消费品类股票开始上涨

如前所述，如何判断能源价格的上涨开始延缓经济增长速度，一种方式是：看市场龙头股是否从**能源类**股票转向**日用消费类**股票。由于这一转换是渐进式的，当能源类股票与日用消费品类股票成为股市上表现最为强劲的板

块时，危险已经迫在眉睫了。2000 年上半年就是这样一种情况。

2000 年市场给我们的启示

如果要找一个融合了技术分析、跨市场分析及经济分析的年份，那么这一年非 2000 年莫属。表示市场严重下跌的传统的技术分析指标是非常明确的，其中一个指标是美国主要股指的 200 日移动平均线的破位。

图 4-4 显示，在 2000 年下半年，标普 500 指数深幅下跌至 200 日移动平均线之下。200 日移动平均线是区分主要的上涨及下跌趋势的曲线。当市场大幅下滑至这一长期支撑线之下时，这是一个警示信号，意味着一场大衰退即将来临。在 2000 年第四季度，标普 500 指数的 200 日移动平均线掉头向下，这是预示熊市即将来临的另一个明显信号（见图中箭头）。2000 年，大多数传统的股市技术指标均发出了**卖出信号**。

图 4-4　在 2000 年，标普 500 指数跌破了其 200 日移动平均线

在 1999 年下半年，市场同样以商品价格的上涨及利率的上升发出了市场间警示信号。结果，美联储开始了新一轮紧缩性政策，这导致收益率曲线在 2000 年第一季度出现反转，反向收益率曲线也是自 1970 年以来历次经济衰退（及市场见顶）的导火索。这些事件之后的行业板块轮动通常发生在经济扩张期的期末。2000 年的市场表现是股市头部及经济衰退形成的一个经典范例。然而，令人难以置信的是，华尔街及经济界人士大多对这一事实视而不见。他们还忽略了市场发出的全部警示信号（恶化的价格图表及市场间行情的小黄旗），而且，他们甚至忽略了反向的收益率曲线！从 2000 年市场中得到的最重要的教训是：如果只依赖于那些过时的经济信息及基本面信息，却忽略金融市场自身所释放出的信息，那么这是十分危险的。

墨菲小常识

200 日移动平均线下跌，通常预示着市场将遭遇一场更为猛烈的下跌。

与经济对股票的预测相比，股票对经济的预测效果更好。

债券、股票以及商品按照正确的顺序依次见顶

这 3 个市场在 2000 年见顶的次序也很有启发性。债券、股票以及商品见顶及见底的次序通常是可以预测的。债券通常率先见顶，股票其次，最后是商品价格。它们见底的次序也相同。从这个意义上来说，债券是股票的领先指标，而股票也成为商品的领先指标。在股票价格见顶之后的 6～9 个月里，经济开始进入衰退期。当商品价格最终见顶时，这通常是衰退开始的一个信号。

图 4-5 显示，10 年期国债收益率在 2000 年 1 月见顶（第一个箭头）。我们已经在前面的章节中阐明，在 1998 年之后，债券收益率的下降实际上不利于股票，这一情况在 2000 年表现得尤为突出（在 2007 年又一次出现）。尽管

纳斯达克市场在 3 月见顶，其他的股票市场还是坚持了几个月。标普 500 指数直到 8 月方才见顶，在 9 月开始转头向下（第二个箭头）。在标普 500 指数见顶 5 个月之后，商品价格方才见顶。

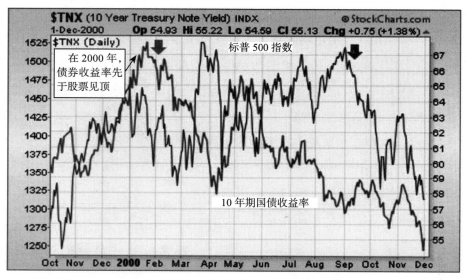

图 4-5　2000 年，债券收益率先于股票见顶

图 4-6 显示，CRB 指数在下一年（2011 年）的 1 月见顶。这一时间比标普 500 指数见顶的时间晚了 5 个月，后者见顶的时间在 2000 年的劳动节（Labor Day）[⊖]前后。商品价格最终见顶，这通常是衰退已经启动或接近启动的信号。正式的经济衰退始于 2 个月以后（2001 年 3 月）。

图 4-7 将这 3 个市场放在一幅图中，这 3 个市场按照正常的次序依次见顶（首先是债券，其次是股票，最后是商品价格）。在本书后面的章节中，你会发现，在 2007 ～ 2008 年，这 3 个市场按照同样的次序依次见顶。债券收益率在 2007 年 6 月见顶，这比股票见顶的时间（在当年 10 月见顶）早了 4 个月。商品价格则一直到次年的 7 月方始见顶。

　　⊖　美国的劳动节是每年 9 月的第一个周一，而非 5 月 1 日。——译者注

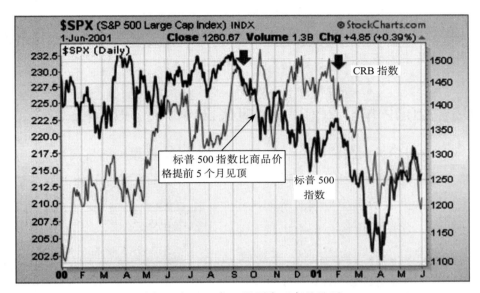

图 4-6　2000 年，股票先于商品见顶

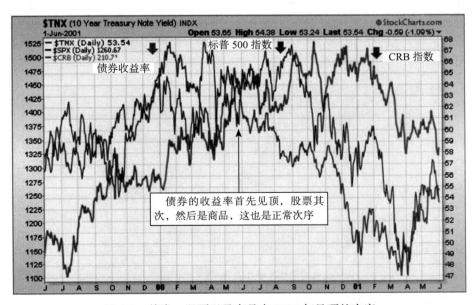

图 4-7　债券、股票以及商品在 2000 年见顶的次序

你知道吗？

在 1998 年之前，债券**价格**先于股票价格见顶。在 1998 年之后，债券**收益率**先于股票价格见顶。

市场在 2002 年与 2003 年的见底次序颠覆了既有模式

图 4-8 显示，商品价格在 2002 年年初上涨，而股票价格直到当年 10 月方始见底。债券收益率则一直到第二年（2003 年）的 6 月才开始上涨。这 3 个市场此次见底的次序与其通常的次序截然相反。如果跨市场分析中出现了某些异常情况，那么一定有原因。部分原因与债券市场有关，而收益率直到 2003 年方始见底的原因则和美联储有关。

墨菲小常识

这 3 个市场见底的正常次序是：债券收益率率先反弹，股票其次，最后是商品。

图 4-8 在 2002 年与 2003 年，3 个市场未按照原有的顺序见底

美联储在 2003 年察觉到了通货紧缩

自亚洲金融危机以来，市场间走势已经发出了通货紧缩威胁的信号。作为一种折现机制，市场已经在通货紧缩威胁是真实的这一假设基础之上运行了若干年。不幸的是，经济学界（也包括美联储）一直将通货膨胀及利率的下跌看成是一件**好事**。在亚洲金融危机（这也是自 20 世纪 30 年代的大萧条以来最糟糕的一次股票熊市）之后，市场用了 5 年多的时间走到这一步。在 2003 年春天，美联储最终对价格下跌的威胁表示关注。

2003 年 5 月 6 日，星期二，美联储宣布其将短期利率保持在 1.25% 的水平不变。这符合公众的预期。但是，美联储在同一天发表了声明："我们不希望看到通货膨胀的大幅下跌，尽管这一概率较小，而通货膨胀的水平已经很低了，通货膨胀水平仍有可能进一步下跌。"这一声明标志着自"二战"以来，美联储首次将**通货紧缩**视为一种比**通货膨胀**更大的威胁。美联储从 2001 年 1 月开始降低利率，因为一场新的衰退即将启动。到了 2003 年 5 月，美联储已经降低短期利率 12 次，使利率水平降至 40 年以来的新低。美联储已经用尽了所有的手段。

金融市场对美联储关于通货紧缩威胁声明的反应，将 10 年期国债收益率推至 45 年来的新低。由于美联储不能大幅调低短期利率，市场间传言，美联储可能开始买入债券，以降低长期利率。这也使得债券收益率在这一年的春天暴挫。这次下跌持续的时间很短，到了 6 月，债券收益率开始急速攀升。债券收益率在年中的上升缘于资金从债市中大幅撤出，并回流至股票市场，这使股市在 3 个月之前就已经开启了一波新的牛市。

墨菲小常识

作为扭曲操作（Operation Twist）的一部分，在 2011 年与 2012 年，美联储没有采取买入长期债券的做法。

商品价格在 2002 年转头向上

　　尽管美联储为了抗击通货膨胀，不可能大幅下调短期利率，它还是可以下调一些别的指标，那就是美元。美元的贬值是应对价格下跌的良方，因为这有助于提振通货膨胀。有些市场观察家怀疑，自 2002 年年初以来，美联储一直通过人为制造某些通货紧缩来放任美元贬值。这一怀疑在几个周之后得到了证实，美联储表示了其对通货紧缩的担忧，财政部长暗示，美国政府已经放弃了支持强势美元的政策。交易者将这一行为视为一种信号，认为政府希望美元贬值，使经济**再度通货膨胀化**。这一策略在商品市场中起到了作用。

　　交易者开始更加积极地卖出美元，买入商品。因为美元贬值，商品价格已经持续上涨了 1 年。美元实际上在 2002 年年初就已经见顶，然后开始大幅下滑，并一直下跌至这 10 年的年末。美元贬值是商品价格在同期内上涨的主要原因。这也能解释为什么商品价格在这一情况下先于股票及债券收益率上涨。具有讽刺意味的是，美联储为了抗击通货紧缩而让美元贬值的直接结果，是始于 2002 年的商品价格的大牛市。

墨菲小常识

　　因为商品是以美元定价的，所以美元的贬值使这些商品的价格增加。

第 5 章

美元在 2002 年的贬值推高了商品价格

本章讨论了美元在 2002 年的重要见顶,这也导致商品市场产生了一波主升行情。随着美元跌破 7 年的支撑位,黄金也经历了一次重大的向上突破。随着股票结束了一波绵绵不绝的牛市,黄金也结束了一轮长达 20 年的漫长熊市。20 年以来,商品的表现首次战胜了股票。原油价格在 2003 年 3 月见顶,使股票市场也转头向上。

商品价格高涨

我们在前面的章节中提及,美联储突然于 2003 年 5 月对通货紧缩表示了关注,而美国政府则抛弃了强势美元政策。这个计划试图通过牺牲美元来提振商品价格。当美联储开始关注下滑的价格时,商品市场已经涨了 1 年多了。这些事情大多与美元贬值有关。

在 2002 年第一季度,美元触及其最后一次顶峰。从那时起,在 2002 年剩下的时间及 21 世纪的第一个 10 年里,美元开始急速下挫。就在美元价格见顶时,CRB 指数(一篮子商品市场指数)开始转头向上。在 2002 年剩下的时间里,商品价格开始持续上扬(这一趋势一直持续了数年)。这种情况和美元贬值通常会导致较高的商品价格这一跨市场分析原则完全一致。2002 年的情况即属此例。

图 5-1 显示，美元见顶的过程从 2000 年 10 月一直持续到 2002 年春天。
图表分析专家将这种上涨形态称为**头肩顶**（head-and-shoulders top），这种形态表现为：上涨过程中形成了三个头部，中间的头部略高于两边的头部（如图中箭头所示）。当价格跌穿这两个反转低点下的趋势线后，这一看跌的形态也就宣

墨菲小常识

　　CRB 指数的全称是汤姆森-路透/杰富瑞 CRB 指数（Thomson-Reuters/Jefferies CRB Index）。

告完成。在 2002 年 4 月，美元指数跌至连接 2002 年 1 月与 2001 年 9 月低点的趋势线之下（见图中圆圈处）。美元的主跌行情由此启动。与此同时，CRB 指数开始转头向上。

　　头肩顶的形态表现为：在价格的上涨过程中形成了三个头部，中间的头部略高于两边的头部。当价格跌穿连接两个反转低点的趋势线后，这一看跌的形态也就宣告完成。

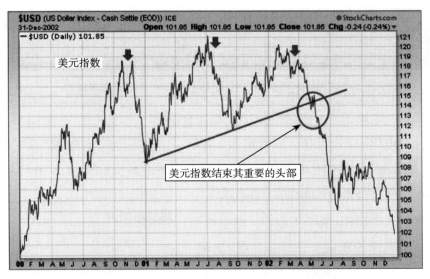

图 5-1　美元在 2002 年完成其头部形态

图 5-2 显示，在 2002 年 4 月，CRB 指数涨至其 200 日移动平均线之上，此时适逢美元破位（见图中的圆圈部分）。对图表追随者来说，CRB 指数涨至其 200 日移动平均线之上表明商品价格趋势开始走高。这一现象与美元破位同时发生，使商品价格的向上趋势变得更加明朗。长期图表表明，此次的上涨绝对是一波大行情。

图 5-2　CRB 指数在 2002 年年初升至 200 日移动平均线之上

图 5-3 比较了美元指数与 CRB 指数在 1995 ～ 2004 年 10 年间的走势。美元在 2002 年春天见顶（下指箭头），此时正好赶上 CRB 指数（上指箭头）上涨。从那时起，美元降至 10 年来的低点，而商品价格则触及 10 多年来的最高点。商品价格在 2001 年见底代表了市场再次成功试探 1999 年底部。这也形成了一个看涨的**双底**反转形态，当 CRB 指数在 2002 年年底超越其 2 000 点的头

墨菲小常识

一种图表形态形成的时间越长，其影响也就越大。

部时，这一反转形态也就结束了。这些趋势变化清晰地显示在图 5-3 中。这是一个非常好的范例，可以说明如何将传统的图表分析方法与跨市场分析原则结合在一起。

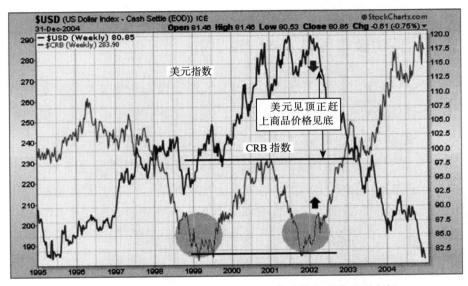

图 5-3　美元在 2002 年见顶，正赶上商品价格形成重要底部

你知道吗？

当市场在相同的价格水平附近显示出两个突出的底部（见图 5-3 中的圆形区域）时，称为**双底**形态。当价格上升至中间的顶部时，这一形态就结束了。

商品价格从抗通缩中获益

美元贬值通常意味着通货膨胀。美元在 2002 年初期的崩盘已经使商品价格急速飙升。到 2002 年年底，CRB 指数已经升至 5 年来的新高。这清晰地表明，美元的贬值实现了预期效果，商品价格已经出现了通货膨胀的迹象。这对于商品交易者是一个好消息。如果政府想让美元贬值，只会推动商品市场的上扬。美联储将全部的注意力都放在通货紧缩上，也不愿意提高利率。这也将促进商品价格的上涨。具有讽刺意味的是，这使得商品市场成为美联储抗击通货紧缩行动的最大赢家。

美元贬值使黄金市场进入新一轮牛市

从历史上来看，从美元贬值中受益最大的是黄金市场及黄金矿业股。美元与黄金价格之间通常存在着一种很强的反向关系，这意味着两者间的变动趋势方向相反。黄金市场从2001年春天开始上涨，适逢美元开始见顶。美元于2002年春天最终见顶，这让黄金走入了一条更大的上行通道。在2002年春天，美元开始大幅下跌，而黄金价格则在两年后首次重返300美元。随着黄金价格的上涨，黄金矿业股也开始发力上攻。除了从美元贬值中获益，黄金价格上涨还得益于股票市场的下跌。

墨菲小常识

黄金与黄金矿业股通常呈同向变动。这一趋势在两者同时上涨时最为明显。

股票价格下跌同样利好黄金

当黄金于1980年见顶时，其价格已经超过了700美元，在其后的20年里，黄金价格一路下滑。股票市场于1982年见底，并在其后的20年里持续走高。这也符合另一个跨市场分析原则：黄金与股票市场的走势通常呈反向关系。标普500指数在2000年8月底见顶，黄金类股票则在3个月之后（2000年11月）见底，而黄金在2001年4月转头向上。很明显，开始于2000年的股票熊市使得黄金类资产开启了新一轮牛市。

那时，有些人对黄金热潮的持续性心存怀疑，因为黄金可以用来**对冲通货膨胀**，而通货紧缩出现的可能性远大于通货膨胀。他们没有意识到，从历史上来看，无论是在通货膨胀时期，还是在通货紧缩时期，黄金资产的表现都很好。在 20 世纪 70 年代的通货膨胀期里，黄金与黄金矿业类股票的价格飙升。在 1929 ~ 1932 年的通货紧缩期里，金块的价格是固定的。然而，在这 3 年中，澳大利亚霍姆斯特克矿业公司（Homestake Mining）的股价增长了300%，而股市的市值损失了 90%。黄金被认为是纸面资产的替代物。在 20世纪最后 20 年中的股票市场大牛市里，没人需要黄金的保险作用。20 年股票市场**牛市**的末期，也是黄金市场 20 年**熊市**的终结，这绝不是一场巧合。自大萧条以来最糟糕的一次股票熊市，再加上美元在几年后的贬值，让黄金成为这 10 年中余下的时间里表现最为强劲的资产。

你知道吗？

在 1933 年，当美国抛弃金本位制，黄金被允许升值时，美元实际上贬值了。

投资选择太少

有些交易者认为，黄金不算什么好的投资工具，因为它在 20 年中的表现乏善可陈。但是，要说明黄金（以及黄金矿业类股票）是好的投资工具，这条理由可以说是最令人信服的了。20 年的股票市场牛市刚刚结束。你还能找到一个比黄金更好的市场吗？你还有什么其他的选择吗？股票正在步入下行通道，利率也降至 40 年来的最低点，这让固定收益类证券的吸引力大减。自2001 年年初以来，12 家联储银行的宽松政策让美国的短期利率降至各主要工业化国家的最低点（日本除外，该国的利率为零）。货币市场基金的收益率只有 1% 多一点儿；而美国的利率比其他国家的利率低很多，美元一路走低。美元贬值让美国国债与股票对外国投资者的吸引力大减。由下跌的股票价格、下跌的美元以及处于历史低位的利率所构成的市场环境，让投资者没有太多的选择。这就是驱使资金涌入黄金的市场间环境。投资者正是这么做的。

黄金与美元的走势发生重大变化

图表分析的一项主要工作是确定一种走势变化仅仅是某种相对较小的变化，还是代表着某个市场要发生根本性逆转的重大变化。将跨市场分析与图表结合的一种方式是比较两个相关市场的走势图。首先，我们只需要简单比较这两个市场的走向，确定该走向是否遵循正常的市场间形态。你可能还记得，美元贬值会引起黄金价格的上涨。如果黄金价格开始上涨，你需要做的第一件事就是确定美元是否已经开始下跌。然后，你需要单独分析每个市场的走势图，以确定这些市场走势变动的相对重要性。某个方向的**微小**变化不代表另一方向的**重大**变化，它们之间的相对趋势变化应该具有相同的幅度。图 5-4 显示了美元在 1995 ～ 2001 年年末的上升趋势。我们可以在图表中美元的反弹低点下方绘制一条趋势线（上升趋势线向右上方倾斜，并位于前期的反弹低点下方。该趋势线持续的时间越长，其重要性也就越高）。该图显

图 5-4　美元跌破了长达 7 年的趋势线

示，美元的下跌趋势一直持续到 2002 年。在 2002 年 12 月，美元跌破了长达
7 年的上升趋势线（见图中的圆圈）。在
图表分析工作中，这是一次非常严重的
破位，预示着美元开始走入一条重要的
下行通道。在美元破位下跌的同时，黄
金的价格在另一方向开始了一波强势
上攻。

墨菲小常识

　　日线图适合分析短期趋势，而**周线图**与**月线图**更适合分析长期趋势。

　　图 5-5 显示，黄金的价格在几年里一路下滑，呈现出非常明显的见底趋
势。在 2002 年年底，黄金的价格升至 320 美元附近，超过了 1999 年形成的
头部，也使黄金的价格达到了 5 年来的新高。对任何市场来说，5 年的新高
足以称得上是一个重大事件了。黄金价格的这次向上突破，标志着黄金市场
即将走入一轮大牛市。当市场价格涨至前期高点之上时，即发生了**向上突破**

图 5-5　黄金价格在 2002 年年底触及 5 年来的新高

（upside breakout）。距离前期高点的时间越长，这次向上突破的效果也就越明显。这也是将传统的图表分析与跨市场分析原则结合在一起的经典范例。在同一时间点上，黄金与美元的走势都发生了重大变化，而其变动方向恰好相反。

向上突破指的是市场价格涨至前期高点之上。

从纸面资产转向硬资产

在投资中，黄金通常被视为商品行业整体的替代品。这或许是因为黄金长期以来一直作为保值手段，并且在商品市场（石油可能除外）中最具影响力。广播及电视的财经栏目中会按时播报黄金的报价，但不一定会发布棉花或大豆的报价。黄金价格的重要走势既可能导致商品价格的总体走势发生重大变化，也可能与商品价格的总体走势同时发生变化。

黄金价格在 20 世纪 70 年代暴涨至 700 美元以上，而商品市场的整体价格也大幅上涨。黄金价格在 1980 年见顶，此时适逢商品价格泡沫破裂。在其后的 20 年里，随着商品市场的失宠，黄金的价格也是一路下滑。黄金可以影响商品价格的走势以及公众对商品吸引力的看法（作为债券与股票的投资替代品）。随着新千年的大幕徐徐开启，20 年以来，黄金及其他商品开始为公众所瞩目，也吸引了新的资金的注入——代价是债券与股票的下跌。

墨菲小常识

黄金的价格走势通常会先于其他商品而变化。这或许是由于它与美元价格存在着极强的相关性。

你知道吗？

在过去的 10 年里，与商品有关的交易所交易基金的出现让普通投资者可以更容易地投资于黄金及其他商品，也让商品变得更为流行。

股票见顶与黄金见底同时出现

如前所述，从历史上看，黄金价格的走势与股票的走势呈反向变动。黄
金被认为可以用来对冲股市下跌风险，至于对股市的威胁是来自通货膨胀
（如 20 世纪 70 年代）还是通货紧缩（如 20 世纪 30 年代）则无关紧要。事实
上，黄金与股票市场紧密相连——但是以股市的替代品出现的。黄金价格在
1980 年见顶，然后在近 20 年中一直处于熊市。股市在 1982 年见底，然后在
同样的 20 年里一直处于牛市之中。换言之，股市的 20 年**牛市**正赶上黄金的
20 年**熊市**。这两个市场的长期走势大约同时改变了方向。

图 5-6 比较了股票市场上涨趋势与黄金价格下跌趋势在 20 年来的表现。
注意，在 2000 年，标普 500 指数的见顶（下指箭头）与黄金价格见底（上指
箭头）几乎同时发生。这绝非巧合。对这两个市场进行的历史比较均表明，
黄金与股票的走势通常呈反向关系，股票牛市的终结，同时也是黄金新一轮
牛市的开始。

图 5-6　在 2000 年，黄金见底与股市见顶同时发生

黄金突破了 15 年来的阻力位

在确认主要趋势变化时，长期图表更为有用。这对所有市场都是适用的。当价格突破了持续几年的趋势线后，这通常意味着某些重要的事情正在发生。我们在本章的前面讨论了美元与黄金在 2002 年的表现，这一年，在美元跌穿了

墨菲小常识

华尔街的战略分析师很少对黄金看涨的原因之一，是他们知道黄金的上涨就意味着股票的下跌。

持续上涨 7 年的趋势线的同时，黄金也实现了向上突破。然而，这只是市场间关系的一部分。在 2003 年的初期，黄金的价格已升至 5 年来的最高点。更为引人注目的是，黄金的价格已经超越了 1987 年以来的 15 年趋势线（稍后你将看到这一点）。这是另外一个重要的图表信号，表明黄金的价格不但已经从一次长期的下跌趋势中恢复过来，而且已经处于明显的上升通道。还有一些事情可以进一步证明黄金的上升趋势：股票已经跌破了其长期的支撑位。

股票长期上升的趋势已然终结

从这两个市场的长期图表分析中还可以看到，这些起自 2000 年的趋势变化非常显著。实际上，它们代表了这两个市场的一种**长期**趋势变化。所谓**长期趋势**（secular trend）指的是一种持续期可以长达几十年的趋势。在黄金与股票这个例子中，它们的趋势持续了 20 年，但这两个趋势现在都发生了变化。

长期趋势指的是一种持续期可以长达几十年的趋势。

图 5-7 对标普 500 指数与黄金市场 20 年发展趋势进行了比较，图右边的

价格尺度使用了**对数尺度**（logarithmic scale），对数尺度测度的不是价格的绝对变化，而是其百分比变化。对数尺度在进行长期趋势分析时更为有用。连接反弹低点的上升的支撑线，表明股票市场长期的牛市趋势长达 20 年之久。在图 5-7 的右上方，你可以看到标普 500 指数在 2002 年跌破了这一长期趋势线（见图中的圆圈部分）。这一现象表明，标普 500 指数长达 20 年的长期趋势已然终结，股市正在进入一个漫漫熊途。

对数尺度测度的不是价格的绝对变化，而是其百分比变化。

图 5-7 随着股市 20 年的熊市终结，黄金也突破了 15 年的阻力线

图 5-7 还显示了黄金市场的 20 年长期趋势。同时，该图表明黄金的价格已然超越了我们之前提及的 15 年趋势线。黄金市场超越了其长期趋势线，这一信号有力地说明，黄金市场已经进入新一

墨菲小常识

对那些持续时间长达数年的长期图表来说，使用对数尺度的效果更好。

轮长期牛市。

令人印象最为深刻的是，在黄金价格突破了 15 年阻力线的同时，股票也跌穿了 20 年的支撑线。在图表分析中，**支撑位与阻力位**（support and resistance）分别代表了高于市场价格的阻力（卖出行为）位置，或是低于市场价格的支撑（买入行为）位置。单独来看，每个市场的变化都是重大变化；合起来看，每个市场的变化又强化了另一个市场趋势反转的效果。使用传统的图表分析工具，我们可以发现每个市场的趋势都发生了重大变化。从跨市场分析的角度来看，这两种趋势反转是同时发生的，而它们的走势是完全相反的。对一个市场（股票）不利的变化，对另一个市场（黄金）则是有利的。由于黄金还是其他商品市场走势的领先指标，在 2000 年之后，黄金市场由熊翻牛，也说明商品市场可能发生类似的情况。这意味着股票与商品价格之间的关系也发生了重大变化。

支撑位与阻力位分别代表了高于市场价格的阻力（卖出行为）位置，或是低于市场价格的支撑（买入行为）位置。

墨菲小常识

在确认各资产间领先指标发生的重大变化时，比率分析非常有用。

20 年来，黄金的表现首次超过股票

图 5-8 显示的是一种流行的跨市场分析指标，即道琼斯指数 / 黄金比率。这一比率等于道琼斯工业平均指数与股票价格的比值。道琼斯指数 / 黄金比率在 1966 年见顶，随后在 20 世纪 70 年代的通货膨胀期内一路下跌。显然，在此期间，黄金及其他商品是比股票更好的投资工具。道琼斯指数 / 黄金比率在 1980 年见底（此时商品价格见顶），然后一直稳步上升至 2000 年，这一比率接近 40%，创历史新高。在这 20 年里，股票是比黄金及其他商品更好

的投资工具。图 5-8 显示，道琼斯指数 / 黄金比率在 2000 年见顶（股票于此时见顶）。在见顶的这两年间，这一比率跌破了持续时间长达 20 年之久的上升的趋势线（见图中箭头）。要让长期趋势线更可靠，需要使用**对数价格尺度**（logarithmic price scale）。对长期支撑线的突破意味着这两个市场间关系的重大变化有利于黄金（以及黄金矿业类股票）。这一事件表明，资产配置从股票转移至黄金（还有一般类商品）。图 5-8 还显示，在道琼斯指数 / 黄金比率于 2000 年见顶之后的 10 年里，黄金的表现持续好于股票。

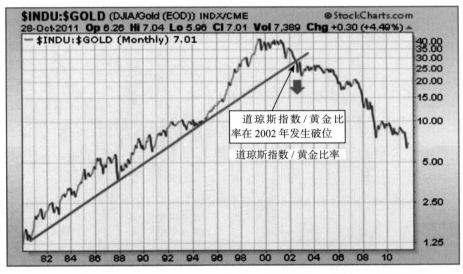

图 5-8　在持续 20 年的上涨后，道琼斯指数 / 黄金比率在 2000 年见顶

对数价格尺度可以用于提供更为可靠的长期趋势线。

从 2000 年开始到 2011 年结束，标普 500 指数下跌了 15%，在同一时间段里，商品总体价格上涨了 50% 以上。黄金的表现优于大多数商品，在 11 年里增长了 490%。在后面的章节中，我们将说明，黄金不仅是一种商品，在许多交易者眼中，黄金还是货币的一种替代物。这一双重角色还说明了黄金在过去 10 年中的表现为何好于其他商品。

当黄金价格上涨时，黄金矿业类股票通常会成为市场龙头股。这一情况屡见不鲜。图 5-9 比较了黄金矿业类股票 ETF（GDX）及标普 500 指数在过去 10 年中的走势。对这两条曲线的视觉比较显示，自 2000 年以来，黄金矿业类股票的表现远好于其他股票。黄金矿业类股票的卓越表现得到了业绩数字的支持。自 2000 年开始的 11 年中，黄金矿业类股票 ETF 的收益超过了400%，与之相比，标普 500 指数则下跌了 15%。

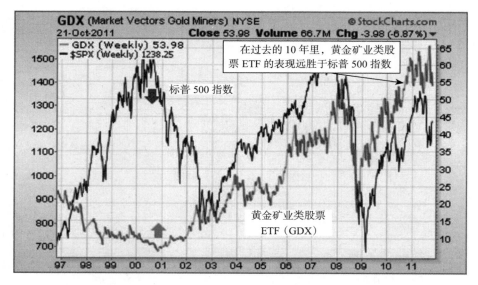

图 5-9　自 2000 年以来，黄金矿业类股票 ETF 的表现远胜于标普 500 指数

2003 年，股票见底与石油价格见顶同时发生

在前面的章节中，对商品价格先于股票市场 1 年上涨，我们用美元在 2002 年年初的贬值做了解释。这一情况比较少见，因为股票通常在市场底部

时首先转头向上。有趣的是，在这两个市场（商品市场与股票市场）处于底部时，一种关键的商品起到了非常重要的作用，这种商品就是石油。

在 2002 年春季，随着美元见顶，石油（还有其他商品）的价格转头向上，并在下一年的春天里持续上涨。和往常一样，石油价格的上涨对于股票是利空。图 5-10 对石油与标普 500 指数在这一年里的价格进行了比较。

图 5-10 石油价格在 2003 年 3 月伊拉克战争开始时见顶，这也促使股票市场见底

你可以看到，从 2002 年到 2003 年春天，这两条趋势线呈反向变动。石油价格在 2002 年 11 月到 2003 年 3 月间的涨幅高达 50%（见图 5-10 中的方框部分），原因在于对第二次伊拉克战争的预期所带来的**战争风险溢价**。在这 5 个月里，石油价格的飙升使股票价格采取

墨菲小常识

正如石油价格上涨利空股票一样，石油价格下跌对股票市场来说通常是利好。

了一种守势。在战争实际开始（2003 年 3 月 13 日）的这一周里，石油价格大幅下跌了 33%（见图 5-10 中的下指箭头）。有趣的是，石油价格在 2003 年春天的崩盘正赶上股票市场的大幅上扬（也可能是促进了股票市场的上涨）（见图 5-10 中的上指箭头）。在 2003 年的第二季度里，标普 500 指数得以突破连接前期（前 9 个月）高点的趋势线，图表分析师据此确认，新一轮股票市场的牛市正在形成——这一牛市一直持续到 2007 年。

第 6 章

资产配置轮动导致 2007 年市场见顶

本章将对如何使用相对强度比率来确定各资产类别走势的重大变化进行说明，对资产配置选择来说，这一指标也同样必要。资产配置在 2002 年发生了重大变化，即从纸面资产转向硬资产。债券 / 股票比率跟踪了这两类竞争性资产的走势在 2000 年、2003 年、2007 年及 2009 年发生的重大变化。从跨市场分析的角度来看，资产配置的转换在 2007 年的走势与之非常符合。股票与美元下跌，而黄金与国债则上涨。在 2007 年与 2008 年，债券、股票与商品按照正常的顺序依次见顶。股票市场在 2007 ~ 2008 年出现了全球性的大熊市。在下跌期间，全球股票走势的相关性进一步增强了。

各资产类别走势的相对强度

在前面的章节中，我们使用了道琼斯指数 / 黄金比率来比较黄金与股票市场的相对表现。我们将在本章中扩展这一分析，利用比率图来比较债券、股票与商品价格之间的相对强度，以此说明这三种资产在不同时期的表现情况。这种分析的思路在于：将某人的资本集中于某类表现最好的资产中，避免（或减持）那些表现最差的资产。幸运的是，使用比率图，我们可以相对轻松地比较分析这三类资产之间的强弱程度。

比率图可以对即将发生的趋势变化提出预警，也是对传统图表分析的一种重要补充。正如你将在后面的图表中看到的那样，我们不需要成为一名图表专家，不需要知晓如何确定这样的趋势变化，因为大多数趋势变化都可以很容易地被辨识出来。自 2000 年以来的市场发展已经提供了几个显著案例，说明为什么知晓哪个市场正在上升（或正在下降）如此重要。你还会看到，为什么在某些市场上升的同时，其他市场会下跌，与之相关的一个引人瞩目的案例就发生在 2007 年股市见顶前后的几个月里。

墨菲小常识

你可以利用绘图软件来很容易地绘制出比率图。

资产配置

了解不同类别的资产之间的互动关系很重要，这至少有两方面的原因。首先，这有助于你领会其他的金融市场对你所涉足的市场将产生怎样的影响。比如，知晓债券与股票之间的互动关系非常有用。如果你交易的是股票，你就应该观察债券收益率（还有债券价格）的走势。这是因为，债券收益率的走势为股票可能出现的走势提供了某些线索。如果你是债券交易者，你就应该监控股票的走势。股票价格的突然上涨通常伴随着国债价格的下跌。前面的章节中提到，美元的贬值通常会让商品价格变得更高。在后面的章节中，我们还将证明，美元的走势有助于确定国外股票相对于美国股票的吸引力。

市场间关系如此重要的第二个原因，在于它有助于理解**资产配置**过程。就在不久之前，投资者的投资选择还只是局限于债券、股票或现金。资产配置模型建立在这一有限的理念基础之上。然而，在过去的 10 年里，投资选择的范

墨菲小常识

美元的升值利好美国股票，而美元走弱则利好国外股票。

围急剧扩大。自 2002 年以来，商品已经成为表现最抢眼的资产，现在已经被华尔街及公众投资者公认为债券与股票的一种可行的替代品。交易所交易基金的日益流行，让商品市场的投资变得和在交易所买卖股票一样容易。

外汇市场同样如此。外汇交易局限于那些专业的银行间交易者与期货专家经纪人这一范围很长时间。但后来情况已经有所变化，外汇 ETF 的出现，让每一个普通交易者都能很容易地交易外汇。在美元不断贬值的大背景之下，外汇交易尤其有价值。在美元贬值时，商品市场不是唯一一个因此而升值的市场，汇率也同样会上升。那些向国外出口商品的国家（如澳大利亚、加拿大）的货币价格受到了美元贬值与商品价格上涨的双重推动。在本书后面的章节中，我将对外汇交易进行更为深入的探讨。作为一种替代性货币，我还将讨论黄金的作用，并解释在外汇与黄金之间进行比较的意义。这两种资产会同时上升，但其上升的速度不一定相同。

相对强度比率

在进行资产配置与行业板块轮动策略分析时，最重要的分析工具当属相对强度比率。**行业板块轮动**指的是资金在各种股票市场行业间的流动，它取决于经济周期与股票市场的具体情况。我所进行的大多数跨市场分析工作依据的都是**相对**表现。相对表现对两种资产（或市场）进行比较，以确定这两种资产中哪一个表现得更为强势。这一工作可以通过绘制**相对强度比率**（也称为**相对强度（RS）线**）来完成。相对强度比率等于一个市场的价格除以另一个市场的价格，这一指标可以用任意一种绘图软件来实现。

行业板块轮动指的是资金在各种股票市场行业间的流动，它取决于经济周期与股票市场的具体情况。

RS 线 通常绘制在股票走势图的底部，以测度这只股票相对于标普 500 指数的强度。RS 线上升，意味着这只股票的走势强于大盘。这通常是一只股票走强的信号。比率分析还可以用于市场行业与行业组中，在分析行业板块轮动策略时尤其有用。相对强度比率上升，意味着某一市场行业的表现强于其他市场。你最好在相对强度比率上升的行业中投资（还要远离那些比率下跌的行业）。我们还将用一章的内容来介绍**行业板块轮动策略**。在本章中，我们使用相对强度比率的目的在于分析**资产配置**问题。

> **墨菲小常识**
> 我们可以比较任意两个市场的相对强度比率。

2002 年，资金从纸面资产流向硬资产

我们在前面章节中使用相对强度比率，旨在说明黄金价格的表现在 2002 年开始超过股票市场，这也是 20 年来的头一回。在本章中，我们将同样的分析工具应用于整个商品类资产。在进行资产配置时，需要比较各资产类别（包括债券、股票及商品）的相对表现，以确定哪类资产的表现更好。我们先从分析股票与商品之间的关系开始。

图 6-1 显示了 CRB 商品价格指数与标普 500 指数（这是美国股票的基准指数）之间的比率。在 1980～2000 年的这 20 年里，商品 / 股票的比率一路下跌，这意味着股票类资产的表现最好。这一趋势从 2000 年开始发生变化，但直到 2002 年方才引人注目。在 2002 年，CRB 指数 / 标普 500 指数的比率突破了一条持续了 20 年之久的下跌趋势线。2002 年的这次对主要趋势线的向上突破表明，资金的流向发生了根本性的变化，开始从股票（纸面资产）流向商品（硬资产）。到了 2008 年中期，商品 / 股票的比率已经升至 6 年来的最高点。在 2002～2008 年的这 7 年里，商品市场的收益比股票市场收益

多了 7 倍。

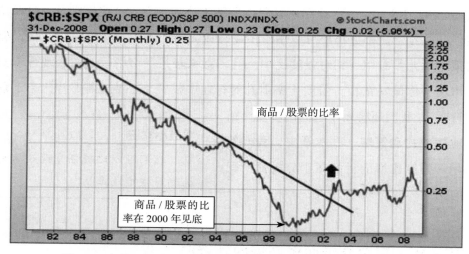

图 6-1　商品／股票的比率上涨，表明商品的走势发生了重大变动

你知道吗？

图 6-1 使用了**对数**价格尺度，在比较长期市场趋势时，这一尺度更为适用。

墨菲小常识

通常来说，只需使用简单的趋势线分析就足以确定相对强度比率所发生的重要转折。

商品／债券的比率也开始转头向上

始于 2002 年的商品价格大幅上涨不但让股票价格下跌，而且让债券价格下挫。图 6-2 显示了 CRB 指数与 30 年国债价格的比率。在持续下跌了20 多年以后，商品／债券的比率也于 2002 年见底。1980～2000 年，纸面资产（债券与股票）一直是大牛市，而商品（硬资产）则一直下跌。然而，2000～2002 年，运气的钟摆从债券与股票的一端摆向商品的一端。在 2000

年，股票随着经济衰退预期的加深而暴跌。而同一时期，商品价格开始与股价反向而行。从 2000 年到 2002 年年末，随着股票价格的下跌，债券价格开始上涨。然而，到了 2002 年年末，由于股票见底回升，债券的上涨戛然而止，商品／债券的比率也开始了历史性的上攻。在商品／债券的比率于 2002 年上涨后的 6 年里，商品的表现持续好于债券。

图 6-2　商品／债券的比率上涨，表明商品价格走势也发生了重大变化

债券／股票的比率也发生了变化

现在，让我们将注意力转移到债券与股票之间的关系上。对投资者手中的资金来说，债券与股票是相互竞争的关系。当投资者对股票市场及经济表示乐观时，他们通常会将更多的资金投入股市，而在债券上减少资金投入；当他们感到悲观时，他们通常会将更多的资金投入债券，而在股票上减少资金投入。同样，相对强度比率是确定这两种竞争性资产表现最好的指标。

图 6-3 显示的是 30 年期国债价格与标普 500 指数的比率，时间跨度为

1993 ～ 2006 年，图中的箭头显示了这两种资产相对表现的两个重大变化。在
20 世纪 90 年代的大部分时间里，债券／股票的比率下跌，这意味着股票的表
现更好。然而，在 2000 年，随着股票市场步入大熊市，债券／股票的比率开
始上升（见上指箭头）。当连接 1995 年与 1998 年市场头部的向下趋势线被这
一比率突破时，该比率上行趋势已经非常明显。从 2000 年到 2002 年年末，
债券的价格随着股票价格的下跌而上涨。

在这两年里，一个投资者如果使用债券／
股票的比率进行分析，将资金从股票转
移到债券中（或是增加债券／股票的比
例，将资金更多地投资于债券中），则会
受益匪浅。

墨菲小常识

债券和股票的交易所交易基
金让投资者在这两种资产之间的
转换变得非常简单。

你知道吗？

在确定相对强度比率的变化时，趋势线分析尤其有用。

在经济衰退或经济萧条期（2000 ～ 2002 年），由于美联储会通过降低短
期利率来稳定经济，债券价格的表现通常好于股票价格。当债券价格上涨时，
债券的收益率会下跌。在一个增长缓慢的经济背景和一个下跌的股市环境中，
国债通常会成为资金的避风港。当股票的收益回升时（如 2003 年），投资者会
将资金从债券转移到股票中来。此时，债券／股票的比率会下跌。

如图 6-3 中的圆圈所示，债券／股票的比率在 2002 年年末及 2003 年年初
见顶。随着债券／股票的比率跌穿上升的趋势线（通过连接 2000 年与 2002 年
的低点所绘制的曲线，见图中的下指箭头），这一比率的下跌趋势得到了进一
步确认。尽管上升趋势线的这次破位发生于 2003 年的下半年，在此之前，该
比率早已在当年春天见顶，论明显程度，债券／股票的比率形成重要头部的
图表证据显然要早得多。

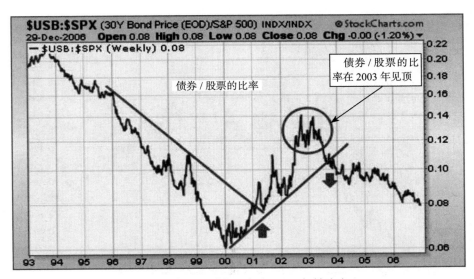

图 6-3　债券 / 股票的比率在 2000 年转头向上

　　图 6-4 显示了债券 / 股票的比率在 2003 年的见顶过程。该比率的见顶过程分为两个阶段，每个阶段都有一个非常突出的头部。第一次见顶发生在 2002 年 10 月（这也是股票筑底过程的开始），第二次见顶发生在次年 3 月（股票市场于此时开始了新一轮牛市）。一个敏锐的图表分析师马上就会指出这一比率形成双重顶的可能性。当某个市场或指标在形成两次突出的顶部后开始下跌时，**双重顶**（double top）就出现了。如图中箭头所示，债券 / 股票的比率形成了非常明显的**双重顶**。

　　当某个市场或指标在两次形成突出的顶部后开始下跌，双重顶就出现了。

你知道吗？

　　在计算债券 / 股票的比率时，我们用流动性更强的 10 年期国债的价格来代替分子中的 30 年期国债。

图 6-4　债券 / 股票的比率在 2003 年春天见顶

在 2003 年 6 月，当债券 / 股票的比率跌至 2002 年第四季度所形成的波谷之下时，这一完成头部的确认变得更加清晰可辨。即便一个投资者此时方才将资金从债券转移至股票中，在接下来的 4 年里，这一策略仍然是有效的。然而，对任何一个对图表知识略知一二的投资者来说，确认出债券 / 股票的比率发生变化的时间应该会早得多。

墨菲小常识

　　双重顶在图表中出现的极其频繁，也是最容易确认的形态。

2007 年，债券 / 股票的比率重新向债券倾斜

　　债券 / 股票的比率在 2003 年的下跌，标志着资金开始从债券大规模流入股票，在接下来的 4 年里，这一资产配置过程一直在持续。在这 4 年里，重仓股票（同时轻仓债券）是正确的资产配置形式。从 2007 年开始的股票市场

熊市，使资产配置的趋势开始重新青睐债券。

图 6-5 显示的是 10 年期国债价格与标普 500 指数的比率在 21 世纪第一个 10 年里的走势。在 2003 年见顶以后，债券 / 股票的比率直到 2007 年方才转头向上（见上指箭头）。在 2007 年中期，这一比率突然变得重新对债券有利。然而，这一比率在 2007 年的上涨仍然非常容易确认。最明显的信号是：这一比率对 2004 年见顶后开始的下降趋势线的突破。（使用趋势线或移动平均线，我们可以很容易地确定比率线所发生的大多数变化。）

墨菲小常识

我们可以用 200 日移动平均线来分析比率图，以确定重要的趋势变化。

图 6-5　债券 / 股票的比率在 2007 年开始转头向上

在 2007 年夏天，抵押贷款及银行业的住房次级贷款问题开始暴露出来（房地产业也遭受重挫），这一问题有可能威胁到美国经济及长达 4 年的股票市场牛市（这一点最后也得到了证实）。为稳定已现颓势的经济及股票市场，美联储开始于 2007 年第二季度降低利率。和往常一样，每当面临财务困境时，资金就会从股票中大量流出，流入相对安全的国债中。幸运的是，这次始于 2007 年夏天的债券／股票比率的上涨很容易确认。图 6-5 还显示，直到 2009 年春天，债券／股票的比率才重新向股票倾斜（见图中的下指箭头）。

我们在前面的图表中使用相对强度比率，其原因有二。第一，为了说明该比率在跟踪各竞争性资产间相对表现中所起的作用。债券、股票与商品之间的关系不是静止不变的。它们会随着时间的推移而发生大幅度变化。对投资者来

墨菲小常识

债券／股票的比率发生变化，说明经济的健康状况出了某些问题。

说，最重要的是要拥有像相对强度比率这样的分析工具来帮助他们确认这些变化。第二，为了说明该比率的重大变化，通常可以通过简单的趋势线分析以及某些基本的图形分析技巧加以确认。要确认这些转折点，你不必是一名图表分析专家，但是，掌握某些基本的图表分析技巧会给你带来很大的帮助。

随着股票在 2007 年下跌，债券开始上涨

现在，让我们将注意力转向 2007 年股市见顶前后几个月里的市场间行为。在回顾这些行为之前，你得知道，从跨市场分析的角度来看，每个市场的表现都与其应有的表现完全一致。对债券与股票来说尤其如此。在过去的 10 年里，存在一个关键的市场间关系，即债券与股票价格之间的反向关系。当一种资产的价格上升，另一种资产的价格就会下跌。显然，知道哪种资产的价格正在上升，哪种资产的价格即将下跌，这是非常重要的。债券与股票价格之间的这种关系还将告诉我们一些与股市和经济情况有关的重要信息。2007 年发生的事情，对于这两种资产都不是什么好消息。图 6-6 比较了 10 年

期国债与标普 500 指数在 2007 年的价格。在 2007 年上半年，随着债券价格的下跌，股票的价格上涨。然而，在 2007 年 7 月，股票市场随着次级贷款问题的浮现而下跌（见下指箭头）。可以想见，债券的价格立刻转头向上（见图中的上指箭头）。在 2007 年的 10 月，股票价格第二次下跌，使得债券价格再次上扬。此时正确的行为是从下跌的市场（股票市场）中撤出，转到上涨的市场（债券市场）中去。但是，你得先确认趋势的变化才行。

墨菲小常识

　　最重要的趋势变化非常容易确认，然而，你得跟着图表来分析这些趋势变化。

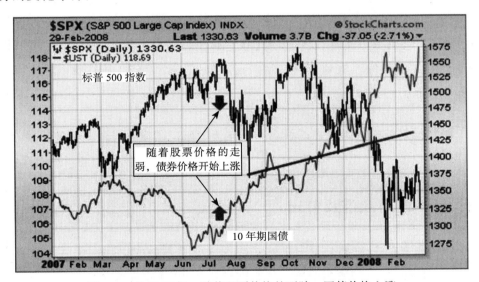

图 6-6　在 2007 年，随着股票价格的下跌，国债价格上涨

你知道吗?

重要的是将跨市场分析工作与传统的图表分析技巧结合起来。

要实现这一目的，你可以使用比率分析，如图 6-5 所示；你也可以直接比较这两个市场的图形走势，如图 6-6 所示。我建议你同时使用这两个方法。

对那些使用图表分析的投资者来说，在分析时稍微瞄一下这些可视化工具，你将对债券及股票发生的变化一目了然。如果你再掌握一些跨市场分析原则的话，就能更好地理解这些行业板块轮动发生的原因，也就知道你该如何操作了。

再看图 6-6，你会发现股票市场的头部在 2007 年形成。许多市场技术指标已经给出了警示信号，而实际的图表破位发生在 2008 年 1 月，此时标普 500 指数跌至其 2007 年 11 月的低点之下，也跌破了连接 8 月及 11 月低点的**趋势线**。**趋势线**（trendline）是连接反弹低点的线。当趋势线出现向下的破位时，此时价格通常会再创新低。毫无疑问，在这一点位上，股票市场的熊市已现端倪。然而，正如 2000 年所发生的那样，债券市场价格的上扬（以及债券收益率的暴跌）早就提前发出了牛市即将终结的警示信号。在 2007 年夏秋两季所发生的债券与股票市场间转换这一预兆，已经被许多其他市场间警示信号确认了。

趋势线是连接反弹低点的线。对其向下的破位通常会导致更低的价格。

美国利率的下跌伤及美元

为更好地解释短期利率与美元之间发生的连锁反应，我们稍微扩大一下 2007 年市场间关系的分析范围。债券的价格在 2007 年夏天开始上涨（收益率下跌）的一个原因，在于美联储为了对抗走弱的经济（还有股票市场的下跌）而降低了短期利率。当美联储大幅降低短期利率（而国外的中央银行并未跟进）时，带来的副作用通常是美元的贬值。

图 6-7 显示，在 2007 年，两年期国

墨菲小常识

美联储通过控制利率的走向来影响美元的走势。

债收益率与美元指数之间存在着紧密联系。这两种资产从 2007 年 7 月开始下跌，并一直持续到 2008 年第一季度（也将美元推至历史新低）。因此，我们这里还要考虑另外一种市场间关系：当美联储为了对抗可能的经济衰退而降低短期利率时，美元通常会因此贬值。现在你应该明白了，有一种资产可以从美元的贬值中获益，黄金就是如此。

图 6-7　在 2007 年，两年期债券的收益率与美元的价格同时下跌

美元贬值将黄金价格推至历史新高

尽管大多数商品受惠于美元的贬值，要说和美元联系最为紧密的，还得是黄金。部分原因在于，交易者通常将黄金视为一种替代性货币。因此，黄金因其商品及货币的双重角色而从美元贬值中获益。图 6-8 对黄金及美元在 2007 年及 2008 年年初的价格进行了比较，这两个市场彼此之间几乎完全对立。如图中间的两个箭头所示，黄金价格于 2007 年 8 月开始迅速上涨（上指箭头），

美元也于此时开始下跌（下指箭头）。这两种反应是美联储降低短期利率（市场也开始担忧房地产市场崩盘所带来的破坏）的直接结果。到了 2008 年第一季度，美元跌至历史新低，而黄金价格则升至历史新高。黄金不但受惠于美元贬值，而且从股市下跌中获益。随着美元的持续下跌，商品价格一直涨到了 2008 年中期。然而，美元在 2008 年中期见底，这导致商品价格大幅下跌，因为市场担心全球经济可能陷入衰退的境地。黄金的表现还是好于其他商品，但也将 2008 年夏天的一部分获利回吐。

墨菲小常识

由于外国货币剧烈下跌，黄金的表现好于其他商品。黄金被视为一种替代性货币。

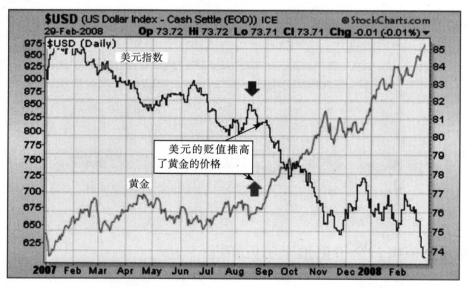

图 6-8　随着美元的下跌，黄金开始于 2007 年中期走强

这 3 个市场按照正常顺序依次见顶

和它们在 2000 年的表现一样，在 2007 年与 2008 年里，这 3 种主要的

资产按照正常的顺序依次见顶。如图 6-9 所示，10 年期国债的收益率在 2007
年 6 月见顶（图中第一个下指箭头），而第二个箭头表明，股票在 4 个月后的
10 月里见顶。债券收益率的下跌再一次成为股票在其后下跌的领先指标。第
三个下指箭头显示，商品价格直到 2008 年中期方始见顶。此时距国债收益率
见顶已有 1 年时间，距股票见顶也已有半年时间。在 2008 年上半年，美元
的贬值使商品价格持续上涨。在股票市场见顶两个月之后，美国经济于 2007
年 10 月步入衰退。债券收益率与股票价格再一次成为经济走势可靠的领先
指标。

图 6-9　在 2007 年与 2008 年，债券收益率、股票与商品按照正常的顺序依次见顶

全球脱钩并不存在

　　全球股票市场是紧密联系在一起的。换言之，股票市场的大牛市与大熊
市通常是全球范围内的。当美国股市于 2007 年下半年开始走弱时，在华尔街
与财经媒体上（还有那些外汇交易员中间）开始盛行一种理论，即外国股票

市场相对不受美国股市下跌以及经济可能衰退的影响。这一有误导性的理论基于这样一种信念：源于次贷危机的美国房地产问题本质上是美国国内问题，对外国市场的威胁不大。这一理论违背了跨市场分析的一项基本原则，即全球市场是紧密相连的，尤其是在熊市期间，2008 年也不例外。

图 6-10 对标普 500 指数与 MSCI 世界股票市场指数（MSWORLD）（不包括美国）从 2007 年年末到 2009 年春天的表现进行了比较。尽管外国股票的跌幅略高于美国股票，我们还是很难区分这两条曲线。图 6-10 旨在说明，从 2007 年年末到 2009 年年初，全球股票市场一

墨菲小常识

由于全球经济是紧密相连的，当其中一个市场出问题时，其他任何一个市场都很难独善其身。

同下跌。这也是证明全球股票市场紧密相连（在市场下滑时尤其如此）这一跨市场分析原则的又一经典案例。

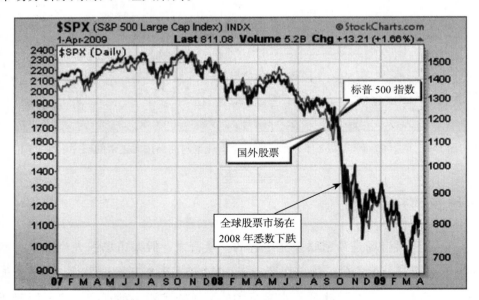

图 6-10　在 2008 年的熊市中，全球股票市场一同下跌

在 2007 年年末的时候，那些**全球脱钩论**的支持者不了解股票市场的历史；如果了解的话，他们就会知道，在熊市期间，全球股票市场之间的联系会变得更为紧密。

你知道吗？

2008 年 1 月，我在瑞士为一些欧洲分析师做了一次演讲。在读报时，我发现当地的报纸宣称欧洲不受美国市场下跌的影响。然而，我在演讲中警告他们，美国的麻烦很快就会蔓延至欧洲及世界上其他地区。他们对我的警告持怀疑态度，即使是那些唱空的图表分析师听众也不以为然。一位主持人谨慎地建议我，如果在另一个欧洲国家进行第二次演讲时，可以将这种消极的调子略微调低一些。不幸的是，这些消极的警告最终变成了现实。

截至 2008 年第二季度，许多外国的股票市场跌得比美国股市还要惨。到了 2008 年年底，标普 500 指数已经从 2007 年 10 月的顶部下跌了 45%。与之相比，EAFE iShares 指数（该指数衡量的是美国以外发展中国家的市场）和新兴市场 iShares 指数的跌幅分别达到 50% 与 55%。那些在早先持**全球脱钩论**观点的人，现在转变为**全球危机**的恐慌者。和 1987 年股市震荡及 2000 ~ 2002 年股票市场的大熊市一样，2007 ~ 2008 年的股票市场崩盘也是全球性的。在这次全球股市危机中，没有哪个国家的市场能够独善其身。股票在那一时期毫无安全性可言，国债与黄金才是避风港。

第 7 章

2007 年市场见顶的可视化分析

本章将跨市场分析原则与传统的图表分析方法结合起来，以说明这两种方法的共同作用机理，从而为股票市场在 2007 年的见顶提出警示信号。在 2007 年这一年里，标普 500 指数正在对 2000 年见顶时所形成的重要阻力位进行反复测试。传统的市场宽度指标开始失效；小盘股、金融股、零售业与交通运输股首次出现下跌；石油价格的上涨也是个问题，上涨的石油价格与住宅建筑业的下滑影响了零售业股票的表现。从图表中可以清晰地看出，房地产类股票在 2006 年十分低迷。

将传统的图表分析方法与跨市场警示信号结合

始于 2007 年的股票市场见顶导致金融危机在次年爆发，危及全球的金融体系。大多数人平生首次感受到全球经济危机带来的恐慌，他们担心 20 世纪 30 年代大萧条的历史会重现。从历史上看，2007 年股市见顶是一场重大的金融事件，我们将在本章对此进行深入探讨。

墨菲小常识

将传统的图表分析技术与跨市场分析结合起来，是一个好办法。

然而，要正确分析这一事件，我们有必要将传统的图表分析方法与跨市场警示信号结合起来，而且其中的确存在着大量的警示信号。

在 2009 年出版的《图表炒家》(第 2 版)中，我使用图表及跨市场分析方法发出了警示信号，并用大量的篇幅描述了 2007 年的股市见顶，在本书写作之时，这些信号已经十分明显。在本章及前面的章节中，我已经使用了某些相关材料。尽管我们在本章中仍将使用某些传统的图表指标，但我们的主要关注点将是市场间的相互作用。对 2007 年市场见顶的传统图表分析方法而言，如果有读者想做深入了解的话，可以参考早期出版的一些书籍。

标普 500 指数图表 2007 年走势一瞥

在讨论股市在 2007 年及之后的表现之前，我们先来看看这历史性一年之前的市场状况。要做到这一点，我们有必要看一下此前 10 年的图表走势。图 7-1 是标普 500 指数的月棒线图，时间跨度为 1998 ~ 2008 年。任何对图表分析有相当研究的人都知道，自进入 2007 年以来，标普 500 指数已经进入一个危险的阻力区。**阻力区**（resistance）指的是市场上方存在卖方压力的区域或价格水平。最重要的阻力区是前期的历史高点。早在 2000 年，标普 500 指数已经触及这一相同的价格水平（见图中的圆圈部分）。

阻力区指的是市场上方存在卖方压力的区域或价格水平。

在图表分析中，对价格的前期重要头部的**反复试探**总是十分危险的。说它危险，是因为这一过程有可能会形成新的市场头部。此外，标普 500 指数已经从 2003 年的底部涨了 1 倍，这也是市场处于危险的过度扩张的又一警示信号。从月棒线图中绘制出的趋势线可知，股市在 2000 ~ 2003 年处于熊市，而在 2003 ~ 2007 年则处于牛市。在 2003 年

墨菲小常识

当市场触及价格的前期重要头部时，技术交易者通常已经开始获利了。

年末，对下降趋势线的突破（图中上指箭头）表明，市场的向上趋势已然形成。在 2007 年年末，对上升趋势线的破位（图中下指箭头）表明，市场的向下趋势已然形成。市场下跌的位置与 2000 年形成的头部处于相同水平，这一事实让这次下跌变得更为可信，也更危险。

图 7-1　在 2007 年，标普 500 指数再试 2000 年的市场头部

市场宽度警示信号

在 2007 年的发展过程中，许多警示信号均表明市场有见顶的危险。其中最重要的一种警示信号是各种市场宽度指标的严重退化。**市场宽度**（market breadth）指的是在任意一天里股票上涨家数与下跌家数的比值。如果上涨家数超过下跌家数，这一天的市场宽度就是正值。下跌家数多于上涨家数，表明市场宽度为负值。测度纽约证券交易所（NYSE）所用的最广泛的市场宽度

指标是 NYSE 腾落指数（NYSE advance-decline (AD) line）。腾落指数就是股票上涨家数与下跌家数之差的连续累积值。当腾落指数上升时，上涨的可能性大于下跌的可能性，市场处于上行趋势。市场分析师通常将腾落指数与标普 500 指数这样的股票价格指数进行比较。这么做的原因是确保这两条趋势线的走向保持一致。

市场宽度指的是在任意一天里股票上涨家数与下跌家数的比值。

当市场处于头部时，腾落指数通常先于股票指数下跌（稍后我将讲解其形成原因）。当腾落指数开始下降，而市场指数仍然在上升时，这是一个预示着市场可能见顶的警示信号。当市场出现这一信号时，图表分析师将这种情况称为顶背离。当两条本应同向上升的曲线走势开始相互背离时，我们称这种情况为顶背离（negative divergence）。2007 年下半年发生的就是这种情况。

顶背离指的是两条本应同向上升的趋势线的走势开始相互背离的情况。

墨菲小常识

顶背离这个词在图表分析中十分常见，它与其他几个技术分析指标被共同使用。

NYSE 腾落指数显示出顶背离

研究 NYSE 腾落指数的主要原因，是保证该指数的走势与所比较的市场指数保持相同的方向。只要这两条曲线都是上升的（这也是 2003 年以来的情况），市场的上行趋势就是健康的。然而，当腾落指数开始先于价格指数而下跌时，一种危险的顶背离就产生了。顶背离通常是一个警示信号，表明股市的上涨趋势已然乏力。图 7-2 对标普 500 指数与 NYSE 腾落指数在 2007 年的表现进行了比较，这两条曲线均于 6、7 月见顶，而后于 8 月下跌。然后，标普 500 指数开始了一轮上攻行情，在 10 月创下新高。不幸的是，腾落指数未能做到这一点。腾落指数从其 7 月高点大幅下滑。这也是灾难的开始。腾落指数对上行趋势缺乏足够的确认，这产生了一种顶背离，也发出了一项警示信号，和以前相比，支持股票指数再创新高的股票数量已经大幅减少。

图 7-2 NYSE 腾落指数在 2007 年的下跌，发出了市场见顶的警示信号

腾落指数在 10 月间的弱势表现（相对于标普 500 指数而言），可以由连接 7 月与 10 月的下跌趋势线所确认。从那时起，腾落指数带领着股票指数从其 10 月的高点处滑落。腾落指数低于**前期高点**这一消极形态发出一种警示信号，表明市场正在见顶。事实是，腾落指数在那个时候的恶化已经十分明显了。我记得，在 2007 年的下半年，有几份市场报告已经显示了这一点。然而，华尔街大多数从业人士要么没有认识到这一点，要么是对此视而不见。在这一年里，他们也忽略了许多其他的警示信号。

是什么导致了这种顶背离

知道 NYSE 腾落指数何时背离市场平均值是很重要的，知道导致这种背离的原因也同样重要。这主要有两个原因。一是知道要避开（或是将资金转移出）哪类资产；二是从历史上来看，某些特定的资产会在市场形成头部时率先见顶（在市场位于底部时，也是这些资产率先见底）。知道是哪类资产导致市场走低，可以进一步为市场的实际见顶提供证据。实际上，导致市场在2007年走低的4种资产之前也有过同样的历史。

这4种拖了大盘后腿的资产是小盘股、金融股、零售业股票以及交通运输类股票。住宅建筑类股票也属于此类，但原因不同（稍后我将对此加以解释）。在2007年第四季度，这些资产均未创新高，这也是腾落指数形成顶背离的原因。从历史上看，小盘股也曾在市场见底时率先上涨（如2003年），在市场见顶时率先下跌（如2007年）。在牛市的末期，作为一种防守的策略，投资者开始将资金从较危险的小盘股中撤出，转而投到更为稳定的大盘股中。资金流入大盘股，也是为了获得股息收入，用来缓冲市场可能出现的下跌。大盘蓝筹股通常最后一个下跌，其原因也在于此。

对其他市场来说，金融股也是传统的领先指标。金融股在2007年猛烈下跌。显然，这与大盘金融股（如银行）极易受到房地产市场崩盘的影响有关。零售业股票测度的是消费者购买力的大小，在市场见顶时通常第一个下跌。正如你稍后将看到的那样，零售业股票的下跌与石油价格的上涨及住宅建筑类股票的下跌密切相关。从历史上看，交通运输类股票是另一类在市场见顶时率先下跌的资产。这通常是能源成本上升的结果，2007年的情况正是如此。

石油价格的上涨伤及交通运输类股票

在2003～2007年的牛市期间，工业与交通运输类股票的表现均十分抢眼。在 2007 年，这一情况发生了极大的变化，交通运输类股票的表现开始不尽如人意。石油价格的上涨是一条重要的原因，这是显而易见的，交通运输业特别容易受到石油价格上涨的影响。航空业及货车运输业在运营过程中需要使用大量的燃油。尽管铁路可以将大部分燃料成本转嫁给客户，但在 2007 年，当石油价格暴涨 1 倍时，即便是铁路也无力承受飞涨的燃料成本。

图 7-3 将石油价格和道氏交通运输业指数 / 道琼斯工业指数之间的比率进行了比较。我们可以看到，这两者之间呈反向关系。石油价格的上涨使得交通运输类股票落后于工业股，在 2007 年下半年尤其如此。石油价格的上涨通常发

墨菲小常识

石油价格通常在市场下跌时走弱，这也是交通运输业通常在市场见底时率先上涨的原因。

生在经济扩张期的末期，也通常会导致股票市场见顶。交通运输业是股市中对燃料最为敏感的部门，这一事实可以解释，为什么交通运输类股票通常在市场下滑的初期率先下跌。在 2007 年，情况正是如此。

图 7-3 由于石油价格的上涨，道氏交通运输业指数 / 道琼斯工业指数的比率在 2007 年下跌

在 2007 年，对交通运输类股票造成不利影响的另一类因素是经济衰退（源自于房地产市场的低迷）。这是因为，交通运输业属于**经济敏感型**（economically sensitive）股票。这意味着它们与经济周期的涨落紧密相连。同样，当经济衰退苗头初现时，交通运输类股票极易受此不利影响。道氏交通运输业指数在 2007 年下半年的相对疲软使该指数与道琼斯工业指数之间出现背离，这也让**道氏理论**的追随者开始感到担忧。

道氏理论

久负盛名的**道氏理论**（Dow Theory）是最古老，也最具影响力的技术分析理论之一，该理论最初由查尔斯·道（Charles Dow）于 20 世纪初期所创立。查尔斯·道还创立了第一只股票指数，即道氏工业及交通运输业平均指数。起初，交通运输类股票仅限于铁路股。然而，随着时间的推移，航空业及货车运输业也被纳入交通运输业指数。查尔斯·道认为，在一个健康的经济中，工业股及交通运输类股票应该同步上涨。归根结底，工业企业制造产品，再由交通运输企业将这些产品运到市场中去。这两个行业彼此之间谁也离不开谁。尽管查尔斯·道一开始主要将这一指标用于预测经济趋势，但这一指标后来被广泛应用于股市的预测中。

墨菲小常识

铁路股会随着对谷物及煤炭等商品的需求增加而受益，并随着对这些商品的需求减少而受损。

道氏理论认为，在一个持续上涨的牛市中，道氏工业及交通运输业平均指数一定是同步上涨的。如果其中一个指数的涨幅大大落后于另一个指数，或两者间发生了严重的背离，这就意味着股票市场即将见顶。当这两个指数只有一个创下新高时，这是一条十分危险的警示信号。2007 年所发生的正是这样一种情况。

图 7-4 显示，到 2007 年中期之前，这两种道氏平均指数一直是同步上涨
的。然而，在 2007 年 7 月与 8 月，道氏交通运输业平均指数的跌幅远大于道
氏工业平均指数。起初，情况看起来并不严重，然而，在 10 月间，道氏工业
平均指数升至历史新高，而道氏交通运输业平均指数与该指数的走势不再一
致。尽管道氏工业平均指数在 2007 年 10 月再创新高，而道氏交通运输业平
均指数比夏季高点下降了近 10 个百分点（见下降的趋势线）。根据道氏理论，
这两种平均指数在 2007 年第四季度的背离是一种警示信号，表明市场的上行
趋势遇阻。

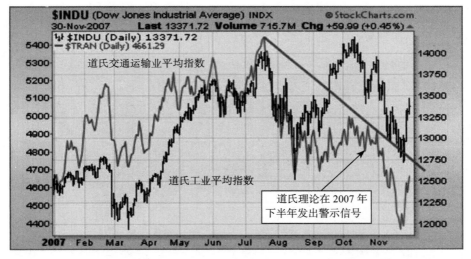

图 7-4 道氏交通运输业平均指数在 2007 年的下跌导致其与道氏工业平均指数出现背离

早在一个世纪以前，查尔斯·道就已经发出警告，对经济与股票市场来
说，不管这两种股票平均指数中的哪一种下跌，这都是一个不好的信号。查
尔斯·道的思想为我们奠定了现代技术分析的基础，而他关于股票市场可以
作为经济的领先指标的这一看法也领先于他所处的那个时代。从历史上看，
股票市场大约领先于经济 6 个月的时间提前见顶。道氏交通运输业平均指数

在 2007 年 7 月见顶。而美国经济衰退从 2007 年 12 月开始，这比该指数见顶的时间晚了 5 个月。

石油价格的上涨对消费者也产生了不利影响

在 2007 年，消费者受到来自两方面的不利冲击。他们的住房价格有生以来首次下跌，而能源价格也飙升至历史新高。图 7-5 对石油价格与零售股 / 标普 500 指数之间的比率进行了比较。从 2006 年年初到 2008 年年中，总的来说，这两条曲线的走势呈现出负相关性。换言之，这两个指数的走势完全相反。对消费者来说，石油价格在 2007 年年初的飙升，让他们在 2007 年剩下的时间里损失惨重。

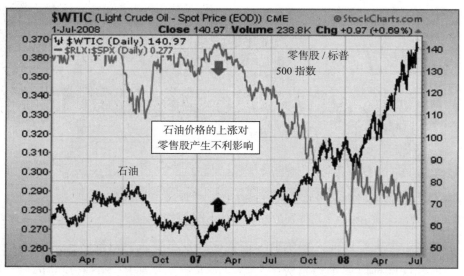

图 7-5　石油价格在 2007 年的上涨使得零售股 / 标普 500 指数的比率下跌

从 2007 年年初到 2007 年年末，石油的价格翻了一番，从 50 美元涨至 100 美元，与之相伴的是零售股的相对表现大幅下挫（相对强度指标下跌）。

在那个时候，金融界一直坚持这样一个错误看法：石油价格的上涨不会对消费者产生不利影响。那时还有一个错误认识，即房地产业的疲软也不会产生多大的不利影响。这两种观点都是错误的。

墨菲小常识

　　汽油价格的上涨减少了消费者的可支配收入。

零售业与住宅建筑业相互联系

　　在 2007 年，财经媒体上连篇累牍地刊登着某些宣言，其中不断重复着的一条就是美国经济仍然是健康的。经济学家宣称，疲软的房地产业不会对零售业及其他经济部门产生多大的不利影响。因此，没有多少人关心房地产市场的下滑对经济或股市所产生的影响。然而，对金融市场进行的可视化分析得出的结论完全不同。

　　图 7-6 对 PHLX 房地产指数的周棒线图与零售股 / 标普 500 指数之间的比率（即前面图中所显示的相同比率）进行了比较。图中显示，住宅建筑类股票的实际见顶时间是 2005 年中期，但真正开始急剧下跌的时间是 2006 年上半年（见图中的圆圈部分）。下跌的速度在 2007 年进一步加快。分析市场走势图的一个原因，在于金融市场可以在经济的基本面广为人知之前将其**折现**。

　　房地产股票在 2005 年见顶及 2006 年初期的下跌（在图中清晰可辨）发出了两个警告。一个警告是退出房地产股票的时机已经成熟，自 2000 年以来，房地产股票一直是市场龙头股。第二个警告是

墨菲小常识

　　图表分析是基本面分析的一种简便形式。

房地产行业的疲软开始对零售消费类股票产生不利影响，并将最终对其他经济部门产生不利影响。在 2007 年夏天爆发的次贷危机之前的一两年里，这类警示信号随处可见，而金融界对此视而不见，但也可能是他们根本就不看图表。

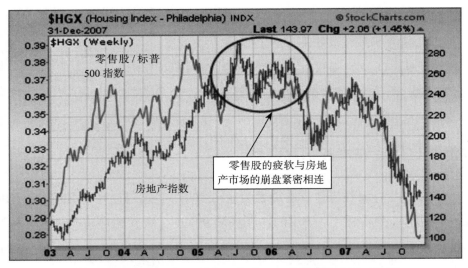

图 7-6　房地产股票与零售股 / 标普 500 指数的比率同时见顶

　　如前所述，图 7-6 中的实线是一种相对强度比率（零售股 / 标普 500 指数）。零售股比率线的位置在房地产指数线上方，这是有原因的。这样一来，这两个市场之间的紧密联系非常明显，引人注目。注意，零售股的相对强度比率在 2005 年中期与房地产指数一同见顶（见图中的圆圈部分）。从 2006 年下半年到 2007 年，这两条曲线同时下跌。图 7-6 清晰地表明，零售股相对表现的见顶及相对疲软期的开始和房地产股票及房地产行业的下滑是密不可分的。图表已经清楚地说明，房地产市场的疲软已经开始严重影响到股市及总体经济。对那些使用图表分析，并知道如何对其进行解读的图表投资者来说，所有这些早期的预警信号都是显而易见的。

早在 2007 年之前，零售股就已经开始走弱

　　消费者支出大约占了美国经济的 70%。在这种情况下，零售股的走势在很大程度上代表了美国经济的健康状况。与大多数普通股一样，零售股的走

势通常也是零售业自身的领先指标——但我们所说的走势不仅包括零售股的

绝对走势，其**相对**走势也同样重要。正
是零售股的**相对**表现在 2007 年之前两年
里的下滑发出了早期的预警信号，表明
零售行业以及总体经济（据此推断得出）
遇到了麻烦。

你知道吗？

　　当相对强度比率位于价格棒线的正上方时，对相对强度比率与价格指数之间进行比较更能说明问题。

　　图 7-7 提供了一个范例，说明如何对某类市场的**绝对**表现与**相对**表现进行比较，以及这两种表现为何经常给出不同的信息。图中的价格棒线测度了标普零售股指数的**绝对**趋势。图中的实线是零售股与标普 500 指数的比值。这一比率测度的是该市场同其他市场的**相对**表现。

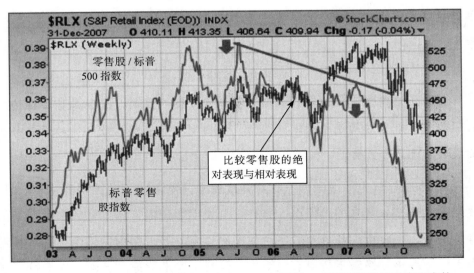

图 7-7　零售股 / 标普 500 指数的比率在 2007 年下跌，表明零售股相对表现疲软

注意，在 2003 年及其后两年的上涨期内，零售股引领标普 500 指数上涨（比率线上升）。这在熊市的初期比较常见。零售股的相对强度表明，消费者对经济的看法更为乐观，更愿意消费。我们认为零售股领涨通常是股市及宏观经济向好的一个信号，而零售股表现的相对弱势对两者均不利，其原因也在于此。

自 2005 年以后，这两种业绩测度指标的表现开始出现背离。零售股指数从 2006 年下半年开始上涨，并在 2007 年上半年创历史新高。这表明，该指数的**绝对**表现仍在上涨。不幸的是，其**相对**表现不佳。相对强度比率在 2005 年中期（与住宅建筑类股票一同）见顶，然后一直下跌到 2006 年中期，随后反弹至 2007 年初期。此时，零售股的相对强度比率与零售股的实际价格之间出现了明显的**顶背离**。当零售股指数创下历史新高时，其相对强度比率却从前期高点大幅下跌（见下跌的趋势线）。这一图形走势生动地说明，零售股的表现开始落后于其他市场。此后更是每况愈下。

墨菲小常识

　相对表现通常在**绝对**表现之前改变方向。

你知道吗？

上升的**趋势线**是通过连接前期反弹低点绘制而成的。一条趋势线持续的时间越长，触及该曲线的时间就越长，它的重要性也就越强——对该趋势线的突破也就更为重要。

从 2007 年第二季度开始，相对强度比率开始加速下跌，到第三季度时，该比率已降至 4 年来的最低点。这是一个说明零售股开始走弱的非常严重的警示信号，将对宏观经济及股市产生不利影响。要说明为何某个市场的**相对**表现比图形中的**绝对**走势更有说服力，这是一个非常好的范例。这个例子还

说明，如果掌握某些图形解读知识，再辅以跨市场分析原则，那么你不但能
了解单个市场的状态，也能洞察整个股市的健康状况。

住宅建筑业在 2005 年见顶，提前发出了预警信号

图 7-8 显示的是 PHLX 房地产指数的周棒线图。该指数测度了住房建筑
类股票（及其他与房地产业有关的股票）的价格走势。这幅图非常简单，但
包含了很多重要的信息。第一个信息是住宅建筑类股票在 2005 年的见顶，
在 2006 年的下跌，这在当时都是显而易见的。在途中，我还绘制了一条连
接 2003 年、2004 年以及 2005 年低点的上升的**趋势线**。图 7-8 中的趋势线连
接了这三个时点（见上指箭头）。最后一个时点在 2005 年 10 月间（第三个箭
头）。这一重要的趋势线在 2006 年第二季度被跌穿了。

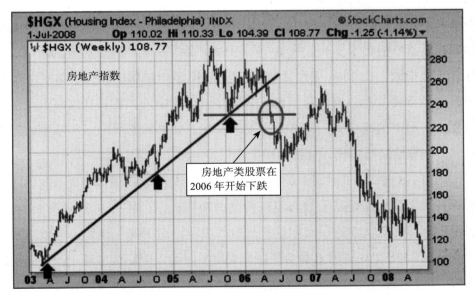

图 7-8　房地产指数在 2006 年跌穿了支撑线，标志着房地产市场的见顶

图 7-8 中所包含的主要信息是，通过简单的趋势线分析，我们能够很容易地发现，房地产行业已经发生了一次重大的趋势反转，开始正式走入下行通道。在 2006 年，当房地产指数跌穿 2005 年 10 月的前期低点时（如图中圆圈所示），发出了第二个预示下跌的警示信号。由此构筑了**低于前期高点**与**低于前期低点**这一看跌形态，这也是**下跌趋势**（downtrend）的基本定义。要发现房地产市场发生的下跌趋势反转，你不必成为一名图表专家，只要认真读图，你就一定会发现这一信息。

图 7-9 显示的这幅图，取自我为 StockCharts.com 撰写的一篇市场通讯，时间是 2006 年 6 月 5 日。该图显示，房地产价格指数跌至 2005 年 10 月的历史新低之下，从而完成了这次见顶过程。标题这样写道："房地产股票正在崩盘。"如前所述，这一点你想看不到都很难。

墨菲小常识

所谓上涨趋势，指的是**高于前期高点**与**高于前期低点**。

但如果不想错过这一点，我们就必须知道从哪里开始着手。图 7-9 下方 HGX/标普 500 指数的比率显示，从 2005 年中期开始，房地产股票的表现开始弱于标普 500 指数，在 2006 年尤其如此。以我 40 多年使用图表分析市场的经验来看，最重要的趋势反转通常都十分明显，很难错过。要看到这一点，你不需要太多神奇的指标，但你必须坐下来看图。如果你能掌握一些基本的图表知识，能够绘制趋势线，这就足够了。

从图 7-8 与图 7-9 中得到的第二个信息更为微妙，但同样重要。我已经多次提到，金融市场是基本面与经济信息的领先指标。这在 2005 年与 2006 年表现得淋漓尽致，在这一时期里，房地产股票急速下挫。任何一个目睹房地产股票在 2006 年崩盘的人都会怀疑哪里出了问题，他们将房地产股票的下跌视为一种预警信号。然而，令人惊讶的是，华尔街的分析师们对这一警讯视而不见，直到 2007 年才承认经济出了问题。不幸的是，这已经太晚了。

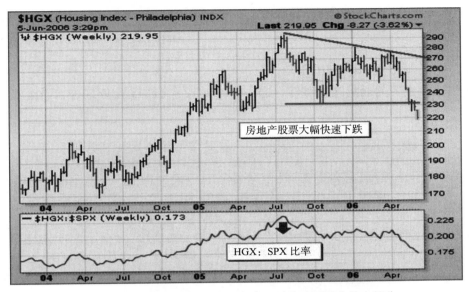

图 7-9　在 2006 年春天，房地产类股票跌破了图中的支撑位

再举一例，房地产业的问题在 2005 年就已经十分明显了，我引用一篇撰写于 2005 年 11 月 8 日的市场通讯的标题来说明这一点：住宅建筑类股票向市场施压——房地产指数在 7 月见顶：债券价格的双重顶表明，持续 5 年的房地产繁荣已然终结（StockCharts.com）。对债券价格的参考报价必须考虑这一点，自 2000 年以来，债券价格上涨（债券收益率下跌）的这一事实一直对利率敏感型的房地产类股票构成强有力的支撑。债券价格在 2005 年的下跌（债券收益率的上升）对已然见顶的房地产业构成了毁灭性的威胁。

墨菲小常识

　　住宅建筑业股票对债券市场的走势尤其敏感，因为债券价格决定了住宅抵押贷款的成本。

图 7-10 显示，房地产指数在 2005 年见顶，这比标普 500 指数见顶的时间（2007 年）早了整整两年。这是房地产市场繁荣终结的一个非常早的预警信号。这一信号在那个时候非常明显，你想错过都不容易。然而，许多专家

（包括美联储）并没有注意到这一点，这就更让人难以置信了。在接下来的章节中，我将介绍随后的房地产市场低迷对金融市场的影响，并从历史的视角来对其进行考察。从那一章中，你还会发现，为什么房地产市场泡沫的破灭是另一个主要的通货紧缩事件，这一事件决定了金融市场在 2008 年之后的相互关系。

图 7-10　房地产类股票先于标普 500 指数两年见顶

在 2007 年里的另一熊市警讯

现在，让我们用一开始介绍的 2007 年的股票市场见顶来结束我们的可视化研究：我们再来看一个测度**市场宽度**的指标，该指标同样能发出清晰的市场见顶的警示信号。这个指标就是 **NYSE 指数中，交易价格在 200 日移动平均线之上的股票所占的百分比**（后文简称看涨比例指数）。我在前面解释过，200 日移动平均线（最近 200 个交易日收盘价的平均值）是划分主要上升趋势与下降趋势的分界线。如果一只股票跌穿了其长期支撑线，则该股票被认为进入了主要的下行通道。在 2007 年第四季度，所有的美国股票指数均跌至其 200 日移动平均线之下，而投资者在那时已经损失了大笔的资金。但是，纽约证券交易所交易的大多数股票早就已经跌至 200 日移动平均线之下了。

图 7-11 对 **NYSE 看涨比例指数**与 NYSE 综合指数进行了比较。当上涨趋势健康的时候，这两个市场测度指标应该是一同上涨的。图 7-11 显示，看涨比例指数在 2007 年中期急剧下跌（第一个箭头）。当 NYSE 综合指数在 10 月创立新高，而市场宽度指标与之渐行渐远（图中第二个箭头）时，由此导致的这两条曲线之间的**顶背离**尤其引人注目。尽管股票指数再创新高，只有 2/3 的股票处于上行通道。市场宽度指标走弱是另一个警示信号，表明股票市场的上涨趋势不再。该警示信号是正确的。

图 7-11 在 2007 年，NYSE 看涨比例指数跌至 40% 以下

图 7-11 右侧的刻度显示的是仍位于上升通道的股票所占的百分比。如果这一比例超过 80%，这通常可以看成是市场过度扩张的一个危险信号，2007

年上半年就是这种情况。到了 8 月，这一指标降至 40% 以下，NYSE 看涨比
例指数的大多数股票均处于下行通道。

在撰写于该时期的一份市场报告中，我
这样问道：当 NYSE 综合指数中将近 2/3
的股票处于熊市状态时，这一指数怎么
可能进入牛市中呢？正如我们在之前在

NYSE 腾落指数中所描述的那样，那时的警示信号十分明显。市场宽度指标
是有效的，但只对那些看重它们、知晓它们为何物的人来说才是有效的。

市场宽度指标为何有效

正如本章先前所讨论的那样，市场宽度指标先于主要股指下降的原因之
一，是某些特定的经济敏感型市场群体通常先于其他市场见顶。市场宽度指
标图中出现顶背离的原因也在于此。同时，这也是市场宽度指标（如图 7-11
中所示的指标，或是 NYSE 腾落指数等）先于主要的股指而下跌的另一原因。

诸如 NYSE 综合指数与标普 500 指数等主要的股票市场指数都是**市值加
权的**（capitalization-weighted），这意味着，在决定这些指数的每日市值过程
中，大盘股会被赋予更高的权重（道琼斯工业平均指数是**价格加权的**（price-
weighted）。然而，这也意味着高价股会被赋予更高的权重）。正如我在本章先
前所建议的那样，在市场下跌的初期，**小盘股**通常比**大盘股**跌得更快。当**中
小盘股**的数量多于**大盘股**的时候，情况就更是如此了。因此，如果你想了解
更多的**大盘股**信息，请关注**大盘股**占主导地位的指数在财经媒体上的表现。
当市场见顶时，这一指数通常是最后一个下跌的。本章所介绍的两个市场宽
度指标告诉了我们大多数其他股票的表现。这也是市场宽度指标通常先于主
要股指下跌的另一个原因。同时，这也是它们在预测方面的价值所在。在

2007 年，没有哪个分析师考察这一指标，也没人理解这些指标的真正含义，自然，他们也不应该抱怨其后所发生的事情。

总结

本章是全书第二部分的总结。第 4 章对 2000 年股票市场见顶前后所发生的事件进行了考察。第 5 章说明了美元在 2002 年的大幅下跌是如何导致商品价格大幅上涨的。第 6 章解释了如何使用相对强度分析法来确定不同类别的资产之间的配置策略。第 7 章将跨市场分析原则与传统的图表分析技术结合起来，对 2007 年的股票市场见顶进行可视化分析。在本书的第三部分中，我们将对经济周期理论在跨市场分析及行业板块轮动策略中的重要作用进行说明。我们还将专辟一章来探讨一个令人激动的领域——交易所交易基金。

自   测

1. **哪个行业通常会在股票市场下跌时上涨?**
   a. 高科技行业   b. 交通运输业
   c. 金融业   d. 生活必需品

2. **美元的贬值会提振哪个市场?**
   a. 商品   b. 外汇
   c. 与商品有关的股票   d. 以上都对

3. **NYSE 腾落指数通常_____见顶。**
   a. 在股市见顶后   b. 与股市同时
   c. 先于股市

答案:
   1. d   2. d   3. c

| 第三部分 |

TRADING WITH INTERMARKET ANALYSIS

经济周期与交易所交易基金

| 第 8 章 |

跨市场分析与经济周期

　　本章将对影响金融市场与经济不同类型的经济周期进行考察。总统周期有助于解释股票每隔 4 年见底的这一变动趋势。经济周期是投资者在各类资产之间进行转换的影响因素。康德拉季耶夫周期测度的是一种长期经济周期，这一周期从 2000 年开始下跌。长达 18 年的房地产周期的见顶，致使房地产市场于 2007 ～ 2008 年崩盘。住宅建筑类股票的见底，则表明房地产业最坏的时期可能要结束了。

4 年的经济周期

　　美国经济总会经历周期性波动，这些周期有时会十分剧烈，如 20 世纪 30 年代的大萧条，20 世纪 70 年代的通货膨胀期，还有 2008 年的房地产市场引发的股市崩盘。在其他时间里，经济周期的影响并没有这么剧烈。这些经济周期的平均时间为 4 年。这意味着，平均每隔 4 年，经济通常会经历一轮扩张与收缩的时期。经济的收缩通常伴随着股票市场的下跌。股票市场每隔 4 年见底一次（通常发生在中期选举期间），这种情况被称为**总统周期**（presidential cycle），因为美国总统每 4 年选举一次。

总统周期

图 8-1 展示了几个和总统周期相关联的股市见底的案例。最近 6 个底部
分别出现在 1990 年、1994 年、1998 年、2002 年、2006 年以及 2010 年。更
早的 4 年周期市场底部分别发生在 1970 年、1974 年、1982 年与 1987 年（这
一周期跳过了 1978 年，而 1987 年的周期晚来了一年）。这些周期大多发生
在这些年份的后半部分，恰好赶上国会的中期选举。据《**股票交易者年鉴**》
（*Stock Trader's Almanac*）记载，股票市场的表现在总统选举期后半部分的表
现要好于前半部分。统计数字还显示，在 4 年周期里，股票市场在总统任期
内的第三年表现最好，第四年的表现是第二好的。由于股市引领经济的转向，
当你发现总统任期的第四年是历史上经济增长的最好时期时，你不应为此感
到惊讶。这一 4 年周期形态的理论基础在于：总统一定会在下一个选举期的
前两年里尽其所能地刺激股票市场与经济。

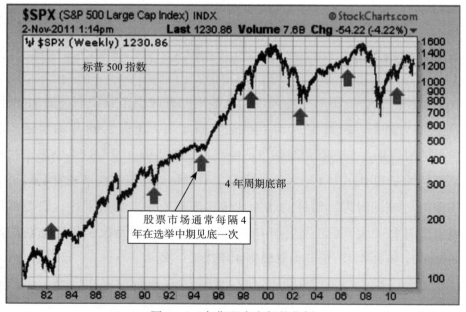

图 8-1　4 年期股市底部的范例

经济周期的收缩阶段通常会转为经济衰退，这也是经济的负增长时期。

经济衰退或增速减缓不可避免地会导致
下一阶段的经济扩张。如果经济经历了
一段异常的长期扩张期而又没有遭遇经
济衰退的话，那么在进入下一个增长阶
段之前，经济的增速会放缓。如果是这

墨菲小常识

　　股市在总统任期内前两年里
的表现通常是最差的。

种情况的话，两次实际衰退期之间的跨度可能会长达 8 年之久。1970 年与
1974 年的衰退期实际间隔了 4 年。接下来计划中 1978 年的经济衰退并未如
期而至，即便是 1980 年的衰退在两年以后姗姗来迟，1982 年的经济衰退则
是在 1974 年衰退的 8 年之后发生的。

　　在 1982 年的经济衰退之后，下一次衰退发生在 8 年后的 1990 年，在
1990 年之后，美国经济进入了一次史无前例的经济扩张期（长达 10 年之久），
这超过了 20 世纪 60 年代创下的纪录。考虑到没有经济衰退实际发生，考
察股票市场下跌的时机也是很有帮助的，因为股票市场的熊市通常与经济下
滑的**预期**相关。比如，根据 4 年经济周期理论，经济的走势躲过了计划中的
1986 年及 1994 年的衰退。然而，股票市场在 1987 年与 1994 年出现了下跌，
这仍然与 4 年经济周期模型十分吻合。20 世纪 90 年代史无前例的经济扩张，
也让经济与计划与 1998 年发生的衰退擦肩而过（尽管股市在这一年的下半年
里出现下跌）。**计划中的** 2002 年与 2006 年的衰退也没有出现。结果，下两次
经济衰退分别开始于 2001 年与 2007 年，前者提前了 1 年，而后者则晚来了
1 年。

　　自"二战"以来，美国经济共经历了 11 次衰退。每次衰退持续的时间
为 11 个月。从 2007 年 12 月到 2009 年 6 月的大衰退持续了 18 个月之久，这
也是自大萧条以来持续时间最长的一次衰退。最近的 5 次衰退让股票市值平
均损失 1/3 以上。而在大萧条期间，股票市值损失在一半以上。尽管在众多

的经济周期中，4 年的经济周期最广为人知，但是，在过去的 10 年里，还有
更长的周期在起作用，这一周期让通货

紧缩愈演愈烈，也让经济周期中的下降
趋势变得更为猛烈，上升趋势却变得欲
振乏力。在讨论这一周期之前，我们先
来研究一下 4 年经济周期对金融市场的
影响。

用经济周期解读市场间转换

　　经济周期能够对金融市场施加重要的影响。经济的扩张及收缩期能够提
供一种经济学分析框架，帮助我们解释债券、股票及商品市场之间存在的联
系。此外，还按照经济周期的时间顺序对这三类资产的发展进行了说明。当
经济扩张期接近尾声时，债券通常率先下跌。这一情况在 2000 年与 2007 年
相继发生。股票市场通常是第二个见顶，然后是商品市场。这一现象先是在
2000 ～ 2001 年，然后在 2007 ～ 2008 年相继出现。而它们见底的次序则没
那么一致。

你知道吗？

　　在 1998 年之前，债券的**价格**先于股票与商品下跌。自 1998 年以来，债
券的**收益率**率先见顶。

　　如果能更好地理解经济周期，你就能充分理解跨市场分析方法，也就可
以从经济的角度对价格图表中所观察到的信息加以确认。与此同时，跨市场
分析可以用来确定当前经济周期所处的状态。这也说明，跨市场分析在经济
预测中也有用武之地。

在确定**资产配置**策略时，经济周期所处的阶段极其重要。在经济周期的不同阶段，投资者青睐不同类型的资产。当经济走强时，股票受到追捧；当经济走弱时，债券更受欢迎。当经济处于扩张期初期时，股票通常更受欢迎；而当经济处于扩张期末期时，商品更受投资者的追捧。另外，在扩张期末期，通货膨胀的压力日益增强，此时，投资者也青睐那些对通货膨胀比较敏感的股票，如基础原材料、黄金及石油股。通货膨胀的压力上升（通常由石油价格上涨引起）还会促使美联储提高短期利率，这最终会给股票市场及经济带来不利影响。这种情况在 2000 年与 2007 年的股市见顶之前出现过，并导致了其后的经济衰退。

你知道吗？

如前面的章节所述，美元在 2002 年的贬值，导致商品价格比股票提前 1 年见底，而 2003 年春天出现的通货紧缩恐慌，导致债券的收益率在股票上涨后的 3 个月内上升。

来自 2000 年与 2007 年的经验教训

我们已经在第 4 章中说明，石油价格在 1999 年暴涨 3 倍是如何促使美联储在当年的下半年提高短期利率的，这也使股市在下一年（2000 年）下跌，而经济则在其后的一年（2001 年）回落。当经济处于扩张期末期时，商品通常是表现最为强劲的资产。商品价格直到 2001 年初期方才见顶，这比股市见顶时间晚了 5 个月。在 2007 年，债券的收益率同样先于股市见顶，而商品价格则在 2008 年中期最后一个见顶。

墨菲小常识

在股市的牛市末期，交易者通常将资金转投到商品及相关股票中去。

你知道吗?

我将在下一章讨论经济周期对股票市场中行业板块轮动的影响,你还会了解到,为什么对其他市场来说,能源股领涨通常是一个不好的信号。

石油:2004～2006年高利率的成因

石油既是市场间关系链的重要一环,也是经济周期的关注焦点。众多的股票市场见顶及经济衰退都是由石油价格上升造成的,这实在是令人惊讶!在2004年,石油的价格在历史上首次升至40美元以上。美联储再一次进行了一系列的短期利率上调,这一行动一直持续到2006年。前面的章节显示,在2006年房市崩盘之前,房地产类股票已经率先于2005年见顶。石油价格上涨及短期利率高企,这两种因素的共同作用使得债券的收益率在2005年与2006年攀至新高,同时也终结了对利率敏感的房地产类股票的牛市历程。之后发生的事情,我们都已经很清楚了。图8-2显示,石油的价格在2004年升至40美元(见图中的圆圈部分)。美联储于2004～2006年调高了短期利率(上指箭头),房地产开发商率先受挫,几年以后,房地产股票也遭受波及。

知晓这3个市场见顶的正常次序,有各种各样的好处。在市场见顶的过程中,通常是债券价格率先上涨,同时伴随着债券收益率的下跌(这两者总是呈反向关系变动)。从资产配置的角度来看,债券在2000年与2007年的见顶表明,将资金从股票转移到债券的时机已然成熟。如果投资者知道商品通常在股票之后见顶(这两次都是这种情况),这也会为他们提供另外一种资产选择。除了帮助投资者进行资产配置之外,这3类资产的见顶次序还会为他们提示经济衰退的可能性(这在两种情况下都发生了)。

墨菲小常识

3类资产所处的位置,有助于确定经济周期所处的状态。

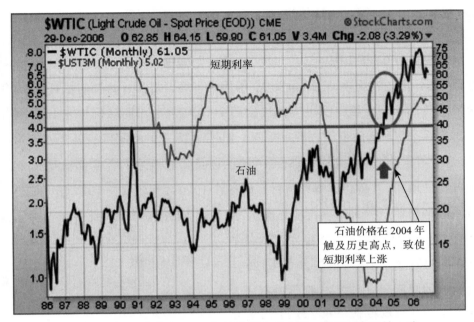

图 8-2　当石油价格在 2004 年触及历史高点后，短期利率开始上涨

美联储在 2001 年的宽松政策未实现效果

　　当网络股泡沫于 2000 年破灭时，美联储开始了一系列大刀阔斧的削减利率的政策，这也埋下了股票市场下跌的种子。当降息行为结束时，美联储共12 次降低利率。然而，降低利率给股票市场所带来的好处没有以前那么大。债券与股票完全脱钩了。在那次经济周期（及随后的经济周期）中发生了一些不寻常的事情。如前所述，这一不寻常的事件就是全球通货紧缩的威胁，这是自 20 世纪 30 年代以来从未有过的事件。在目前这一代投资者（或经济学家）中，没有人经历过早期的通货紧缩周期，这一事实或许可以解释为什么很少有人认识到它的危害。

比较 20 世纪 20 年代与 20 世纪 30 年代

在我于 2004 年出版的《跨市场分析》（*Intermarket Analysis*）一书中，我重温了 20 世纪 20 年代与 20 世纪 30 年代的市场，将那一时期与最近的 10 年做了某些对比。在第一次世界大战的那个 10 年之后，商品价格在 1920 年见顶，然后，在最初的下跌之后，在这个 10 年中剩下的时间里横盘整理（60 年后，在经历了包括越南战争那个 10 年的通货膨胀期之后，商品价格于 1980 年再度见顶）。当商品价格见顶时，债券在 1920 年见底（在 1981 年，债券在商品价格见顶后的 1 年里再度见底）。股票在 1921 年见底，此时距债券上升已有 1 年（股票在 1982 年见底，比债券见底的时间晚了一年）。在 20 世纪 20 年代剩下的时间里，债券与股票均有所上升，而商品价格保持平稳（这与 1980 年后的 20 年里所发生的情况相类似）。

债券的价格在 1928 年见顶，比股票早了一年。当股票于 1929 年下半年见顶后，股票的价格开始跳水，而债券的价格开始上涨。债券与股票价格发生重大脱钩的主要原因在于商品市场发生的变化。从 1929 年末期开始，当股票价格见顶时，商品价格（在 20 世纪 20 年代里，商品价格的走势一直比较平稳）开始大幅下挫。商品价格的暴跌将这一相对比较温和的 10 年**通货膨胀减缓期**转变为有害的**通货紧缩期**（类似于 1998 年）。在通货紧缩时期，债券价格上涨，而股票与商品的价格则一同下跌。这 3 个市场在 20 世纪 20 年代末及 30 年代初形成的通货紧缩趋势，与其在 20 世纪 90 年代末及 21 世纪初的相应趋势非常一致。

我曾在前面的章节中提到，商品价格在 1998 年的暴跌将有益的通货膨胀减缓转变为有害的通货紧缩，这也改变了几种市场间关系。下面这段话引自

> **墨菲小常识**
>
> 尽管过去的事情并不能代表现在和未来，但是，对市场历史的研究通常能让我们更好地把握现在及未来的市场趋势。

我在 2004 年出版的一本书："当通货紧缩已成为主要威胁时，股票与商品的价格开始紧密相连……在 20 世纪 30 年代这样的通货紧缩期内，人们认为商品价格上涨对于股票与经济是一种利好。"（我所引用的这段话，清晰地阐明了美联储负责人在过去 10 年中所采用的提振商品价格的策略（通过美元贬值），在通货紧缩的初期，美联储还只是个"学生"。）在 1929 年，股票与商品价格一同见顶；在 1932 年，两者的价格又同时见底，在随后的 20 世纪 30 年代中，这两种资产一直保持着紧密的联系。我已经在前面介绍了债券与股票在 1997 ~ 1998 年的亚洲金融危机期间的脱钩。稍后我将深入介绍股票与商品间的紧密联系，对导致了 2008 年金融危机的房地产市场崩盘后的通货紧缩期，我将特别加以关注。

几十年来的资产转换

对债券、股票及商品在长期的领涨趋势转换进行追踪，是一件很有意思的事情。在包含了"二战"在内的通货膨胀期内，商品是这 3 个市场中表现最强劲的。在 20 世纪 20 年代的通货膨胀减缓期内，领涨的换成了股票。在 20 世纪 30 年代的通货紧缩期内，债券成为表现最抢眼的资产。"二战"之后，股票重新成为领头羊，这一情况一直持续到 20 世纪 60 年代。20 世纪 70 年代的通货紧缩螺旋期，使商品价格再次成为世人瞩目的焦点。当商品价格于 1980 年见顶时，股票与债券重新受到投资者的青睐。从 20 世纪 90 年代末期开始的通货紧缩周期，使得领涨股从股票重新转向债券，并在接下来的 10 年中一直独领风骚。让人印象深刻的是，截至 2011 年年底，长期政府债券在过去 30 年间的年平均收益率为 11.5%，这一

墨菲小常识

债券周期很少持续 30 年以上，这也表明当前的周期已经接近尾声。

成绩击败了标普 500 指数 10.8% 的年增长率。这也是自美国内战（在那之后不久）以来，债券首次在 30 年期以上的投资表现中战胜股票。债券的表现超过股票大多发生在 2000 年之后，这也反映了 21 世纪第一个 10 年中存在的全球通货紧缩趋势。

长周期的启示

对债券、股票与商品间的长转换周期进行回顾，我们可以学到很多东西。一个最明显的规律是，每种资产都经历了一轮长期的卓越表现。其持续期可长达数十年。在一个长的扩张期（如 20 世纪 40 年代）的初期，商品价格的上涨是利好股票的。轻微的通货膨胀是一件好事。当商品价格急速飙升时（正如它们在 20 世纪 70 年代所表现的那样），**轻微**的通货膨胀转为**严重**的通货膨胀，这对于股票是不利的。尽管商品价格的**上涨**有利于股票，但商品价格的**暴涨**则会损害股票的表现。与之相反，商品价格的下跌也会利好股票。商品价格在 1920 年与 1980 年见顶，在经历了最初的下跌之后，在其后的若干年里，商品价格的走势相对比较平稳。商品价格的下跌（及走势平缓）带来了这两次通货紧缩期，也使得股票价格在 20 世纪 20 年代以及 1980 年之后的 20 年里走高。商品价格的**崩盘**是不利于股票的。在 1929 年与 1998 年，商品价格暴跌至几十年以来的最低点，将一个原本有利的**通货膨胀减缓期**变成了**通货紧缩**，这对于总体经济及股票都是不利的。

康德拉季耶夫周期

在讨论长经济周期时，不可避免地要提到**康德拉季耶夫周期**（Kondra-tieff Wave）。这一经济活动的长周期是由尼古拉·康德拉季耶夫（一位苏联经济学家）于 20 世纪 20 年代发现的，其持续时间大约为 55 ～ 60 年。看起来，这一**长波**对股票与商品的价格及利率的变动方向产生了重大影响。康德拉季耶夫将其所研究的长波时间上溯至 1789 年，发现了 3 次主要的波峰，第三次波峰发生于 1920 年。这次波峰的特点是商品价格达到顶峰，最终导致了 20 世纪 30 年代的大萧条。

在过去的两个世纪里，已经出现了 **4 次**康德拉季耶夫周期。这 4 次周期的波峰分别发生在 1816 年、1864 年、1920 年及 1980 年。这 4 次经济扩张都会导致通货膨胀的爆发（特点是商品价格的上涨及利率的上扬）。有趣的是，这 4 次通货膨胀都恰好赶上与美国有关的 4 场战争（1812 年战争、美国内战、第一次世界大战、越南战争）。每次通货膨胀的爆发最终都以商品价格见顶而告终（最近的两次商品价格顶峰出现在 1920 年与 1980 年）。在价格见顶之后，商品价格通常会保持十多年的稳定状态。在这一稳定期内（我们称为**通货膨胀减缓**），股票价格的表现尤为出色。在 20 世纪 20 年代及 1980 ～ 2000 年，情况正是如此。

墨菲小常识

在 1920 ～ 1980 年的 60 年间，商品价格的顶峰与康德拉季耶夫模型非常吻合。

当商品价格的**平稳**走势终结并再度下跌时，**长周期**的危险点也就来临了。这时，通货紧缩开始展现其对股票市场及经济的负面影响作用（这也是 1929 年与 1998 年所发生的情况）。在长周期的通货紧缩阶段，利率通常也下跌。自 1980 年以来，债券收益率下跌了 30 年，这也和前一个长周期的通货紧缩期（从 1920 年到 20 世纪 40 年代）的情况相仿，在那一时期，利率也出现了类似的下跌情况。前面提到，长期债券在自 1980 年以来的 30 年中的卓越表现，不禁让我们想起了美国内战时期。美国内战以后，即那一轮长周期见顶时，债券收益率也开始大幅下跌，并在该世纪的其后 30 年中持续下跌。历史不断重复出现，的确令人惊讶，但是为了从历史中汲取教训，我们必须对这段历史加以仔细研究。

将一个长周期划分为 4 个阶段

在我出版于 2004 年的书中，我引用了伊恩·戈登（Ian Gordon）（时任加拿大温哥华嘉纳科资本公司的副总裁）的成果，他出版了一份名为《长波分析师》（*The Long Wave Analyst*）的时事通讯。戈登将长经济周期分为 4 个阶段，他将之比喻成 1 年中的 4 个季节。每个季节的持续时间大约是一个长周期的 1/4（大约为 15 年）。**春季**（戈登划分的时间段是 1949 ～ 1966 年）的特点是：经济走势强劲，温和的通货膨胀，而股票表现很好。**夏季**（戈登划分的时间段是 1966 ～ 1980 年）是通货膨胀期，其特征是商品价格及房地产价值均上涨。**秋季**（戈登认为这一阶段应该从 1980 年开始）的特点是：债券、股票及房地产业出现了大规模的投机活动。债务规模也在这一投机期内大幅攀升。然后就到了康德拉季耶夫长周期的**冬季**阶段，戈登将这一阶段的起点定为 2000 年。这一阶段的主要特征是通货紧缩（这一点已经被商品价格的崩盘证实了），而且，由于秋季阶段所形成的大规模债务需要偿付，形势进一步恶化。在康德拉季耶夫长周期的冬季阶段，股票价格与房地产价格一同崩盘。在经济萧条期里，最好的两种防守型资产是债券与黄金。冬季阶段很好地描述了过去 10 年间所发生的情况。

由于康德拉季耶夫长周期的长度接近 60 年，它通常也被称为一个**生命**周期，因为大多数人只能经历一次这样的周期。这也解释了为什么每一代人都对

墨菲小常识

在过去 10 年间，黄金与债券是表现最为抢眼的两类资产。

这一周期的开始完全没有准备，也不熟悉应对之道。人们对此并无经验。不幸的是，冬季很可能会持续相当长一段时间（平均为 15 年）。当所有债务均得到

偿付时，人们的信心在慢慢恢复，长周期的**春季**阶段又开始了一轮新的轮回。

戈登对康德拉季耶夫长周期的冬季阶段所发生事情所做的警告已经被证明非常精确。该理论同样有助于解释为什么 2000 年以来的两次经济周期回升如此乏力。当**长周期**处于下降阶段时，这属于正常情况。好消息是这些预测大约是在 10 年前做出的，这意味着我们或许离**春季**的开端更近一些，而非**冬季**的开端。如果还有一线希望的话，就是房地产价值的崩盘从那时就已经开始了，而这一通货紧缩事件并不那么令人担忧。在结束我们对上个 10 年与 20 世纪 30 年代的通货紧缩期进行比较的过程中，我们来看最后一个需要考虑的经济周期——房地产周期。

房地产业对利率十分敏感

住宅及房地产业价格与利率的走向密切相关。这也说明了为什么房地产一般被认为是**反周期的**（countercycle），这一行业的走势与正常的经济周期呈反方向变动。住宅建筑业通常在利率下跌时有好的表现，这种情况一般在经济走弱时发生。这也解释了房地产类股票为何在 2000 年转头向上，并在该时期的熊市及随后的衰退中持续上涨。与持续下跌的股票相比，它们对持续下跌的利率更为敏感。从历史上看，当经济处于恢复期时，紧缩性的货币政策通常会抑制房地产行业的发展。短期利率在 2005 年及 2006 年间的上涨，也终结了持续了 10 年的房地产市场的繁荣。图 8-3 显示，债券收益率的飙升正赶上房地产股票见顶（如图中箭头所示）。房地产类股票于 2000 年上涨，此时债券收益率开始暴跌。债券收益率的 3 年下跌趋势线在 2005 年的破位（第二个上指箭头），再度引发市场对抵押贷款利率上涨的恐慌。当债券收益率于 2006

墨菲小常识

抵押贷款利率由国债收益率决定。

年升至 4 年来的新高时，住宅建筑类股票开始暴跌。

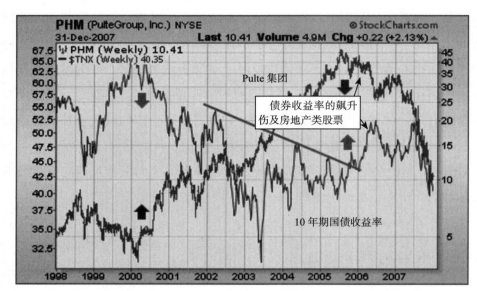

图 8-3 住宅建筑类股票因债券收益率在 2005 年的飙升而见顶

房地产类股票并不总随利率变动

房地产类股票并不总随利率变动。在 20 世纪 30 年代，房地产类股票的崩盘正赶上长期利率下跌。在 20 世纪 70 年代，当长期利率上升时，房地产市场也开始繁荣。在后面这种情况中，看来 20 世纪 70 年代所发生的螺旋式通货膨胀所带来的好处大于利率上涨所带来的坏处。在 20 世纪 80 年代，房地产的价值随着利率的下跌而下跌。在 20 世纪 30 年代、70 年代及 80 年代，同利率之间的联系相比，房地产市场与通货膨胀之间的联系似乎更为密切。

房地产类股票并不总随通货膨胀变动

房地产类股票也被认为是**通货膨胀的对冲工具**。情况通常是这样的。在大萧条的通货紧缩年代，房地产价格暴跌。1925 ～ 1935 年，房地产的价格持续下跌，直到 20 世纪 40 年代末期方始上涨。随着农产品价格的暴跌，土地的价值（尤其是美国中西部地区的土地）在 20 世纪 30 年代大幅下跌；并随着 20 世纪 40 年代及 50 年代通货膨胀率的上升而开始上涨。这种情况看来似乎支持房地产股票对通货膨胀及通货紧缩均十分敏感这一观点。

房屋的价格也在 20 世纪 70 年代飙升，并随着 20 世纪 80 年代初期的通货膨胀期而见顶。当农产品价格见顶时，农田的价值也在 1981 年之后暴跌。这也能说明房地产与通货膨胀之间的联系。

墨菲小常识

农产品价格的走势对农田的价格有很大的影响。

那么，我们将如何解释房地产价格在 1990 年之后 15 年里的再度飙升呢？在此期间，通货膨胀率很低，通货紧缩的压力开始出现。房地产市场在 1998 ～ 2005 年的繁荣与通货膨胀无关。

看起来，我们用来解释房地产行为的一些常见历史原因（通货膨胀、利率、股价的走势或经济周期等）已经无法对房地产市场的涨落做出合理解释。房地产市场之谜一定另有答案。看起来，不同于所有其他金融市场及总体经济，房地产市场有着自己独特的运行周期。

18 年的房地产周期

在 1940 年，克拉伦斯·隆（Clarence Long）发现了一个 18 年的房地产周期。隆对 1870 ～ 1940 年的房地产周期进行了追踪。由于这一周期的长度是 18 年（从波峰到波峰，或是从波谷到波谷），在一个康德拉季耶夫长周期中，大约有 3 个房地产周期。相应地，每个房地产周期包含了 4 次正常的经济周期。在 20 世纪 20 年代末期，康德拉季耶夫长周期与隆的 18 年房地产周期都开始转而向下。在这两个主要经济周期下行趋势的共同作用下，股票市场随着房地产价值的下跌而下跌，而通货紧缩效应也使得商品与利率大幅下跌。

这种情况不同于 2000 ～ 2002 年的熊市。在那一时期，这两个周期只有一个见顶。在 2000 年，康德拉季耶夫长周期开始下跌，并引出了现在的通货紧缩周期。然而，房地产周期还处于上升阶

墨菲小常识

为避免与康德拉季耶夫长周期混淆，我没有将房地产周期称为隆周期。

段。由于建筑业对经济活动非常重要，房地产市场的能量在 2000 年之后的持续释放似乎对 2001 年的经济衰退起到了缓冲作用。

图 8-4 对 1998 ～ 2011 年的标普 500 指数与住宅建筑类股票进行了比较。在 2000 ～ 2002 年年末的第一个股票市场熊市中，住宅建筑类股票上涨（原因是利率下跌），这对 2001 年的经济低迷起到了缓冲作用。在房地产类股票于 2006 年崩盘后，股票市场在 2008 年的跌幅更深，对经济的影响也更为严重。

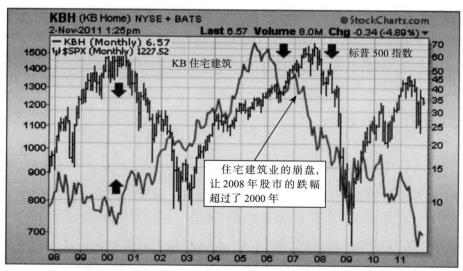

图 8-4　房地产类股票的下跌，让 2008 年股市的跌幅超过了 2000 年

房地产周期的波峰姗姗来迟

从 1927 年的波峰到 1945 年的波谷这段 18 年周期表明，房地产市场的一轮主升浪正在 20 世纪 70 年代到 20 世纪 90 年代中酝酿。按计划，房地产市场应于 1981 年形成重要头部。所有这三次周期都如期而至。最近一次的主要波谷发生在 1990 ～ 1992 年期间。这也解释了房地产市场繁荣的形成原因。然而，它并没有解释房地产市场繁荣为何持续得如此之久。最近的一次房地产周期持续得如此之久，远远超过了正常水平，这或许是因为长期利率史无前例地跌至 50 年以来的最低水平。然而，在出版于 2004 年的书中，我已经提到，房地产市场的波峰"姗姗来迟"。尽管最近一次房地产周期的**波峰**来迟了，该周期的**波谷**阶段倒是如约而至。

一个周期的长度可以用其两次波峰或两次波谷间的距离来衡量。在这两者之间，波谷间的距离通常更可靠。一个理想的 18 年周期应当包括 9 年的上升期及随后 9 年的下降期。房地产周期最近一次上升的持续时间为 13 ～ 15 年，这个时间异乎寻常的长。按计划，下一次周期性底部（以 1990 ～ 1992 年的波谷间距衡量）将于 2008 ～ 2010 年出现。住宅建筑类股票的图形走势表明，底部的目标出现的时间可能更准。

墨菲小常识

要测度房地产业的健康状况，最好的方式是研究房地产类股票的发展趋势。

图 8-5 绘制的是道琼斯美国住宅建筑业指数在 2000 ～ 2012 年的走势，这一指数测度的是住宅建筑类股票的表现。正如我们在之前的章节中所介绍的那样，在经历了 2000 ～ 2005 年的上涨之后，该指数在 2006 年转头向下（见图上方的圆圈部分）。在 2008 年年末和 2009 年年初，住宅建筑类股票指数触底（图下方第一个圆圈部分）。然后升至连接 2007/2008 年头部的下跌趋势线之上，这也终结了股票市场的熊市。

指数随后在底部区域（图中上下两条水平趋势线中间的部分）横盘整理。在
2011 年下半年第二次筑底后（图下方第二个圆圈部分），指数在 2012 年第一
季度重返 2010 年形成的高点。（注意：指数在 3 个月之后（2012 年 6 月）超
越了 2010 年的头部，这也形成了住宅建筑类股票的一个新的上行趋势。）这
对房地产业来说是一个好消息。住宅建筑类股票在 2006 年的下跌为房地产
业发出了预警信号。同样，该指数在 2012 年的上涨也发出了一个相反的信
号，即房地产业的"春天"来了。这也让 2008 ～ 2011 年成为房地产周期
的低点区域，这和我们在前面所做的预测（房地产周期的下一个波谷预计在
2008 ～ 2010 年形成）相差不大。

图 8-5　住宅建筑业股票指数在构筑底部形态

　房地产市场最近一次繁荣期的终结，是从住宅建筑类股票在 2005 年的见
顶开始的。持续上升的利率最终在 1 年后将房地产市场推至悬崖旁边，然后
大幅下挫。房地产市场见顶对经济的损害如此之大，其原因在于：自大萧条

以来，60 年期的康德拉季耶夫长周期与 18 年的房地产周期首次同时下跌。4 年期的经济周期也从 2007 年年末开始下跌。但是，经济周期自 2000 年以来已经发生了本质变化。其下行趋势变得更为猛烈（在房地产市场崩盘后更是如此），而上涨趋势却不那么强劲。我认为，这主要是由两个长周期下降所造成的。自 1998 年以来的通货紧缩趋势已经让债券与股票之间的关系脱钩。

2008 年房地产市场崩盘所造成的通货紧缩，也让股票与商品之间的关系变得更为紧密。这些市场间关系不禁让我们回忆起 20 世纪 30 年代的场景。

墨菲小常识

好消息是，这些长周期的下跌趋势已近终结。

经济周期确立了跨市场活动的分析框架

本章对经济周期的检验有助于说明不同类型的资产在经济周期各个阶段的转换。我们对 55 ～ 60 年的康德拉季耶夫长周期及 18 年房地产周期的检验，也有助于解释经济周期在过去 10 年里所发生的变动，且说明了和这些变化有关的市场间关系。只考察 4 年期经济周期是不够的，我们还有必要从更大的历史视角考察短周期。如果不做此类分析，你就会感到困惑：为何最近两次经济周期与之前的周期大不相同？那些用来稳定经济周期的传统的财政与货币政策为何大多并不奏效呢？然而，作为交易者与投资者，我们主要关注金融市场。本章对不同的经济周期进行检验，其原因也在于为我们的跨市场分析工作确立一个分析框架，并说明为何一些传统的市场间关系在过去的 10 年中发生了变化。当我们在后面的章节对这些新的市场间关系进行检验时，你就能更好地理解其产生原因了。

第 9 章

经济周期对行业板块的影响

本章说明了各种不同的市场行业板块在经济周期各阶段的不同表现。行业龙头股的转换为我们提供了与经济周期及股市状态有关的大量信息。一种行业板块轮动模型是经济周期对行业龙头股的转换影响的一种直观表达。在本章中，我们还介绍了一些用于确认行业龙头股及这些行业板块中的个股的其他可视化工具。

经济周期中的行业板块轮动

在前面的章节中，我们介绍了经济周期是如何对债券、股票及商品间的联系产生重大影响的，还介绍了如何从这三个市场所处的位置推断经济周期所处阶段。本章将说明经济周期是如何与股票市场中的**行业板块轮动**相互影响的。本章有两个目标，第一个目标是说明不同的市场行业板块在经济周期各阶段的表现各不相同。通过对经济周期的跟踪，我们可以对投资组合中需要增仓（或减仓）的行业进行预测。第二个目标是说明行业板块轮动遵循一种重复模式，即在经济从扩张转向收缩并再度转向扩张的过程中，资金也随之从一个行业流向另一个行业。通过研究在任意给定时点上，哪一行业处于股市中的龙头地位，交易者可以对经济周期的走向进行更合理的预测。

更重要的是，交易者能够更好地把握股票市场的走势。

2000 年的行业板块轮动发出了经济收缩的信号

在前面的章节中，我们已经讨论了 2000 年市场见顶前后的市场间警讯。2000 年的行业板块轮动也发出信号警示我们：20 世纪 90 年代的经济扩张已然终结，一场经济收缩即将开始。这一警讯还指出，石油价格在 1999 年的暴涨是如何促使美联储提高一系列利率，致使市场于 2000 年见顶的。从中我们还知道，能源股在 1999 年的领涨（源于石油价格的上涨）对股市来说是一个利空信号。这是因为，能源行业通常在经济扩张期接近终结时领涨。

石油价格的上涨开始伤及股市的一个信号是：行业龙头股逐渐转移至**日用消费品**（consumer staples）这样的防守型行业。这一情况出现在 2000 年春天。日用消费品行业的领涨预示着股票市场正在见顶。由于从能源股转换至日用消费品类股票这一防守型的行业板块轮动过程是逐渐形成的，在某一时点上，能源行业及日用消费品业会是表现最好的两个行业板块。实际上，这两个行业板块在 2000 年上半年的表现最为抢眼。在本章稍后你将会明白，为什么说这种情况也是股票市场的另一种熊市信号。你还会发现，当经济从扩张转为收缩时，这种情况通常随着某个具体行业的转换而出现。

墨菲小常识

对股票市场来说，日用消费品类股票的领涨通常是一个利空信号。

纳斯达克市场通常被视为科技股板块的代表。

2003 年的行业板块轮动预示着经济扩张期的到来

与之相反，2003 年的行业板块轮动则预示着经济扩张及股市上涨。当经济从收缩转为扩张时，通常有两种行业板块领涨大盘，即**可选消费品**（consumer discretionary）类板块及科技股板块。当股市于 2003 年见底时，情况即如此。

在 2003 年的上半年，表现最为强劲的两个行业正是我们前面提及的那两个市场板块。在那年春天里，另一个积极的信号是日用消费品类股票成为市场中走势最弱的板块。当市场中日用消费品类股票走势最弱，而可选消费品类股票走势最强劲时，这通常是投资者信心增强的信号。这对股市及经济是利好消息——2003 年春天的情况就是如此。

科技股领涨是另一个好兆头

从 2002 年 10 月（股市于此时触底）一直到 2003 年 6 月（股市已于 3 个月前开始转头向上），各主要市场指数全面上扬。然而，表现最好的两个指数是纳斯达克综合指数（涨了 37%）与罗素 2000 小盘股指数（涨了 24%）。与之相反，标普 500 指数上涨了 19%。以科技股为主的纳斯达克市场涨幅更高，这是新一轮牛市开始的又一确定性信号。这是因为科技股领涨是股市走强的又一预兆。纳斯达克市场的主体是科技类股票。

小盘股率先见底回升

罗素 2000 小盘股指数在 2003 年也领涨大盘的这一事实是另一个积极信号。这是因为，在市场大底及经济走出衰退之时，小盘股通常率先见底回升。这方面的历史纪录令人印象十分深刻。1960～1991 年共发生了 6 次经济衰退。在每次经济衰退之后的 1 年里，小盘股的表现均优于大盘股。自 2000 年以来发生的两次经济衰退中，小盘股的表现同样出色。

交通运输类股票领涨

交通运输类股票也在市场顶部或底部扮演了重要角色。例如，我们在前面的章节中提及，1999 ~ 2007 年，石油价格的上涨是如何让对燃料敏感的交通运输类股票率先下跌的。好消息是，在市场见底时，对经济敏感的交通运输类股票同样也会率先上涨。如果一个经济体准备制造产品，那么它也需要将这些产品运出去，这对于交通运输类股票是利好消息。

在经济周期的这一阶段，还有一种因素与石油有关。在 1999 年，日益上涨的石油价格让能源股成为市场的领头羊，而交通运输类股票表现不佳。石油价格的上涨也导致了 2001 年经济衰退。石油价格在经济衰退过后下跌（这是其在经济衰退中的一贯表现）。结果，能源股随着商品价格的下跌而走弱。能源股价格的下跌，加之交通运输类股票的走强，这是另一个利好信号。2003 年的情况就是如此。

> **墨菲小常识**
>
> 在市场上涨的初期，交通运输类股票通常会成为市场的领头羊。

2007 年的行业板块轮动预示着经济将要走弱

第 7 章考察了 2007 年的市场顶部，并说明了这一年中**市场宽度**（market breadth）指标退化是由那些经济敏感型股票的走势相对疲软所造成的，这类股票包括小盘股、零售类股票（可选消费品行业）及交通运输类股票等。在 2007 年，金融股与住宅建筑类股票同样表现乏力，这源自于次贷危机的影响。诸如日用消费品之类的防守股成为领涨股（一同领涨的还有能源股及其他与商品有关的股票），这一点儿都不令人惊讶。

图 9-1 对标普 500 指数及日用消费品 SPDR（标普 500 指数存托凭证，是一只基于日用消费品行业的 ETF）与标普 500 指数的比率进行了比较。这一防守型指标在 2002 年年末见顶，此时正赶上股市见底，而且，在接下来的股市牛市中，该指标的表现仍然不佳，这种情况非常正常。当股市走强时，防

守型股票的走势通常是滞后的。然而，这一指标在 2006 年触底，并在 2007 年横盘整理。日用消费品 / 标普 500 指数的比率在 2007 年夏再度见底，而股市也于此时开始见顶。在 2007 年下半年，由于投资者将资金转移至防守型股票，这一指标也开始急速飙升。到了 2007 年年底，这一指标已然突破了 2006 年中期形成的前期高点。至此，该指标的走势线已经完成了一次牛市的双重底反转形态。在一轮价格的长期下跌之后，当价格走势出现两个明显的底部时（见图中的圆圈部分），我们称这一形态为**双重底**（double bottom）。当该指标的走势突破两个底部之间的高点时，即双重底形态完成之时，新一轮上涨趋势开始启动。

在一轮价格的长期下跌之后，当价格走势出现两个明显的底部时，我们称这一形态为双重底。

图 9-1　日用消费品 / 标普 500 指数的比率在 2007 年上涨

图 9-1 指出了该时期的两条重要信息。第一，这是将资金从经济敏感型

股票中转出（不久后又转移出更多资金），并向日用消费品及其他防守型股票（如医疗卫生类股票及公共事业股）转移的一个好时机。第二，市场见顶通常伴随着日用消费品类股票的领涨。这通常也意味着资金从股票中流出，并流向债券或黄金。日用消费品在牛市中的表现通常不如标普 500 指数，而在熊市中的表现则优于标普 500 指数。这也让日用消费品 / 标普 500 指数的比率成为一个极好的股票市场反向指标。

墨菲小常识

　　要将一个行业与市场中其他行业进行比较，比率分析是最好的一种方法。

你知道吗？

　　当股票市场在 2009 年春天见底时，日用消费品 / 标普 500 指数的比率最终见顶，这也让市场底部得以进一步确认。

行业板块轮动有两个方面

　　行业板块轮动通常有两个方面。资金从一个行业转出，并转入另一个行业，图 9-2 很好地说明了这一点。图中的两条曲线比较了 2007 年的可选消费品 SPDR 与日用消费品 SPDR，图中最明显的一点是：这两条曲线的走势完全相反。当可选消费品类股票在年中见顶（图中下指箭头）并在随后的时间里下跌时，这一趋势尤其明显。与此同时，日用消费品类股票开始转头向上（图中上指箭头），在该年剩下的时间里一路上扬。这两个行业板块之间的相互影响是显而易见的。当次贷问题于 2007 年开始浮现时，人们开始担心房地产市场的崩盘将波及股市及总体经济（这一恐慌最终变成了现实），恐慌开始蔓延。这使股市在 2007 年夏天下挫 10%。

图 9-2　在 2007 年，资金从可选消费品类股票中流出，并流入日用消费品类股票

　　然而，恐慌的另一表现是投资者将资金从经济敏感型的可选消费品类股票（也包括零售业及住宅建筑业）中转出，并流入日用消费品这类防守型股票。顾名思义，日用消费品指的是消费者无论经济状况好坏均需购买的商品，如食品、饮料及家居用品等。与之相反，可选消费品类指的是消费者可能有需求，但不是非得购买的那类产品（如新车或住房等）。他们可以延迟此类消费，直至经济状况开始好转为止，但他们不能推迟购买食品的时间。

　　图 9-2 所示的行业板块轮动发出了一个清晰的信号：自 2003 年春季开始的股票市场牛市以来，投资者第一次变得保守起来。从图中这两个相互竞争的行业（以及可选消费品 / 标普 500 指数的比率）能够清楚地看出，自 2007 年中期开始的行业板块轮动十分明显，也让我们清楚地知道，如何从行业板块轮动的角度来看问题。图 9-1 与图 9-2 还说

墨菲小常识

　　跟踪那些表现最为强势的行业板块也是掌握股市走势强弱的一个好方法。

明，如何从竞争性行业板块间的相互作用找到股票市场与经济周期的变动线索（稍后你将看到，这两个行业是如何在 2009 年转变角色的）。

股市也是一个由行业组成的市场

人们常说，股票市场是由**股票**（stocks）组成的市场。同样，我们也可以说，股票市场是一个由**行业**（groups）组成的市场。知晓这些行业是什么，如何测度这些行业的表现，是很重要的，因为这些行业不可能在同样的时间里有相同的表现。有些行业的股票在大盘上涨时涨得比其他股票快，而在大盘调整时也比其他股票跌得快。另外一些行业的股票在大盘上涨时涨幅较缓，在大盘调整时却有着很好的表现。有些行业会在其他行业上涨时下跌。大多数人都同意一点：与股票投资有关的最重要的问题是，何时是将新资金投入市场（或撤出市场）的最佳时机。将资金投入哪个市场这一问题也同样重要。

股票投资与房地产投资的一个共同之处在于：**地点**非常重要。对股票投资来说，地点指的是你所投资的具体领域。将钱投到正确的行业板块或行业组中可以提高你的整体收益，而投错了行业则会让你遭受损失。

行业板块与行业组之间的区别

股票市场可以划分为**行业板块**（industry sectors）与**行业组**（industry groups）。**个别行业 SPDRs**（Select Sector SPDRs）将标普 500 指数划分为 9 类行业指数基金，这 9 类行业板块又可以划分为大约 90 种行业组。比如，原材料行业又可以细分为铝业、化学业、铜业、贵金属、纸制品与林业产品及钢铁业等；科技板块又包括诸如互联网、软件、网络硬件商、半导体及电信行业等。

你知道吗?

尽管电子通信业属于标普指数 ETF 中的第 10 类行业,但标普公司也将电子通信类股票划入了科技股行业 SPDR 类别。

这 9 类标普行业板块 SPDRs 涵盖了原材料行业、日用消费品业、可选消费品业、能源业、工业(包括交通运输业)、金融业、医疗卫生业、科技业及公共事业,每个行业板块都有着自己的行业。重要的是,要知道每个行业板块包含哪些行业,而每个行业板块及行业又包括哪些股票。

墨菲小常识

如果将电子通信类股票单独划分一类行业,股票市场就包含 10 类市场行业板块。

行业板块轮动模型

图 9-3 是一种行业板块轮动模型,它显示了这 9 类市场行业板块在经济周期的各个阶段是如何表现的。实线代表股市的走势,而虚线代表经济的走势。注意,股市的走势总是先于经济变动而变动。行业板块轮动模型上方的 9 个矩形显示了各行业板块随着股市及经济的扩张及收缩的变化情况。

你知道吗?

你不能用经济分析结论来预测股市的走势,但你可以通过股市的走势来预测经济的发展形势。

在股市处于底部区域时(这表明经济复苏已经为时不久了),对经济敏感的周期型及科技板块成为市场的领头羊。周期型股票包括可选消费品类股票及交通运输类股票。在经济扩张的后期,商品价格开始上涨,领涨股逐渐从原材料转移至能源股。能源股领涨通常是预示经济扩张(还有股市的牛市)已接近尾声的一个信号。能源行业领涨是石油价格上涨的结果,这对经济复苏造成了威胁。正如近些年所频频发生的那样，能源股价格的上涨促使美联储提高短期利率，以应对通货膨胀压力，这会损害股票市场及整体经济。这种情况导致了 2000 年及 2007 年的市场见顶，以及随后的经济衰退。

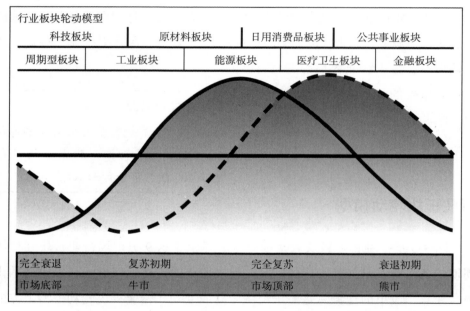

图 9-3　行业板块轮动模型

你知道吗？

周期型股票与经济周期的走势密切相关。

预测能源股价格上涨何时开始损害经济（股市何时见顶）的一种方式是，领涨板块逐渐从能源板块转移至防守型板块，如日用消费品、医疗卫生及公共事业板块等。如前所述，这些行业板块轮动通常是渐进式的。因此，当市场见顶时，我们通常会发现能源板块及日

墨菲小常识

周期型股票因其对经济周期的走势极其敏感而得名。

用消费品板块的表现最为抢眼。2000 年发生的情况即属此例，而这一情况在 2007 年再次出现。

2007 年的行业板块轮动

在 2007 年，表现最好的两个行业板块是能源板块及日用消费品类板块。这种情况发生时，经济扩张及股市的上升正处于它们的第五个年头，并且势头开始减缓。能源股的领涨源自石油价格在这一年的上涨（这也使零售类股票及交通运输类股票走弱）。表现最差的行业板块是可选消费品板块。这也是股市及经济走软的原因。

这一负面信号在对行业板块在 2007 年的表现进行的深入考察中得以确认。在 2007 年，表现最好的 4 类行业板块是能源、原材料、公共事业及日用消费品。如果查看行业板块轮动模型，你会发现，在经济扩张后期及经济紧缩初期，这 4 类行业板块通常是市场龙头股。当经济开始放缓，资金会流向防守型行业板块，如日用消费品、医疗卫生及公共事业板块。这一板块轮动通常与市场顶部有关。随着可选消费品类股票的走弱，这一衰退的行业板块轮动进一步得到确认。在 2007 年，这些防守型的板块轮动非常符合行业板块轮动模型。

这一模型可以有多种用途。如果知道经济周期所处的阶段，可以相应地调整行业板块轮动策略。然而，在大多数时间里，情况恰恰相反：我们可以通过行业板块轮动中的领涨板块来确认经济周期所处的阶段。由于股市与经济周期也有关系，行业板块轮动模型还可以向我们告知股市的当前状况。股市先于总体经济的变动而变动。

行业组领涨

行业板块轮动这一术语通常用来说明资金在各个不同行业板块间的流动。此外，这一术语还有更广泛的含义，用来说明资金在各行业组之间的转换。我们有必要知道哪个行业板块领涨大盘，知道哪个行业组促成了这一领涨也同样有用。比如，在 2007 年下半年，表现最好的两个行业组是黄金股及石油服务类股票，它们分别属于原材料及能源板块的一个分支（其原因在于商品价格的上涨）。与之相反，表现不佳的行业组是住宅建筑业、银行业、零售业、经纪业及房地产信托投资业（按业绩表现排序）。

你知道吗？

行业组轮转这一术语还可以用来说明行业间的转换。

2009 年的行业板块轮动趋势向好

随着大盘回暖，行业板块轮动从 2009 年春天开始转好。在 2009 年，以科技股为主的纳斯达克市场上涨 30%，其表现超出标普 500 指数 50%。与之相比，罗素 2000 小盘股指数的收益达 40%。在新一轮牛市的初期，纳斯达克市场及小盘股一如既往地引领大盘走高。在这一年里，行业板块轮动趋势也开始向好。表现最好的两个行业板块是科技板块（涨了 58%）与可选消费品类板块（涨了 49%），这在市场底部时非常常见。与之相反的是，在市场好转时，表现最差的三个板块是日用消费品板块、公共事业板块及医疗卫生板块，这也属于正常情况。当大盘上涨时，投资者会变得更为乐观，他们会购买进攻型股票（如可选消费类股票），卖出防守型股票（如日用消费品类股票）。在 2009 年，他们就是这么做的。

图 9-4 绘制的是一种相对强度比率——可选消费品板块 SPDR 与日用消

费品板块 SPDR 在 4 年间的比率。正如我在前面章节中所描述的那样，**相对**

强度比率（relative strength ratio）是一种
测度某一行业板块相对于其他行业板块
表现最好的工具。图 9-4 中的信息非常
明显：相对强度比率在 2007 年中期见顶
（图中下指箭头），然后于 2008 年第四季
度见底。在下跌的这两年间，投资者明

显更青睐防守型股票。在股市下跌时，日用消费品板块的表现更佳。在 2009
年 3 月，该比率构筑了一个**较高的低点**（higher low），然后在 4 月开始发力上
攻（图中上指箭头）。在 2009 年 4 月，这一比率突破了连接 2007 年至 2008
年顶部的下跌趋势线。毫无疑问，可选消费品板块及股市已经发生了重大变
化，开始发力上攻。

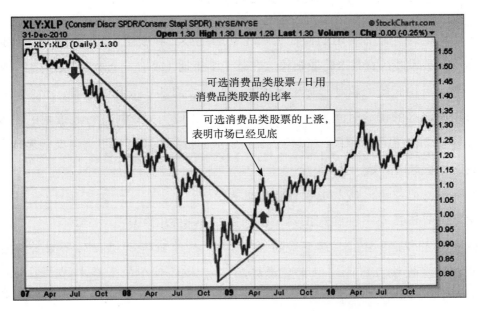

图 9-4　在 2009 年，可选消费品类股票 / 日用消费品类股票的比率开始上涨

在市场位于底部时，投资者做了他们应该做的事情。他们不再关注防守型股票（持有日用消费品类股票），而是开始在进攻型股票上下注（买入可选消费品类股票）。可选消费品类股票 / 日用消费品类股票的比率在 2009 年的上涨至少说明了 3 件事情：第一，它告诉图表交易者，是时候将资金转移至可选消费

墨菲小常识

竞争性市场行业板块的比率分析是确定行业板块轮动趋势的一个好方法。

品类股票（还有通常所说的经济敏感型股票）了；第二，它确认了市场已经完成筑底过程（资金从债券向股票转移）；第三，它意味着经济衰退接近终结。2007 ～ 2009 年的经济衰退在 3 个月之后结束。

我们需要对板块轮动的趋势进行监控

请记住，你需要定期监控板块轮动的趋势。和股票市场中的交易不同，你不能买入并持有某个行业板块。在某个半年期（或前一个季度）之内，对某一给定板块有效的轮动趋势未必适用于下一个周期。依我的经验，大多数板块轮动趋势的持续时间为 3 ～ 6 个月。因此，应当每周对各行业板块的表现排名（及图表）进行回顾，以确认某些领涨的板块是否开始下滑，某些表现滞后的板块是否开始上扬。

还要记住，你马上将要看到的可视化工具只不过是一种筛选工具，以确保你能抓住市场领涨股。接下来的一步是考察领涨板块及行业组的实际走势图，确定它们的走势是看涨的。

墨菲小常识

投资所遵循的一条普遍规则：买入那些在表现最好的行业板块或行业组中表现最好的股票。

股票分析师可以再进一步，从这些

领涨的板块中挑选个股。据估计，一只股票表现的一半与其所属的行业有关。因此，如果你在寻找行业龙头股，你最好先找到领涨板块，然后再确定这些领涨板块中的龙头股。

2011 年的轮动趋势符合行业板块轮动模型

股市的上扬一直持续到 2011 年春天，随后开始走弱。2011 年春天的板块轮动趋势与行业板块轮动模型非常一致，也发出了股市见顶的初期信号。自 2010 年 8 月以来，能源股引领市场进一步走高，而医疗卫生股、日用消费品类股票及公共事业股的走势则落后于大盘。这在市场上升期很是常见。如前所述，投资者变得更加谨慎的一个信号就是这些相对趋势指标的反转。事实也正是如此。

图 9-5 显示的走势图以一种可视化的方式比较了 2011 年的行业板块轮动状况（这种线性方式使我们既可以从绝对的角度，又可以从相对的角度绘制市场板块，并让我们所做的可视化比较变得更容易）。图 9-5 在标普 500 指数周围绘制了 4 个行业板块的走势图，标普 500 指数则表现为一条水平的基准线。这让我们可以测度这些行业板块相对于标普 500 指数的表现。基准线之上的行业板块的表现优于标普 500 指数，而基准线之下的板块则不如标普 500 指数。相对强度线的走势也很容易绘制。如图 9-5 所示，能源股从 2011 年 4 月开始表现不佳（如图中下降的趋势线所示）。与此同时，图 9-5 显示这 3 类防守型板块的相对表现开始上升（图中上指箭头）。

在这一轮上攻浪潮之后的 6 个月里，医疗卫生板块、日用消费品类板块及公共事业板块成为表现最强势的行业板块。

墨菲小常识

从 2011 年 4 月到 11 月，标普 500 指数下跌了 19%，离 20% 的熊市标准只有一步之遥。

与此同时，防守型板块皆走强，能源股则从走势最强的板块沦为最弱的板块（稍后你就会看到）。

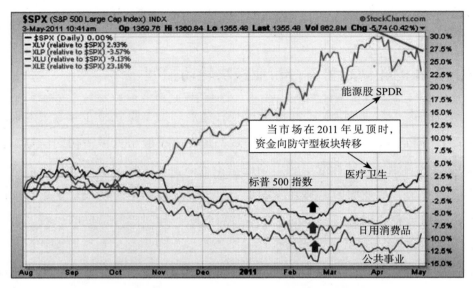

图 9-5 在 2011 年春天，资金从能源板块转入防守型板块

你知道吗？

医疗卫生板块、日用消费品类板块及公共事业板块也支付股息，这在市场调整时提供了下行保护。债券收益率在此期间的下跌也增加了付息股票的价值，这类股票的竞争对手是固定收益债券。

这些明显的轮转趋势发出了几个警示信号。从行业轮动的角度来看，这预示着资金从能源股（及经济敏感型股票）流出，并流入防守型股票。这还预示着投资者开始对股市整体失去了信心。从资产配置的角度看，该趋势意味着资金从股票流出，转而流入债券（债券的价格上涨，而股票的价格下降）。从 2011 年 4 月开始的这 6 个月轮动期里，美国股票市场的市值下跌了近 20%，国债价格上涨了 7%。图 9-5 所示的绩效线图是描述行业板块轮动趋

势最好的方法之一。然而，衡量这些行业的相对表现还有其他方法，图 9-6
即为一例。

绩效棒线图

图 9-6 利用棒线形式（取代了线性形式）显示了 5 个市场在 2011 年前 9
个月的相对表现，同样，我们既可以从绝对的角度，又可以从相对的角度来
考察绩效棒线图。图 9-6 中的棒线显示的是其相对业绩，这意味着棒线测度
的是其相对于标普 500 指数的表现，即相对于基准线的走势。基准线之下的
行业板块棒线意味着该板块相对表现不佳，而基准线之上的行业板块棒线意
味着该板块领涨大盘。在 2011 年的前 9 个月中，市场中表现最好的 3 个行业
板块是公共事业板块、医疗卫生板块及日用消费品板块。与之相比，原材料
板块与能源板块是市场中走势最弱的板块。图 9-5 中的线形图显示的是 2011
年 4 月份以来的防守型板块轮转。图 9-6 中的绩效棒线图确认了一点：自
2011 年 4 月见顶后（在此期间，市场损失近 20%），市场至少在 6 个月里处
于防守状态。回顾一下图 9-3 中所示的行业板块轮动模型，该模型显示：当
市场见顶时，资金通常从原材料股票及
能源股中流出，并流入医疗卫生、日用
消费品及公共事业板块。换言之，始于
2011 年春天的防守型板块轮动发出了一
个初期而又清晰的警讯，提醒我们股市
即将走弱。图 9-6 不但告诉我们如何在
市场下跌时进行自我保护，还告诉我们如何从中获利。

墨菲小常识

行业板块轮动通常持续
3 ～ 6 个月，在需要时常对其进
行监控。

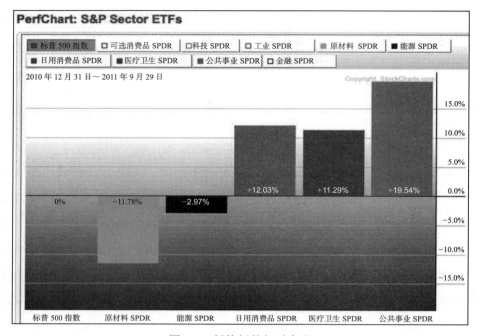

图 9-6　板块间的相对表现

市场毯

图 9-7 显示的是另一种非常有用的跟踪行业领涨板块的工具。这种工具被称为**市场毯**（market carpet）。行业板块的市场毯以一种形象的方式向我们展示出，在某个特定的时期内，哪个行业板块的表现更好，哪个行业的表现滞后。我们举一个期限为 1 个月的具体例子。你可以按周、天或是按月划分时间期限。图中显示了 9 个方格，方格的颜色越深，意味着该行业的表现越佳；而方格的颜色越浅，意味着该行业的表现越差。市场毯还有一个名字，叫作**热度图**（heat maps）。在本例中，在这个月里表现最好的 4 个行业板块是可选消费品板块、工业板块、科技板块及公共事业板块。注意这些板块的深色程度；表现最差的 3 个行业板块是原材料板块、能源板块及医疗卫生板块。

注意这些行业板块的浅色程度。图 9-7 中右边的方格还对在研究时期内表现最好的 4 种行业板块及表现最差的 4 种行业板块进行了排序。

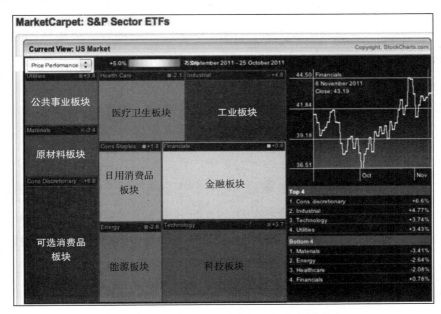

图 9-7　市场毯显示了哪个行业板块领涨大盘

热度图是市场毯的另一种称呼。

我一般至少一周考察一次行业板块的排序，以确定这些行业是否发生了显著的变动。行业板块轮动通常只持续 3 ~ 6 个月，因此，你必须频繁地检验这些行业，以确定这些行业所发生的任何变化。我通常对这些行业在过去 1 ~ 2 个月内的表现进行测度。一旦挑选出领涨的行业板块，你就可以点击任一方格来看该行业板块的图表。这可以让你迅速确定，从图表的角度来看，该行业板块是否发生了显著的变化。

墨菲小常识

　　市场毯是一种筛选工具，它可以帮助你将注意力集中在领涨板块中的领涨股上。

使用市场毯来找出领涨股

市场行业板块的热度图还有一个特点，这对个体选股者尤其有用。只需点击任何一个行业板块的领涨股，你就会发现一幅新的行业板块热度图，该热度图对该行业内的股票进行了排序。图 9-7 显示，可选消费品是上个月表现最好的行业板块。

图 9-8 对行业板块中的股票进行了排序。同样，颜色越深的方格表明该领涨板块中的股票走势越强势。最右边的方格中列出了所研究月份中表现最好的 5% 的股票赢家。点击这 5 只股票中的任意一只，你可以看到一幅价格图表，以确定你是否喜欢该股票的走势。使用这种方法的好处是，你只需要分析市场中表现最强势的行业板块中的 5 只领涨股。市场毯能够缩小你的选择范围，这节省了大量时间；它也能保证你总能分析到市场中最强势板块中的最强势股票。

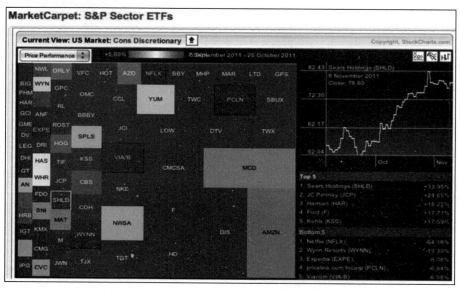

图 9-8　市场毯显示了行业板块中的领涨股

你还会注意到，图 9-8 中方格的大小各不相同。你可以按照**市值**（market cap）模式来分析股票热度图。方格越大，代表着该股票在特定行业中的权重值越高。这种方法让你可以挑选市值最高、流动性最强的股票。在一个防守型市场中，这种方法尤其有用，此时大盘股的表现通常优于小盘股。最大方格中的股票对该行业板块的影响也是最大的。即便你不是一个股票分析师，关注某一特定行业板块中市值最高的股票也同样是一个好办法。

比较绝对表现与相对表现

理解一个行业板块的绝对表现及相对表现之间的差异是很重要的，两者都很重要。它们测度的是不同的事情。在一个市值不断上升的市场（好的绝对表现）中总是一件好事。然而，相对强度分析对某个市场或行业板块相对于同侪的表现进行了更加深入的考察。比如，图 9-9 对 2007 ～ 2011 年，医疗卫生行业 SPDR 相对于标普 500 指数的绝对走势进行了比较。从图中可以清晰地看出，医疗卫生板块的走势强于标普 500 指数。然而，总的来说，这两条曲线的走势呈同向变动。

墨菲小常识

这种分析方法的目标在于持有正的绝对收益或相对收益的股票或行业板块。

图 9-10 显示的是医疗卫生板块在同一个 5 年中的相对表现。在这幅图中，标普 500 指数被绘制成水平的基准线。这让我们能看到医疗卫生 SPDR（XLC）的表现是否优于标普 500 指数，依我看来，图 9-10 优于前面的图表。比如，2008 年的上指箭头显示，在股票熊市期中，防守型股票的表现更为强势。在 2009 年年初的下指箭头，则正赶上标普 500 指数强劲上扬。这是一个卖出医疗卫生股，买入标普 500 指数的信号；在 2011 年春天的上指箭头给出的指示则完全相反。在 2011 年春天，正确的选择是卖出标普 500 指数，买入

图 9-9　比较医疗卫生 SPDR 与标普 500 指数之间的绝对表现

图 9-10　XLV/SPX 比率显示了医疗卫生板块的相对表现

医疗卫生股。图 9-10 说明了相对强度分析的真正价值。它不但告诉我们一些
所研究板块的强势程度，还告诉我们市场的总体状况。尽管本章的重点在于

分析相对表现，但这并不意味着绝对表现不重要。一种绝对表现与相对表现都很好的资产才是最好的资产。

行业板块分析是跨市场分析工作的一个重要组成部分

本章说明了市场行业板块及行业组的重要性。股票市场被分为 10 个行业板块（包括电信板块）以及大约 90 个行业组。对那些熟悉这些股票分类，知道如何测度股票表现的投资者来说，这可以极大地改进他们投资组合的总体表现。幸运的是，可视化工具让寻找行业板块领头羊的任务变得相对简单，这些工具包括相对强度分析、业绩线及棒线图，还有市场毯（或热度图）等。选对行业板块（并远离不好的行业板块）至关重要，你需要分析工具来帮助你确认这些事情。本章将向你展示一些这方面的范例。

你知道吗？

《投资者商业日报》（*Investor's Business Daily*）是一家金融报纸及互联网传媒，该集团实际跟踪了 197 个市场子板块。

在跨市场分析中，行业板块轮动分析也扮演了重要角色。知晓哪个市场板块处于领涨地位，这会告诉我们与股市及经济周期有关的许多信息。了解经济在扩张还是在紧缩（这与股市的走势有关），有助于我们确定债券或股票上的资产配置。经济扩张利好股票，收缩则利好债券。

墨菲小常识

通过测度股票市场的强弱，行业板块轮动也可以影响我们的资产配置决策。

交易所交易基金的兴起

在本章及此前的章节中，我们已经介绍了一些可视化分析工具，它们让行业板块轮动分析及资产配置决策变得更加容易，此外，一种让这些策略变得更加容易的新交易工具在过去 10 年中兴起。它就是**交易所交易基金**（exchange-traded funds）。本书中所介绍的每个市场都可以使用 ETF 交易。ETF 涵盖了全部的资产类别，每个行业板块及大多数行业组。ETF 的投资领域还包括诸如商品及货币等另类资产，这让普通的投资者都可以投资于这些资产。ETF 也让国外投资变得更容易。ETF 也很适合用传统的图表分析。在下一章中，我们将对此进行深入学习，并说明为何 ETF 可以用于实施任何你能想到的交易类型。

自　　测

1. **当市场见底时，哪一类行业通常率先上涨？**
   a. 小盘股　　　　　　　　b. 科技股
   c. 交通股　　　　　　　　d. 可选消费品类股票
   e. 以上都对

2. **判断正误：市场行业板块可以细分为行业组。**
   a. 正确　　　　　　　　　b. 错误

3. **下列各项中，哪项通常率先改变走势？**
   a. 股票市场　　　　　　　b. 总体经济

4. **行业板块轮动通常持续多长时间？**
   a. 1 ～ 2 个月　　　　　　b. 3 ～ 6 个月
   c. 9 ～ 12 个月

5. **下列哪个更能揭示领涨地位的变化？**
   a. 绝对表现　　　　　　　b. 相对表现

答案：

　　1. e　　2. a　　3. a　　4. b　　5. b

交易所交易基金

尽管交易所交易基金在 1993 年就已问世，但它们一直到 2000 年后才引起投资者的重视。2000 ～ 2008 年，ETF 以每年 30% 的速度超常增长。截至 2012 年，交易所交易基金的资产已经增长至 1.5 万亿美元。当时，据一些业内人士预测，这一数字将在 2015 年翻番。交易所交易基金的增长代表着金融市场发展进程中的一次重大变革，它让投资者的工作变得非常简单。这对跨市场分析工作来说尤其如此。当我在 20 年前首次撰写市场间关系方面的著作时，要实施全部所涉及的策略绝非一件易事。这是因为：跨市场分析囊括了债券、商品、外汇、国外市场及美国股票市场，而且包括了行业板块及行业组。

但这不包括期货市场，因为商品及外汇交易不是那么方便，交易行业板块也同样很困难。尽管共同基金向其客户提供大量的行业板块基金，但他们很难在这些行业板块之间自由地转换；共同基金业也不鼓励频繁交易。但交易所交易基金不是这样的，你可以根据自己的意愿进行交易。交易所交易基金的买卖就跟股票交易一样容易。对那些主动交易者及投资者来说，这是一次巨大的飞跃。

什么是交易所交易基金

交易所交易基金是一种投资工具，它包括了传统的共同基金及股票的主要特征。交易所交易基金与共同基金一样，代表了跟踪特定指数的多样化证券投资组合。和股票一样，交易所交易基金可以在股票交易所内，在交易日进行买卖。交易所交易基金还可以做空。**做空**（selling short）意味着以较高的价格卖出交易所交易基金，并期待着以更低的价格将其买回。此外，与共同基金相比，交易所交易基金能提供更低的费用、较高的税收效率及更高的持仓透明度。交易所交易基金的供应商会每日公布其股票持仓状况，并将这些信息通过互联网发布。而共同基金只是每个季度提供一次此类信息。与传统的共同基金相比，交易所交易基金的这些特征让其更具吸引力。但是，对大多数主动投资者及交易者来说，交易所交易基金的主要好处还在于它涵盖了所有市场上可能的全部投资选择，并且可以在这些市场之间随意转换。

做空意味着以较高的价格卖出交易所交易基金，并期待着以更低的价格将其买回。

共同基金与交易所交易基金

对大多数长期投资者来说，共同基金也提供了一种简单的金融市场参与方式。然而，交易所交易基金的优势是共同基金所不具备的。这对那些更积极地管理资产的投资者来说更是如此。交易所交易基金的主要优势在于，从交易的角度来看，它的表现可以优于传统共同基金。更为重要的是，交易所交易基金可以像股票一样在股票交易所中交易。这让那些更积极主动的交易者及投资者能够在金融市场上快速建仓，然后在希望退出市场时迅速平仓。投资者可以在交易日执行这些交易，而且两个方向都可以做（做多及做空）。无论何时下单，共同基金的投资者都只能按照基金的收盘价计值。对期货及外汇这样剧烈变动的市场来说，进入及退出交易的速度越快越好。在行业板块轮动策略中，速度也十分重要。

共同基金并不鼓励频繁交易，它会惩罚那些交易频繁的投资者。基金业内也不接受**市场择时**（market timing）。共同基金所施加的交易限制极大地削减了那些基于行业板块轮动设立的行业板块基金的价值。投资者可能会选择买入并持有一个多样化的股票共同基金，可购买行业板块基金的投资者志不在此。这是因为：行业板块的趋势通常只能维持几个月，而积极的投资者需要尽早发现一个上升的行业板块，并在时机合适时转到别的地方去。这就涉及在某个行业板块开始下跌时撤出，并在某个行业板块开始上涨时杀入。与行业板块基金相比，交易所交易基金让这一切变得更容易。

交易所交易基金为投资者提供了参与商品及外汇市场的机会，但共同基金提供不了这种机会。买入市场大盘（及市场行业板块）的反向（或熊市）ETF的能力，也能为投资者创造出一整套的投资选择。它还可以做空交易所交易基金，这对共同基金来说是不可能的。由于以上这些原因，交易所交易基金是实施跨市场分析、资产配置及行业板块轮动策略的理想工具。这也是本书主要使用交易所交易基金来描述市场间关系及策略的原因所在。

交易所交易基金的供给方

目前，交易所交易基金的供应商至少有十几个。这一行业中占据主导地位的公司有三家：安硕基金（iShares）、道富环球投资管理公司（State Street Global Advisors）以及先锋集团（Vanguard）。根据晨星公司的统计，这三家公司占据了80%的交易所交易基金市场。安硕基金是最大的ETF供应商，其市场份额占整个ETF资产的43%（道富环球投资管理公司为24%，先锋集团占15%）。其他的ETF供应商包括PowerShares、ProShares、Van Eck、智慧树公司（WisdomTree）、Rydex、iPath、Direxion基金及古根海姆投资公司

（Guggenheim Investments）。

这些供应商所提供的基金涵盖了金融的所有领域，包括国内的股票指数、市场行业板块及行业组，还有国际市场；也包括了所有的投资选择，所有的投资规模（大盘股及中小盘），所有的投资风格（成长型及价值型）。交易所交易基金也涵盖了全部的债券种类（如国债、投资级公司债券、高收益债券、市政债券及通胀保值债券（Treasury Inflation Protected Securities，TIPS））。债券ETF 存在于收益率曲线的每个部分中。交易所交易基金还包括了商品篮子及单个商品。货币 ETF 则提供了交易美元及世界上的主要货币。**反向基金**（inverse funds）则是为那些希望从下跌的市场中获益（或对冲当前持仓）的投资者而准备的。反向基金的走势与其基准指数的走势呈反向变动。Ultra 基金提供了更高的杠杆，其增值速度高于其基准指数 2 ～ 3 倍。这也是它们也被称为杠杆基金的原因。Direxion、Rydex 及 ProShares 是最大的杠杆基金管理公司。

国际 ETF 则涵盖了全球各个国家及地区的主要股票市场。你可以选择一个 ETF 篮子，涵盖成熟的证券市场及新兴市场，或是这两类市场的某种组合。你既可以交易新兴市场投资组合，也可以投资于某一个具体的新型市场。交易所交易基金涵盖了每一个大型的新兴市场。将这些市场悉数纳入。我们也可以像对待单个股票或其他市场那样，绘制出交易所交易基金的图表并对其进行分析。交易所交易基金兼具这两者之优点，它同时具备开放式基金及股票的特征。交易所交易基金提供了类似于共同基金的一揽子交易方法，从而可以立即实现多样化。与此同时，交易所交易基金的买卖方式与单个股票一样简便。

股票市场 ETF

美国市场上发行的第一只交易所交易基金是 SPDR 标普 500 基金（SPY），该基金于 1993 年发行。这也是自那时起规模最大的上市基金。SPY 设立的目的在于跟踪标普 500 指数。

标普 500 指数被认为是美国市场的主要基准指数。该指数被当作对单个股票及市场行业板块的相对强度进行比较的基础，其原因也正是如此。

你知道吗？

SPDR 指的是标普存托凭证。

与 SPY 有关的详细信息可以在 www.spdrs.com 网站上查得，该网站是由道富环球投资管理公司管理的。它同时也是 SPDR 道琼斯工业指数 ETF（DIA）的主页。该网站上还列示了其他流行的 ETF，如 SPDR 黄金 ETF 基金（GLD）、SPDR 巴克莱高收益债券 ETF（JNK）、SPDR 标普分红 ETF（SDY）等。想了解与 9 大行业板块 ETF 有关的详细信息，可以到 www.sectorspdrs.com 网站上查询。如果想知道这些行业包括哪些股票，它们的权重如何确定，那么这些信息总是很有用的。这些信息也可以在这个网站上查得。还有一种非常受欢迎的股票 ETF，即纳斯达克 100 指数 ETF (QQQ)，该基金跟踪的是纳斯达克 100 指数（NDX）。这个指数包括纳斯达克市场上按市值划分的 100 家最大的国内及国际非金融类上市公司。在 NDX 中所包括的 7 个行业板块中，科技板块是最大的，其权重为 66%。与之相比，权重第二大（16%）的是可选消费品板块。这也是纳斯达克 100 指数 ETF 被看作科技股板块代表的原因。与 QQQ 及其他与 QQQ 有关的产品（包括商品及外汇产品）有关的详细信息，可登录 www.powershares.com 网站查询。

尽管先锋集团的 ETF 市场份额小于安硕基金及道富环球投资管理公司，该集团所提供的 ETF 产品还是得到了晨星公司的高度评价。先锋集团的低成本费率是其一大卖点。先锋集团最受欢迎的 ETF 基金包括先锋全股市基金（VTI）、先锋红利增值基金（VIG）、先锋富时美国以外环球指数基金（VEU）。与先锋集团 ETF 有关的详细信息，可以在 www.vanguard.com 网站上查得。

债券 ETF

大多数重要的债券 ETF 都可以在安硕基金的网站（www.ishares.com）上查询。该网站上列示的各种产品涵盖了每个债券类别及收益率曲线的各个时段。最受欢迎的产品是安硕巴克莱 7 ～ 10 年国债基金（IEF）。这只 ETF 的回报率接近于巴克莱资本的美国 7 ～ 10 年期国债指数所确定的美国中期国债的回报率。由于债券 ETF 根据债券的价格定价，它们的走势与债券的收益率呈反向变动关系。因此，当 10 年期国债收益率下跌时，也就是买入 IEF 的时候。对安硕巴克莱 20 年期以上的国债基金（TLT）来说也同样如此，该基金跟踪的是国债市场上长期国债的回报率。这只 ETF 在长期利率下跌时尤其受欢迎。这些债券 ETF 的走势通常与股票市场呈反向变动关系，这也使它们在股票市场走弱时变得特别受欢迎。安硕基金还发行一种通货膨胀保值国债基金（TIP），该基金为债券投资者提供了一定程度的避免通货膨胀的保护。

除了国债之外，ETF 也跟踪其他一些类型的债券。安硕标普国家市政债券基金（MUB）跟踪市政债券的价格。安硕基金还提供一些公司债券 ETF。其中最受欢迎的是安硕 iBoxx 投资级公司债券基金（LQD）。另一只 ETF 是安硕 iBoxx 高收益公司债券（HYG）。公司债券基金的走势与国债基金的走势不完全一致。

在经济衰退，股市走软时，国债被认为是最安全的避风港，因为其信用由美国政府完全担保。公司债券的信用与发行公司的财富密切相关。这对高收益（垃圾）债券来说尤其如此。高收益债券 ETF 的走势更像是股票，而不是债券，其原因也正是如此。如果你寻求安全性，那么你应该考虑国债 ETF。如果你对经济的走势感到乐观，那么公司债券 ETF 是你更好的选择。当经济走势向好时，高收益债券 ETF 能提供最大的获利可能；但是，当经济走差时，它的风险也是最大的。市政债券 ETF 也承担了额外的违约风险。

商品 ETF

在许多年前，要涉足期货市场之外的商品市场还几乎是一件不可能的事情；但现在情况已经不是这样了。交易所交易基金让投资者可以像交易股票一样来交易商品了。交易所交易基金为商品交易及个体商品交易者提供了一篮子解决方案。PowerShares 是商品交易篮子最大的供应商。德银商品指数跟踪基金（DBC）由 14 种交易量最大的商品期货合约组成。该商品交易组合所提供的产品包括德银农产品基金（DBA）、德银基础金属基金（DBB）、德银能源基金（DBE）、德银贵金属基金（DBP）。PowerShares 也为个体商品交易者提供了诸如黄金、白银及石油之类的 ETF（参见 www.powershares.com）。

其他供应商也提供交易单个商品的 ETF，最受欢迎的产品是 SPDR 黄金信托（GLD），另一种受欢迎的产品是安硕白银信托（SLV）。这类 ETF 产品还包括铜、钯、铂、原油、汽油、燃油、天然气、玉米、咖啡及糖。然而，这其中某些品种的交易量很小。美元在过去 10 年中的弱势让商品市场的吸引力超过了股票及债券。这是因为商品价格通常在美元贬值时上涨。幸运的是，这些另类资产现在将交易所交易基金组合纳入进来，极大地便利了公众的交易活动。

你知道吗？

黄金矿业股票 ETF（GDX）为投资者提供了交易黄金与白银股票的机会，该基金的走势与黄金级白银的走势密切相关。

货币型 ETF

从前，商品市场不是唯一一家从美元贬值中获益的市场，外汇市场同样从中获益。幸运的是，交易所交易基金现在为投资者提供了一种外汇交易的参与方式。最受欢迎的一种基金是货币股欧元信托基金（FXE），该基金由 Rydex 创设。FXE 的目的是跟踪欧元的走势。Rydex 于 2005 年创设了在纽交所上市的 FXE。这也是第一只为投资者提供外汇投资机会的交易所交易基金。自那时起，Rydex 已经发行了货币股澳元 ETF（FXA）、货币股英镑 ETF（FXB）、货币股加元 ETF（FXC）、货币股人民币 ETF（FXCH）、货币股日元 ETF（FXY）、货币股墨西哥比索 ETF（FXM）、货币股俄罗斯卢布 ETF（FXRU）、货币股瑞典克朗 ETF（FXS）、货币股瑞士法郎 ETF（FXF）。然而，这些新型外汇 ETF 的交易量还比较小。与货币股 ETF 有关的详细信息，可登录 www.currencyshares.com 网站查询。

智慧树公司也提供外汇 ETF，包括巴西雷亚尔 ETF（BZF）、中国人民币 ETF（CYB）、印度卢比 ETF（ICN）、南非兰特 ETF（SZR），还有新兴市场货币基金（CEW）。CEW 提供的新兴市场货币篮子包括墨西哥、巴西、南非、波兰、以色列、土耳其、中国大陆、南非、中国台湾及印度等 11 个国家和地区的货币。你需要经常检查它们的流动性，以确保这些货币足够成熟，可以交易（参见 www.wisdomtree.com）。

交易美元

除了前面提到的商品 ETF 产品，PowerShares 还提供了一种交易美元的 ETF。最受欢迎的一种 ETF 是 PowerShares 发行的德银美元看涨基金（UUP）。UUP 跟踪的是德银美元期货多头指数（USDX），其目的在于复制汇率多头的业绩表现，这些汇率包括：美元兑欧元、日元、英镑、加元、瑞典克朗、瑞士法郎的汇率。在 UUP 中，欧元的权重占 57%，这让欧元成为 ETF 中的主导货币。日元的权重位居第二，但差距不小，仅占 13%，英镑以 12% 的权重位列第三。这也使 UUP 与欧元的走势之间呈高度的反向关系。

UUP 是我在跨市场分析中使用最频繁的工具，我也密切关注欧元的走势。如果美元上涨，UUP 是唯一的选择。如果美元下跌，德银美元看跌基金（UDN）是更好的选择。UDN 在美元下跌时上涨。Powershares 也发行德银 G10 货币指数基金（ETF）。这只交易所交易基金由特定国家（G10）的货币构成，和那些相对低息的货币相比，相对高息的货币更有可能升值。

外国 ETF

购买国外成熟证券市场组合最简单的方式，是购买安硕的摩根士丹利之欧、澳、远东 ETF（EFA）。该指数通常被看成外国股票市场的基准指数。90% 的仓位集中在欧洲与亚洲的 10 个成熟的证券市场中，权重最大的两个国家是英国（22%）与日本（21%）。EFA 最大的问题在于它没有包括南美洲与北美洲的任意一个国家。这就排除了加拿大以及巴西这样的拉丁美洲最大的国家。EFA 的一个替代品是先锋集团的先锋富时美国以外环球指数基金（VEU），该指数由美国之外的 46 个国家组成。与 EFA 不同，VEU 指数包括加拿大。VEU 也赋予新兴市场以 25% 的权重，这包括拉丁美洲。想一站式投资于外国市场，先锋富时美国以外环球指数提供的选择多于 EFA。

你知道吗？

EAFE 代表的是欧洲（Europe）、澳大利亚（Australasia）和远东（Far East）。

另一种受欢迎的外国商品组合是摩根士丹利新兴市场指数基金（EEM）。该基金 90% 的仓位集中在 10 个最大的新兴市场上，其中最大的是亚洲与拉丁美洲。持仓权重最大的 4 个国家与地区是中国大陆（16%）、巴西（15%）、韩国（14%）和中国台湾（10%）。EEM 包括巴西、俄罗斯、印度、中国这 4 个金砖国家。摩根士丹利金砖四国指数基金（BKF）为投资者提供这 4 个国家的投资机会。摩根士丹利公司还提供 23 个国家的 ETF，为了在外国市场下跌时获利，市场也提供了反向全球 ETF。ETF 已经覆盖全球的每个角落，你需要一套图表，从全球寻找投资机会。在纽约证券交易所的大厅里，你可以购买到大多数的外国股票。

反向 ETF 与杠杆 ETF

ProShares 是世界上最大的杠杆基金与反向基金的供应商，该基金提供美国与国外的股票、市场行业板块、固定收益证券市场、商品及外汇产品的交易机会。ProShares 反向 ETF 使你能够反向交易本章中所列举的大多数 ETF。当市场下跌时，无论是出于套利的目的，还是获利的目的，这种产品都非常有用。美国市场上最受欢迎的两只反向基金是 ProShares 标普 500 指数空头基金（SH），该基金的走势与标普 500 指数呈反向变动；另一只是 ProShares3 倍做空纳斯达克指数 ETF（QID），该指数的走势与纳斯达克 100 指数的走势呈反向变动，而速度则快 2 倍。

反向 ETF 也称为看跌基金的原因是：当市场下跌时，该基金的价值上升；当市场上涨时，该基金的价值下跌。由于这个原因，反向基金不适合长期持有，它们更适合作为中短期交易工具。杠杆基金的目的在于交易那些增值速度高于其基准指数 2 ~ 3 倍的基金。由于这个原因，它适合那些短线交易的专家级交易者。对那些普通投资者来说，它们的风险太大了。

总结

本章主要有两个目的。一是增进你对 ETF 的了解，认识到 ETF 的交易规模及交易数量均十分庞大，如何获取更多的相关信息，这些基金的目的是什么，都有哪些结构。二是说明它们为何对交易者与投资者如此的重要；当我们在如此多的市场中做出投资选择的同时，还能研究多个市场，ETF 是怎样让这一工作变得如此之简单的。在本书中，你将会看到大量的与 ETF 使用方式有关的图表案例。如果你喜欢图表分析，那么你也会喜欢上 ETF。因为它们和股票一样交易（也有价格与交易量的信息），它们也可以像股票一样用图表分析。

第 10 章是本书第三部分的最后一章。第 8 章说明了 4 年的经济周期是怎样对市场间关系及资产配置决策产生影响的。该章还解释了为何要重点考虑长期经济周期，这包括康德拉季耶夫周期与 18 年的房地产周期。第 9 章解释了经济周期是如何影响到股市中的行业板块轮动的，行业领涨板块如何为经济周期及股票市场的状态提供线索。第 10 章包含了几种对行业板块及个股进行跟踪的可视化工具，并对市场领涨板块进行了说明。

第四部分中的 5 章内容将专门处理债券、股票、商品及外汇之间存在的市场间关系。在下一章中，我们将开始研究这些关系中最重要的部分：美元与商品之间存在的反向关系。

TRADING WITH INTERMARKET ANALYSIS

新 格 局

第 11 章

美元与商品的走势呈反向变动关系

本章说明了美元与商品价格之间存在的反向关系，这是一种最持久、最可靠的市场间关系。本章还说明，商品与外汇之间存在着紧密的正向关系。相关系数有助于测度两个市场之间关系的强度，并提供了一种考察此关系何时弱化的方法。黄金的走势与其他商品不完全相同，因为它还有替代性货币的功能。黄金不但是这个世界上表现最强势的商品，还是这个世界上表现最强势的货币。在本章章末，我们介绍了美元对其他市场间走势的影响。

需要同时分析两个市场

美元与商品之间的反向关系是最可靠的市场间关系之一。比如，在 20 世纪 70 年代那个通货膨胀的 10 年里，美元的下跌使商品价格一飞冲天。美元在 1980 年见底则使商品价格形成重要头部，这也导致了长达 20 年的价格下跌及通货紧缩。在这 20 年里，债券与股票的价格上涨，而商品则乏人问津。1970 ～ 1990 年的 20 年里，商品价格每发生一次重大转折，美元的走势就会同时或是在之前就发生反向的转折。在 1990 ～ 1994 年的熊市期里，美元的下跌促成商品价格的上涨，这又使债券与股票走弱。在这两年的熊市期之后，美元的上涨又将商品价格拉低，并提振了债券与股票的价格。

因为本书主要的关注点是 1997 ～ 1998 年亚洲金融危机以来所发生的跨

市场事件以及从那时起出现的通货紧缩趋势，我们的比较就从那时开始。随着我们将时间点从那时一直拉回到现在，你将会发现，美元与商品价格之间的反向关系非常稳定。从投资的角度来看，这意味着这两个市场彼此之间是紧密联系着的，应该同时分析。只分析一个市场，而不分析另一个市场是错误的。

美元的上涨促成了 1997 ～ 1998 年的商品价格崩盘

第 3 章所讨论的内容是亚洲金融危机，这次危机始于 1997 年夏天并一直持续到 1998 年。亚洲金融市场的崩盘引发了全球对通货紧缩的恐慌，这也让商品价格降至 20 年以来的新低。随着资金涌入美国国债，全球股价开始崩盘。我认为，发生于 1997 ～ 1998 年的危机，奠定了 21 世纪前 10 年的通货紧缩主基调。我们将在本章阐述的一个跨市场分析原则是：美元的上涨总是先于商品价格的下跌，或是与商品价格的下跌同时发生。发生于 1997 ～ 1998 年的亚洲金融危机就是这样一种情况。

如图 11-1 所示，1994 ～ 1999 年，美元与商品价格的走势呈反向变动关系。美元开始于 1995 年上涨（在 1994 年那次隐形的熊市之后）并在那个 10 年中剩下的时间里持续上扬（见图 11-1 中上指箭头）。到 1996 年，美元的上涨开始对商品价格产生负面影响，商品价格开始下跌（见图 11-1 中下指箭头）。在商品价格见顶的前一年，美元开始上涨，这种情况十分常见。美元通常先于商品价格而改变走势，而且，当这种情况出现之后，美元成为一种有价值的领先指标，预示着商品价格将于其后改变走势。

墨菲小常识

在全球金融危机中，资金总会转移至相对安全的美元及国债中。

图 11-1　美元上涨使商品价格在 1997 ～ 1998 年崩盘

　　商品价格的跳水源自1997 ～ 1998 年的亚洲金融危机。亚洲货币的崩盘让大批资金转移至相对安全的美元（及美国国债）中。美元因此在1997 ～ 1998 年形成价格高峰，这也是商品价格跳水的一个主要因素，这只会加剧全球的通货紧缩恐慌。股票的价格随着商品价格一同暴跌（而债券价格飙升），这也让通货紧缩的恐慌进一步加深。在亚洲金融危机的 5 年间，美联储开始着手制订一个计划，以减轻随之而来的通货紧缩威胁。要实现这一点，需要发生两件事情：美元下跌，而商品价格上涨。这也是自 2002 年开始的事情。

墨菲小常识

　　美联储采用了 20 世纪 30年代所使用的同种方法，通过弱化美元来提振商品价格（尤其是黄金）。

2002 ～ 2008 年，美元下跌推动商品价格上涨

第 5 章所讨论的内容是美元在 2002 年出现的重要头部以及相应的商品市场的上涨。美元的下行趋势及商品价格的上行趋势一直持续到 2008 年。本章的主要目的在于说明美元与商品价格的走势通常呈反向变动关系。图 11-2 用 1995 ～ 2008 年的走势非常清晰地说明了这一点。图中的两个箭头显示了这两个市场从 2002 年开始所发生的主要变动情况，在这一年里，美元见顶，而商品价格见底。美元在 20 世纪 90 年代末期时的上涨使商品价格下跌，美元在 2002 年之后的下跌则让商品市场大幅上涨，这一趋势持续了 6 年，直到 2008 年方才结束。

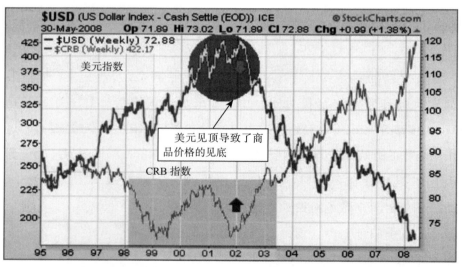

图 11-2　从 2002 年到 2008 年年中，美元的下跌促成了商品价格的上涨

美元在 2008 年的见底让商品价格暴跌

前面的章节介绍了 2007 年的金融危机，资金从见顶的股市中撤出并转投

到国债上。我们还了解到，在 2007 年的下半年，美国利率的下跌使美元走弱，而黄金及其他商品的价格大幅提升。这一情况十分常见，因为从历史上来看，商品价格的见顶时间要晚于股票市场。然而，在本次情况中，这两次顶部期间的时间间隔出乎意料的长。尽管股市在 2007 年 10 月见顶，商品价格直到 2008 年年中仍在上涨。美元的下跌是商品价格持续上扬的主要原因。然而，美元在 2008 年年中见底，这最终导致了商品价格的崩盘。

如图 11-3 所示，商品价格自 2008 年 7 月以来猛烈上涨并见顶。从 2008 年年中到 2009 年初期，CRB 指数的跌幅达 50% 以上（这一跌幅远超 1997 ～ 1998 年 30% 的跌幅）。2008 年商品价格崩盘所带来的通货紧缩影响，让人不禁将其与 20 世纪 30 年代的大萧条相提并论，对再一次大萧条的恐慌也再度上升。

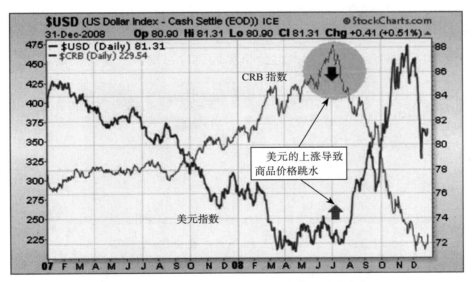

图 11-3　在 2008 年，美元的见底使商品价格崩盘

（在第 12 章中，我们将说明，2008 年商品价格崩盘所带来的通货紧缩影响使股票与商品价格之间的联系变得越发的紧密。）然而，图 11-3 的要点，在

于说明商品价格在 2008 年下半年的跳水恰好与美元指数的上升同时出现（见图中箭头）。尽管 CRB 指数在 2008 年的下跌（-50%）远超美元的涨幅（+20%），美元见底是商品价格下跌的主要原因。再一次，美元走势的变化与商品价格走势的变化同时出现。

> **墨菲小常识**
>
> 不但商品交易者需要密切关注美元的走势，美元交易者也需要关注商品市场。

2009 ～ 2010 年，美元的见顶也提振了商品价格

图 11-4 旨在说明，美元与商品在 2008 年之后的 3 年里依然保持着反向关系。最引人注目的是两次美元见顶分别发生于 2009 年第一季度与 2010 年第二季度。美元指数的这几次下跌与 CRB 指数的上涨同时发生（图中箭头）。在这两年里，追随美元走势的商品交易者都得到了很高的回报。美元在 2009 年与 2010 年的卖出信号和商品价格见底所发出的买入信号同时出现。从

图 11-4　美元于 2009 ～ 2010 年的见顶提振了商品价格

2009 年年初到 2011 年春天，美元的跌幅达 10%，与此同时，商品的收益超过了 60%。然而，这些趋势在 2011 年发生了逆转，美元在该年春天的上涨让商品遭遇灾年（股票的价格与商品紧密相关）。

美元在 2011 年的见底推动商品价格走低

众多趋势变化开始在 2011 年春天出现，其中多数变化与美元的上涨有关。2011 年的危机再一次说明商品与美元为何必须同时分析。那些忽视了美元走势的商品交易者将会冒极大的风险。进入 2011 年春天，商品价格开始上涨，美元价格开始下跌，这种情况已经有两年以上了。然而，在 2011 年 5 月，美元指数开始触底回升。在当年剩余的时间里，美元持续上涨。然而，如图 11-5 所示，美元的 5 月底部与 CRB 指数的 5 月顶部恰好同时出现（见图中箭头）。从 2011 年 5 月一直到 2011 年年末，美元上涨，而商品价格下跌。这两个市场再一次呈现一种强烈的反向变动关系。

墨菲小常识

在 2011 年，商品价格的见顶导致股票市场的调整及国债价格的上涨。

相关系数

尽管我们可以从价格图表中确认大多数市场间的相关性，使用这些相关性的统计测度来确认这些直观印象还是很有帮助的。如图 11-5 下方的**相关系数**（correlation coefficient）显示，在 2011 年的大部分时间里，美元与商品之间的相关系数为 −0.75。这一结果确认了我们对这两个市场的直观感受——它们之间的走势呈反向变动关系。

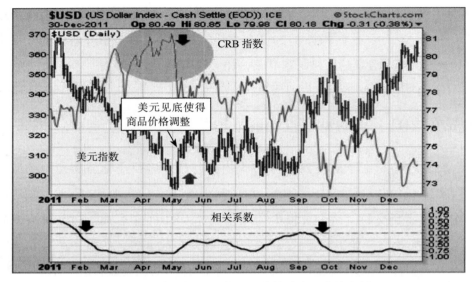

图 11-5　美元在 2011 年的见底推动商品价格走低

你知道吗?

相关系数低于基准线表示相关系数为负值。

相关系数测度的是两个市场之间相关性的强度。它既可以为正值也可以为负值。相关系数为 +1.00 意味着两个市场之间是完全正相关的,在所有的时间里,这两个市场的走势都相同(这种情况极其罕见)。与之相反的是,相关系数为 −1.00 意味着两个市场之间的走势在所有的时间里均呈反方向变动关系(这种情况也极其罕见)。两个市场之间的相关性就在这两个极端之间摇摆。正号意味着正的相关性(同向变动),负号意味着负的相关性(反向变动)。无论哪个方向,系数越大,相关性越高(正相关性或负相关性)。

墨菲小常识

相关性曲线高于或低于基准线,释放出非常重要的信号。

在跨市场分析中，相关系数这一指标尤其有用，因为跨市场分析依据的是市场间关系。跨市场分析不但可以让我们确定这些关系的强度值，还可以指出这一关系何时强化或弱化。在 2011 年的大多数时间里，图 11-5 下方的相关系数曲线处于负值区域（低于基准线）。这也确认了美元与商品在 2011年全年的负相关性。然而，要注意这条线不是完全平坦的。尽管低于基准线，这条线在全年中不断起伏。图 11-5 中的两个箭头显示，这种负相关性在 2011年 2 月与 9 月间得到强化。对交易者来说，这意味着美元将对商品价格产生更大的影响。相关系数低于 0.5，意味着相关性较弱；相关系数接近 0.75，意味着相关性很强（无论是正值还是负值）。在 2011 年的大多数时间里，美元与商品之间的负相关性都维持在 −0.75 附近。尽管通过同时考察两个市场，我们通常很容易就能确定这种负的关系，但我们并不能确定这些相关性何时变强或变弱。相关系数指标可以实现这一点，并帮助我们对这些直观的市场间关系进行统计上的确认。

你知道吗？

在 2011 年，由于商品与股票之间存在正的相关性，美元上升所产生的负面影响也同样让股票遭受了重大损失。

黄金不同于其他商品

当我们把商品看成一种投资资产时，要明确黄金不仅仅是一种商品，这是非常重要的。很多人将黄金看成一种货币的替代品。换言之，当全球的交易者（及某些中央银行）对纸面资产失去信心时，他们就会买入黄金。当其他资产失去吸引力（或变得相对不安全）时，黄金作为**价值贮藏手段**（store of value）的这一历史职能让它变得格外有吸引力。这些资产也包括纸面资产。这有助于解释为何黄金的走势并不总是和其他商品的走势完全一致。

图 11-6 对黄金价格与 CRB 指数在 2011 年的走势进行了比较。当大多数商品价格在 2011 年 5 月见顶时（美元在那时见底），黄金一直上涨到 9 月。在 5～9 月这一期间，黄金的表现持续好于其他商品，对此有几种解释。一种解释与股票在 2011 年春天开始随商品一起调整，并在当年 8 月暴跌这一事实有关。一些资金从正在下跌的股市中撤离并转而投资在黄金上。

你知道吗？

美元在 2011 年 9 月的暴涨最终使黄金价格大幅回调。

另一种解释则和债券收益率在 2011 年的跳水有关。债券收益率的下跌通常会让资金流入黄金市场。黄金的强势表现还有一种解释，即大多数外汇在 2011 年春天与大多数商品一同见顶。

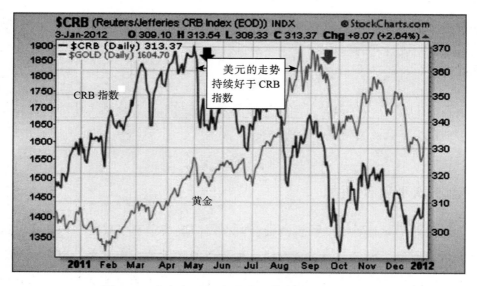

图 11-6 黄金在 2011 年的表现持续好于 CRB 指数

你知道吗？

股票市场走弱通常利好黄金。

你知道吗?

因为黄金是一种非生息资产,不断下跌的利率降低了其他资产的收益率,这也增加了黄金的吸引力。

商品的走势通常与外汇有关系

外汇的走势与美元呈反向变动关系,商品市场也是如此。这意味着外汇与商品的走势通常呈同向变动关系。因此,我们可以同时分析这两个市场的图表,以确定相互之间的走势。有时,一个市场的变动可以警示另一个市场的变动情况。除了美元这一世界的储备货币之外,欧元是世界上影响力第二大的货币。欧元还是美元指数中权重最高的外汇(57%),美元指数测度的是美元与一篮子货币之间的汇率。因此,欧元的走势会对美元的走势产生非常大的影响,欧元的走势同样会对商品市场的走势产生很大的影响。

图 11-7 对欧元与 CRB 指数在 2007 ～ 2011 年 5 年间的走势进行了比较。显然,这两个市场的走势通常呈同向变动关系。图 11-7 中最引人注目的事件是欧元与商品价格在 2008 年年中一同见顶,并一同崩盘(由于美元的大幅上涨)。从 2008 年 7 月的市场顶部开始,欧元的跌幅达 20%(而美元指数的涨幅正好也是 20%)。像澳元与加元这类的商品型货币跌幅更剧,CRB 指数的市值损失过半。

如图 11-7 所示,CRB 指数与欧元在 2009 年年初一同见底,这也开启了商品价格的上涨狂潮,并一直持续至 2011 年。然而,图 11-7 中 2011 年的下指箭头显示,商品价格与欧元在 2011 年春天一同见顶。大多数外汇在 2011 年的春天同时下跌,同时下跌的还有铜、石油等经济敏感型商品,这被视为全球经济走软的一个信号。因此，股票价格也开始下调，在 6 个月内损失了 20%。随着资金从股票中流出并向债券转移，债券收益率也开始大幅下跌。还有些紧张的投资者将资金从铜、石油、股票及外汇中转出，并将其投入黄金。

墨菲小常识

　　随着商品价格大幅下跌，澳元在 2008 年的下半年贬值了 30%。

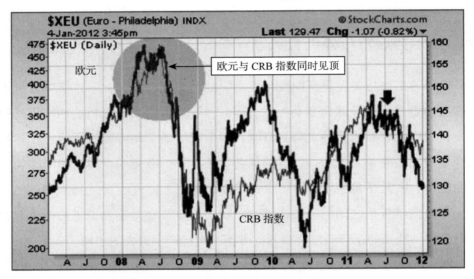

图 11-7　CRB 指数与欧元的走势呈同向变动

你知道吗？

　　商品生产国的货币与商品的走势紧密相连。当商品的走势强劲时，它们的表现也比较好；而当商品价格下跌时，它们也会遭受损失。

你知道吗？

　　欧元在 2010 年上半年急挫，其下跌幅度远超商品价格的跌幅。这是因为欧洲债务危机的影响，这次危机对欧元区货币的影响特别大。在此期间，与商品联系密切的外汇表现得非常好。

黄金的表现超过了欧元

图 11-8 对欧元与黄金价格在 2007 ～ 2011 年 5 年间的走势进行了比较。2007 ～ 2011 年，黄金与欧元之间的关系较弱。我们可以从图中 2008 ～ 2011 年的走势中找到两个明显的案例，来说明这种微弱关系（见图中的圆圈部分）。在 2008 年下半年，尽管黄金同外汇及其他商品一同下跌，但其损失要小得多。即便是在 2008 年下半年的最低点时，黄金的跌幅也只有 CRB 指数的一半。在 2011 年的春天，黄金几乎收复了此前的全部失地，而 CRB 指数仍然下跌了 50%，欧元的跌幅达 20%。从其 2008 年的顶部到 2011 年年末，黄金的涨幅超过了 70%，而欧元的跌幅接近 20%。尽管黄金涨幅惊人，从 2008 年年中的顶部到 2011 年年末，CRB 指数的跌幅达 30%。很明显，如果我们考虑到黄金的强劲表现，看起来黄金远不只有商品一种职能。黄金还有一个额外的职能，即作为纸币的一种替代物。

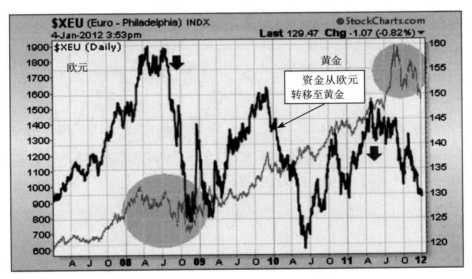

图 11-8 2008 ～ 2011 年，黄金的表现优于欧元

黄金的表现超过了其他商品

图 11-9 旨在显示：无论是在美元走弱还是走强的时期，黄金的表现都远好于其他商品。2007 年之后下方的曲线显示的是美元指数（该指标测度的是美元兑换 6 种外汇的汇率，它是跟踪美元走势的一种非常有用的指标）。上方的曲线是黄金与 CRB 指数之间的比率。该比率的目的在于比较黄金相对于 CRB 一篮子商品指数的表现。2002 ~ 2005 年，当美元下跌时，黄金 /CRB 指数的比率相对比较平稳。然而，从 2006 年开始，黄金 /CRB 指数的比率开始攀升，并一直持续到 2011 年年末。在这 6 年里，黄金的涨幅超过了 200%，而 CRB 指数的价格基本持平。

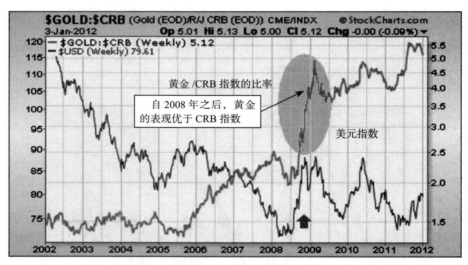

图 11-9　在 2008 年前后，即使美元上涨，黄金的表现也超过了 CRB 指数

图 11-9 中最引人注目的特征发生在 2008 年年中之后（见图中圆圈部分）。从 2008 年年中之后，黄金 /CRB 指数的比率急速攀升至新高。即使美元大幅上涨，该比率仍然持续攀升。随着美元的反弹，在 2010 年上半年与 2011 年的大多数时间里，黄金 /CRB 指数的比率仍然是上涨的。面对美元的强劲走

势，黄金的走势依然强劲，这一情况似乎说明黄金表现卓越的关键原因之一，

在于它是一种替代性货币。当美元上涨
时，其他货币下跌。投资与这些外汇的
资金没有转投美元，而是转向了黄金。
这让黄金扮演了双重角色：既是一种商
品，也是一种替代性货币。

墨菲小常识

    CRB 指数中的某些商品
（如铜与石油）与经济走势的强
弱联系紧密。

黄金相对于外汇的表现

    如图 11-9 所示，在过去的几年中，黄金的表现优于其他商品。黄金的走
势通常与美元呈反向变动关系。这意味着黄金的走势通常与外汇呈同向变动
关系。但黄金上涨的速度与这些外汇并不相同。近期的历史走势显示，黄金
的涨速远超外汇的涨速。

    图 11-10 比较了黄金与世界上最强势的三大外汇在 5 年间（2007 ～ 2011
年）的表现。这 3 种货币分别是日元、
澳元与瑞士法郎，它们相对于黄金的表
现分别绘制在图 11-10 中。这 3 种外汇
均有所升值，但其表现没有黄金那么出
色。在这 5 年里，黄金涨了 150%，日

墨菲小常识

    黄金市场牛市的信号之一是
黄金升值的速度远超外汇。

元涨了 55%，澳元与瑞士法郎分别上涨了 31% 与 29%。图 11-10 的目的只是
为了说明所有外汇在这 5 年里相对于黄金的表现。换言之，黄金不但是世界
上表现最为强劲的商品，而且是世界上表现最为强势的货币。这是黄金具备
了商品与货币的双重角色，也说明了黄金的走势为何与其他商品市场的走势
不完全一致。

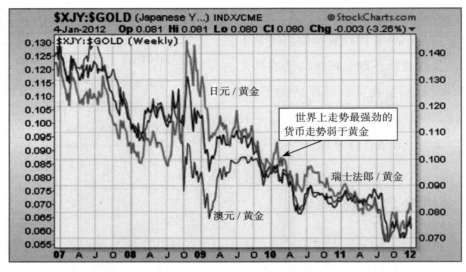

图 11-10　外汇与黄金的走势

美元对其他市场间走势的影响

本章讨论了一种最稳定的跨市场关系，即商品与货币之间的反向关系。本章中的图表旨在说明，这两个市场之间是紧密联系着的，需要一起分析。比方说，一个商品交易者只分析商品走势图，却不考虑美元与外汇的图表，这一行为显得非常草率。美元（及外汇）走势的变化通常与商品价格的变化同时发生。美元走势有时也会率先变化，这也发出了商品价格走势即将发生变化的一个预警信号。

本章还说明了黄金兼具商品与货币的双重角色，因此，其走势与其他任何商品市场的走势都不完全一致。然而，美元的影响远远超过商品价格见底时的影响，而美元走势的影响更为广泛。

在过去的 10 年里，美元、商品及股票之间的联系变得越发紧密，第 12 章将说明，商品与股票之间的联系变得更加的紧密，自 2008 年通货紧缩式崩盘以来尤其如此。因此，美元与股票之间已经发展出了一种直接的反向关系。美元的走势同样会影响到股市中的板块轮动。

比如，第 9 章介绍了始于 2011 年春天的防守型板块轮动，在那时，资金从经济敏感型行业（如原材料与能源行业）中流出，并流入那些防守型板块，如日用消费品、医疗卫生及公共事业板块。美元的上涨促使资金流出商品类股票，并推动商品价格走低。商品相关类股票的下调（意味着经济走弱）促使股票

墨菲小常识

对商品相关类股票的作用，是美元走势对板块轮动产生的最大影响。

同时下调。美元走势也对美国股票相对于外国股票的吸引力产生影响。

在第 12 章你将会发现，与美国境内的股票相比，美元的上涨对外国股票损害更大。这有助于解释外国股票在 2011 年的跌幅为何远超美国股票。美元的上涨还解释了新兴市场国家股票在 2011 年的跌幅远大于发达国家股票市场的原因。新兴市场与商品市场的走势联系更为紧密。因此，当美元上涨导致商品价格下跌时，新兴市场受到的冲击更大。在接下来的两章里，我们将对这一跨市场趋势进行说明。我在这里提到这一趋势的目的仅在于让你认识到，商品与美元之间的反向关系只不过是市场间关系链的一环而已（尽管是重要的一环）。在第 12 章，我们将讨论商品与股票市场之间的紧密联系，我们还将说明，商品价格与商品类股票板块同样密切相关。这些板块包括原材料、能源及贵金属板块。你还会看到，为什么说比较这些股票板块与其对应商品的相对表现是一个好主意。商品相关类股票通常先于商品改变走势。你会看到这一情况是如何在 2011 年春天发生，自那时以来，它又是如何发出其他市场出现的重要变化信号的。

股票与商品变得高度相关

本章讨论的是股票与商品在过去 10 年中（尤其是 2008 年以来）的紧密联系。房地产市场崩盘所带来的通货紧缩效应，让这一关系变得越发紧密。铜会影响股市的走势，白银／黄金的比率也同样如此。白银类股票导致商品价格在 2011 年春天走低，原油的价格则导致能源股价格走低。在 2011 年，商品价格先于股票价格而下跌。商品价格的见顶同样会影响到行业板块轮动。自 2008 年以来，金矿类股票的表现不如黄金的价格。

通货紧缩环境的另一负效应

我们在前面的章节中讨论了发生于 20 世纪 90 年代的两个事件，这两个事件让全球经济步入通货紧缩时代，这也是 21 世纪第一个 10 年的一个重要特征。一个事件是 1990 年日本股票市场的崩盘，这使得日本经济形成了通货紧缩螺旋。

第二个通货紧缩的事件是始于 1997 年的亚洲金融危机，该事件改变了许多关键性的市场间关系，并一直延续至今。其中一条变动的关系是债券与股票价格的**脱钩**。在 1998 年之前，债券价格的上涨利好股票。在 1998 年之后，债券价格的上涨通常会导致股票价格的下跌。

市场间关系所发生的第二个变化是股票与商品市场走势之间的联系越发

紧密。这些市场间关系的变化不禁让人想起 20 世纪 30 年代发生的通货紧缩，在那时，商品价格的上涨对股票来说是利好消息。在 20 世纪 30 年代，政府实际上让美元贬值，其目的在于提振商品价格，减少通货紧缩环境对股票的损害。因此，在 20 世纪 30 年代，股票与商品价格通常是同升同降。

第三个通货紧缩事件是商品价格在 2008 年下半年的崩盘。这也是始于 2007 年的金融危机的直接结果，而金融危机的成因是由次贷危机所引发的房地产市场的崩盘。商品价格下跌并不令人惊讶，令人惊讶的是在如此短的时间里，商品价格的跌幅十分惨重。

商品价格在 6 个月里损失过半

图 12-1 显示的是 CRB 指数在 1980 年以来的 30 年中的走势。CRB 指数在 1980 年见顶，然后在接下来的 20 年中持续下跌。从 1980 年的顶部到 2000 年的底部，CRB 指数共下跌了 46%。在 20 年间，该指数损失了将近一半的价值。在 1997 ～ 1998 年的商品价格崩盘期间（源于亚洲金融危机），CRB 指数下跌了 30%。这 1/3 的损失只用了两年时间。与之形成鲜明对比的是，在商品价格于 2008 年 7 月见顶之后的 6 个月里，商品的价格暴跌了 57%。在 2008 年的下半年里，商品价格在如此短的时间里大幅下跌，引发了人们对另一起通货膨胀螺旋的担忧，也令人将其与 20 世纪 30 年代的大萧条相提并论。

墨菲小常识

在 1929 年股市崩盘之后以及 20 世纪 30 年代的 10 年中，股票与商品之间变得高度相关。

这一通货紧缩恐慌所导致的一个副效应是股票与商品价格之间的相关性变得越发紧密。

图 12-1　在 2008 年下半年，商品价格损失过半

股票与商品的关系自 2008 年之后变得更加紧密

图 12-2 比较了 CRB 指数与标普 500 指数在 2006 ～ 2011 年的走势。就在商品价格于 2008 年见顶之后，这两个市场的走势开始一致（图中圆圈部分）。这两个市场在 2009 年春天一同见底（见上指箭头），又在 2011 年一同调整（见下指箭头）。图 12-2 下方的相关系数线确认了这一紧密联系。在 2008 年之前，这两个市场之间的相关系数在正负值之间来回摆动。然而，在 2008 年的下半年，这两个市场之间的相关性变为正数（见上指箭头），并在接下来的 3 年里维持这一趋势（平均的相关系数约为 0.75）。

股票与商品自 2008 年以来的这种紧密联系，为跨市场分析师提供了重要的启示。这意味着对商品市场的图形分析也可以用来预测股票市场的走势（反之亦然）。因为美元的走势是决定商品价格走势的重要因素，这就意味着美元也能影响到股票市场的走势。然而，不是所有的商品都有着同样的走势。

就其对经济及股票市场的影响而言，有些商品的重要性要高于其他商品。铜就是这样一个非常重要的经济敏感型商品。

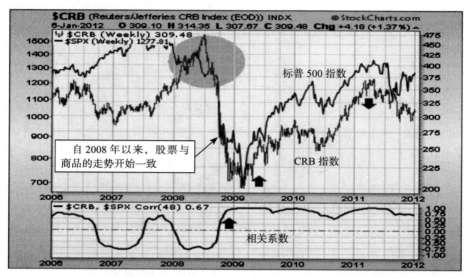

图 12-2　股票与商品之间的联系从 2008 年开始变得紧密起来

铜价影响股票市场的走势

图 12-3 显示，自 2000 年以来，铜价与标普 500 指数开始同向变动。这两个市场在 2001 年同时下跌，在 2003 年同时上涨，在 2008 年同时下跌，又在 2009 年同时见底（见图中箭头）。相关系数线（见图 12-3 下方）显示，这两个市场的相关系数在 12 年中有 10 年是正数（在基准线上方）。只有两年是例外，即 2002 年与 2003 年，在这两年里，铜价先于股票上涨而上涨（原因在于美元的崩盘），在 2008 年上半年，商品价格持续上扬，而股票市场则暴跌。

墨菲小常识

铜价也被看成全球经济走势的晴雨表。

自 2008 年年中以来，这两个市场之间的联系开始变得紧密起来。

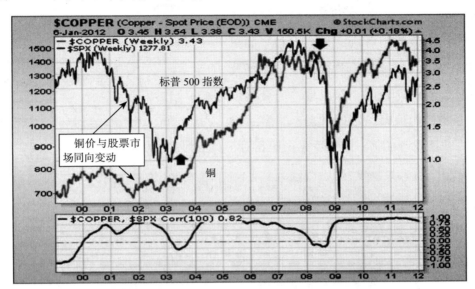

图 12-3　铜价的走势同样会影响股票市场的走势

　　图 12-4 显示，在 2008 年年中以来，铜价与标普 500 指数之间的联系变得更加紧密。实际上，在自那以后的 3 年中，我们简直难以区分这两个市场的走势。这两个市场在 2009 年春天一同见底（图中第一个圆圈部分），并于 2011 年春天一同调整（图中第二个圆圈部分）。图 12-4 下方的相关系数在 2008 年下半年变为正数（见上指箭头），并在自那以后的 3 年中一直保持这一趋势。对股票市场来说，这一紧密联系提供了大量的重要启示。铜通常被誉为拥有经济学博士头衔的商品（铜博士）。铜价上涨意味着经济健康，而铜价下跌则意味着全球经济走弱。（在第 13 章里，我将讨论铜价与中国股市之间的紧密联系，这是因为，中国是世界上最大的铜进口国及消费国。）

　　在前面的章节中，我们说明了黄金的走势与其他商品的走势并不完全一致。部分原因在于黄金扮演着货币及商品的双重角色。黄金的不同表现还因为这样一个事实：当股票市场走弱时，投资者经常买入黄金来避险。当投资

者卖出铜的时候，他们通常买入黄金。这也是分析师绘制出铜价相对于黄金

价格的比率，以确定股票市场走势的原
因所在。该比率背后的理论，在于如果
铜价上涨的速度高于黄金，股票市场及
经济形式就比较好。相应地，当金价的
涨速超过铜价时，这通常是一个警示讯

号。我所发现的另一个比率是白银相对于黄金的表现。

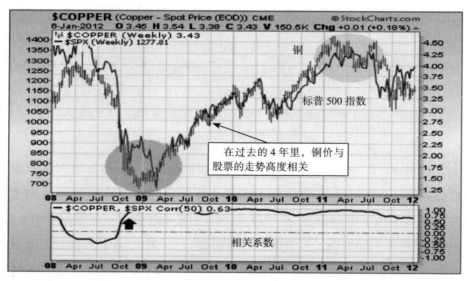

图 12-4　铜价的走势在 2009 ～ 2011 年的变化与标普 500 指数的变化同时发生

白银／黄金的比率影响股票市场

　　尽管白银被认为是一种贵金属，但它也是一种工业金属。而正是其工业
用途让白银能够预测经济走势。通常而言，白银价格的上涨意味着经济走势
强劲，而白银价格下跌则意味着经济疲软。用同样的理论，我们可以比较铜

与黄金的价格，白银／黄金比率的走势还可以用作股票市场的指示器。道理很简单，当白银价格的涨速高于金价的涨速时，通常是利好股市的。相反的是，白银／黄金比率的下跌通常意味着股市走软。

　　图 12-5 比较了白银／黄金比率与标普 500 指数在 10 年间的走势，这 10 年始于商品价格见底的 2002 年。图中显示，当白银价格的涨速高于黄金时（白银／黄金比率上涨），股票市场通常表现得很好。2003 ～ 2006 年即属于这种情况。然而，图 12-5 还显示，白银／黄金比率通常先于股票市场而发生变动。白银／黄金比率在 2007 年年初见顶，在那一年剩下的时间里一直下跌（图中左数第一个下指箭头）。股票市场在 2007 年下半年见顶。在 2008 年金融危机中，这两个市场均告下跌（图中上指箭头）。白银／黄金比率在 2011 年春天见顶，这也预示着股票市场即将调整（图中左数第二个下指箭头）。白银／

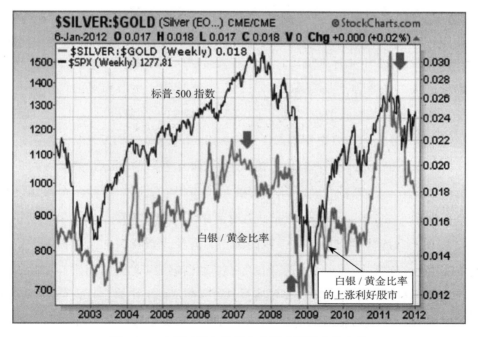

图 12-5　白银／黄金比率也会影响到股市的走势

黄金比率在 2011 年的暴跌是白银价格崩盘的结果，白银的价格暴涨至 50 美元 / 盎司，并试图向 1980 年所形成的历史性高点发起冲击。有趣的是，与白银有关的普通股走势相对疲软，这一现象已经提前发出了白银价格在 2011 年春天见顶的预警信号。

墨菲小常识

　　铜与白银的预测价值是由其工业金属的属性衍生出来的。

2011 年，白银类股票导致商品价格走低

　　商品价格在 2011 年第一季度上涨。然而，有一种商品引起了所有人的注意，这就是白银。在 2011 年的前 4 个月，白银价格暴涨了 40%，这一表现远超其他商品。在这 4 个月里，黄金价格与 CRB 指数的涨幅较为温和，均为 10%。在 2011 年 4 月之前的 6 个月里，白银的价格从 20 美元攀升至将近 50 美元，逼近 1980 年所形成的历史性头部。不幸的是，这一努力最终未果。白银的价格在 2011 年 4 月末见顶，然后在其后的时间里暴跌 40%。白银价格的崩盘导致大多数其他商品市场急剧下挫，最终导致了股票市场的调整。有趣的是，和商品有关的股票价格发出了白银要下跌的一个警讯。

　　图 12-6 比较了安硕白银基金（Silver iShares，简称 SLV）以及银惠顿基金（Silver Wheaton，简称 SLW）在 2011 年前 9 个月的走势。如 4 月附近的下指箭头所示，股票的价格下跌，而商品价格仍在上涨。这让两个市场之间出现**负背离**（negative divergence），表明商品价格即将下跌。当两个高度相关的市场在上升趋势中出现背离，我们称这一现象为**负背离**。银惠顿基金下跌是一个警示，这是因为与商品有关的股票（如白银股）的走势通常与商品的走势相同。当这两个市场（股票或商品）中的一个不再上涨时，这对另一个市场来说通常是一个危险信号。有趣的是，与商品有关的股票通常先于商品而改变走势。白银在 2011 年 4 月的表现即属于此类情况，这在当时非常明显。

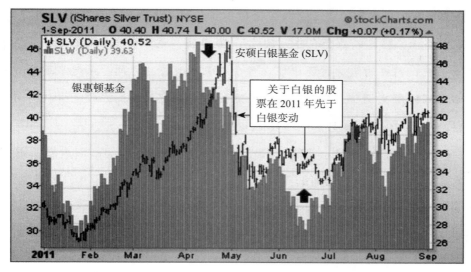

图 12-6 在 2011 年，银惠顿基金两次先于白银发生变动

在上升趋势中，当两个高度相关的市场出现背离时，我们称为负背离。

你知道吗？

SLV 是一只以白银价格为标的的交易所交易基金。

在 2011 年 4 月 26 日，我曾在 Stockcharts.com 网站上发布了一条市场短讯，标题这样写道：

"白银可能逼近 50 美元的历史高位——白银股的走弱也提醒投资者在贵金属上见利抛售。"接下来这段则取自于这条短讯：

白银股走弱：与白银有关的股票已经与商品价格一同上涨。第四幅图表显示了白银价格与 Global X Silver Miners ETF（SIL）在过去 6 个月中存在的紧密联系。然而，在图中的右上方，SIL 未能超越 31 的高点，商品价格则持

> **墨菲小常识**
>
> 当你对任何商品进行图表分析时，分析与该商品有关股票的图表是一个好主意。

续上涨。SIL 在昨天的放量下跌，使白银股与商品之间形成了潜在的负背离。图表 5 显示，银惠顿基金在昨天跌破了 50 日线。该基金自 4 月初以来一直在放量下跌。同样的负背离还出现在黄金与黄金股价格之间。看起来这两种商品都有可能发生调整。然而，白银的涨幅看起来有些过高，投资者极有可能见利抛售。（2011 年 4 月 26 日：StockCharts.com）。

白银的价格在 4 月 28 日触及最终的高点，并在随后的两周内暴跌近 20 美元。SIL 在 4 月 8 日之前的 3 周已经见顶。银惠顿基金也于 4 月 8 日见顶。在这种情况下，白银股的下跌发出了一个早期的信号，即白银股在 2011 年先于白银而发生变动，这预示着白银的高潮已近终结。这一案例说明，在分析某一商品的图表时，最好将其和该商品有关股票的图表进行比较。

在市场顶部及底部时，股票通常先于相关商品而发生变动。图 12-6 显示，银惠顿基金与 SLV 在 5 月一同跳水。然而，股票则在 6 月中旬上涨（见上指箭头），而商品价格直到一个月之后方始上涨。在这两种情况下（4 月的头部以及 6 月的底部），白银股均先于商品而发生变动。白银价格在 2011 年 5 月的跳水让白银／黄金比率急速走低，这也为其他商品市场及股市敲响了下跌的警钟。在 2011 年春天见顶之后的 6 个月里，白银的跌幅达 40%，而黄金价格上涨了 5%。与此同时，CRB 指数与标普 500 指数的跌幅都将近 20%。

你知道吗？

顾名思义，SIL 是一只与白银价格联结型普通股 ETF。

墨菲小常识

商品与商品联结型股票之间出现的任何背离通常都是趋势变动的信号。

商品对行业板块表现的影响

我们已经讨论了白银股是如何与商品价格走势联系在一起的。这一道理对黄金、铜以及能源股也同样适用。如果你交易的是与商品有关的股票市场行业板块，那么，你就有必要知道这些商品的状况（稍后我将说明，商品价格的走势也会影响到非商品类行业板块）。一般情况下，商品价格的走势会影响到与这些商品有关的股票的表现，这些表现包括绝对表现与相对表现。

我们先来看一下相对表现。图 12-7 对石油价格（图中实线部分）和能源 SPDR（XLE）/ 标普 500 指数这一比率进行了比较。2010 ～ 2011 年，这两条曲线的走势是一致的。从 2010 年年中到 2011 年春天，石油价格的上涨促使 XLE/SPX 比率上涨。换言之，在石油价格上涨的这一时期里，能源股是市场领涨股。这两条曲线均于 2011 年春天见顶，然后一同下跌至 2011 年 10 月。在 4 月见顶之后的 6 个月里，石油价格的下跌使能源股的表现弱于标普 500 指数。这也是它的通常表现。石油价格还会对能源股的绝对走势产生影响。

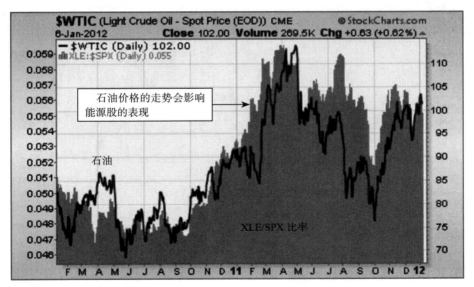

图 12-7　石油价格的走势影响能源股的相对表现

图 12-8 比较了石油价格与能源股 SPDR 的实际走势在同一时期的表现。我们发现，石油价格与能源股之间同样存在着紧密联系。从 2010 年年中到

2011 年春天，这两个市场均告上涨，然后一直下跌至 2011 年的 10 月。在
2011 年第四季度里，这两个市场再度同时上涨。然而，在这种情况下，这
两条曲线见顶的次序与我们之前在白银案例中所讨论的次序有所不同。在图
12-8 中，石油价格在 2011 年 5 月初见顶，然后在整个月中急剧下跌。然而，
能源股 SPDR 直到 2011 年 8 月才开始下跌（距石油价格见顶之后近 3 个月）。
在这种情况下，商品价格引领股票行业板块走低。然而，从一种市场的变动
预示着另一个市场会发出类似的变动这一角度来看，这两种情况所发出的信
号是相同的。当能源股价格在 2011 年夏天下跌时，那些没有意识到石油已经
见顶的能源股投资者会感到非常惊讶。

图 12-8　在 2011 年春天，石油价格先于能源股发生变动

商品价格在 2011 年引领股票市场走低

在 2011 年 5 月，铜、石油及白银等重要商品的下跌对股票市场产生了一

种延迟效应，但这一现象同时说明，股票交易者应密切关注商品价格走势。

自 2008 年以来尤其如此，这两个市场的走势变得更为紧密。图 12-9 对 CRB 指数（价格棒线）与标普 500 指数在 2011 年大多数时间里的走势进行了比较。在

墨菲小常识

> 交易能源股而不分析石油价格走势图，这是十分危险的。

2011 年第一季度，这两个市场同时上涨。然而，商品价格在 2011 年 5 月急速下跌（商品与商品联结型股票的相对表现也同样下跌）。然而，标普 500 指数在接下来 3 个月中的表现要好得多。但是，鉴于这两个市场之间存在的紧密联系，股票投资者应该意识到这样一个预警信号：股票极有可能遭遇大规模的获利回吐。我在 2011 年 5 月发布了这样一条市场信息，题目为："美元反弹为商品增加了更大的压力——铜价的走低暗示着经济的走弱——债券市场将上涨，但股市极有可能下跌。"（2011 年 5 月 5 日，StockCharts.com。）在 2011 年 5 月市场形成头部之后的 6 个月里，股票与商品下跌了 20%。

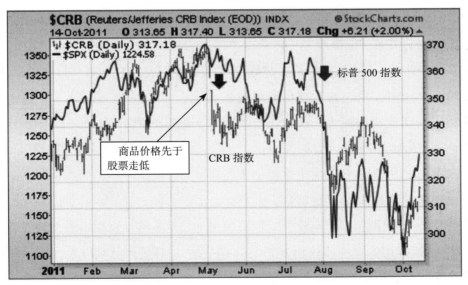

图 12-9　在 2011 年春天，CRB 指数引领标普 500 指数走低

你知道吗?

尽管我们在本章主要关注的是股票市场与商品市场之间的互动关系,在2011年春天的市场转折过程中,美元与债券也起到了关键作用。美元的上涨对股票与商品均属利空,而债券价格的上涨(债券收益率下跌)也暗示经济走弱,股市走低。

商品见顶也影响到市场板块轮动

第9章讨论了始于2011年春天的防守型市场板块轮动。我将在本章回顾第9章的某些内容,以说明商品市场在2011年的见顶也影响到市场板块轮动。

在讨论行业板块轮动时,我们通常指的是股票市场各个行业板块之间的相对表现。测度相对表现的最好方法是使用价格比率。图12-10比较了能源股SPDR(XLE)/标普500指数比率(图中的实线部分)与日用消费品SPDR(XLP)/标普500指数比率(图中阴影部分)。在2011年,这两种比率的走势呈反向变动关系。能源股SPDR的比率在2011年4月见顶,而日用消费品的比率也于此时上涨(见图中箭头部分)。你可能会回忆起我在第9章中的解释,在股市见顶时,资金通常会从能源股板块转向日用消费品板块。这种防守型板块轮动在那时是一目了然的。

我在2011年4月发布了这样一条与行业板块轮动有关的市场信息,题目如下:"……日用消费品及医疗卫生板块的相对表现上涨,这预示着市场即将回调。"这篇报道的第一段中包括如下内容:"……自进入4月以来,原材料与能源板块是表现最好的两个板块。在过去的一周里,能源与原材料板块反而成为表现最差的两个板块。而就在现在,日用消费品及医疗卫生板块逆转成为表现最好的两个板块。这表明……市场情绪日趋保守，这通常表明市场即将回调，或是进入盘整期。"（2011 年 4 月 14 日：StockCharts.com。）

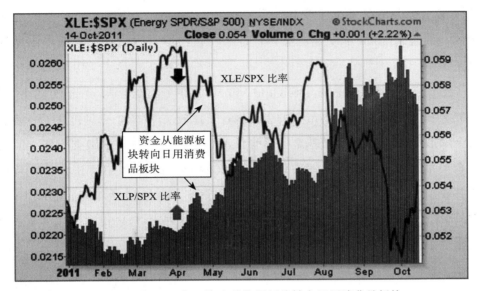

图 12-10　在 2011 年，资金从能源板块转向日用消费品板块

　　2011 年 4 月这篇文章的要点在于：提醒人们商品联结型股票相对表现的下跌不仅是商品及股票市场的一个预警信号，而且告诉大家，市场领涨板块即将发生变化。始于 2011 年的趋势变动，说明商品价格下跌（以及美元上涨）实际上影响到其他所有金融市场，并给我们提供了许多投资策略，使我们能免受这些变化的影响，或从中获利。一个明显的策略是从商品（及相关股票）转换到防守型股票投资组合（该组合仍然支付股息），另一策略则是从股票转移到债券（尤其是国债），再一种策略或许是买入一些黄金。

黄金类股票与黄金

　　正如你所预料到的那样，黄金的走势会极大地影响到金矿类股票的走势

（反之亦然）。然而，这一关系自 2008 年以来已经发生了变化。在 2008 年之前，当金属的牛市来临时，黄金类股票的涨速通常快于金价的涨速。自 2008 年以来，这种情况发生了变化。尽管金矿类股票的走势通常与黄金的走势相同，而且自 2008 年以来走势一直好于大盘，但它们的涨速远低于商品的涨速。

图 12-11 对 Market Vectors Gold Miners ETF（GDX）与黄金的价格在 2002 年开始的商品市场牛市中的表现进行了比较。GDX 是一只包含了一篮子贵金属股票的交易所交易基金。尽管该基金也包含了几只白银类股票，但其持仓大多是黄金公司。从图中可见，从 2002 年开始后的 10 年中，这两条曲线一直上升，而且其表现均远超整个股票市场。在自 2002 年开始后的 10 年中，黄金与金矿类股票的涨幅分别为 484% 与 429%，与之相比，标普 500 指数在这 10 年中的涨幅只有 12%。与往常一样，金矿类股票在这 10 年的前几年中的表现要好于黄金。

GDX 是一只包含了一篮子贵金属股票的交易所交易基金。

墨菲小常识

　　要确定黄金和金矿类 ETF 的涨速哪个更快一些，最好的一种方式是使用简单的相对强度比率。

图 12-11 底部的曲线绘制的是 GDX 与黄金价格的比率。金矿股 / 金价比率实际上从 2001 年就开始上升了，并一直上升至 2006 年。这种现象十分常见，因为金矿类股票通常会在一轮新牛市的初期阶段引领黄金价格走高。然而，这一关系在 2008 年发生了很大的变化。金矿股 / 金价比率在这一年中暴跌，其中金矿类股票下跌了将近 30%，而黄金价格的走势相对比较平稳。这一比率还显示，自 2008 年开始，金矿类股票的走势基本与黄金的价格走势相一致。它们在 2009 年的表现略好于商品，但在 2011 年的表现不如商品。金矿类股票的表现不如黄金，至少有这么几个原因。

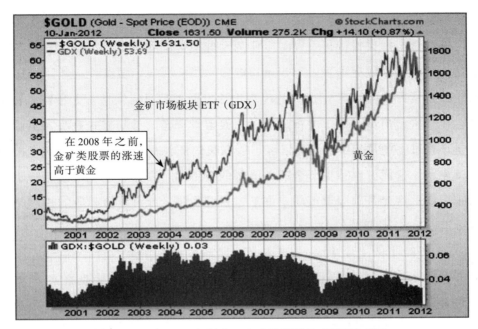

图 12-11 自 2008 年以来，金矿类股票的表现不如黄金

你知道吗？

标普 500 指数的跌幅比金矿类股票的跌幅还大，损失达 36%。

金矿类股票属于股票的一种

自 2008 年以来，金矿类股票的走势落后于黄金价格的一个原因是：金矿类股票属于股票的一种。的确，它们的走势与黄金的价格有关，并且受益于金价的上涨，但是，它们还是普通股股票。因此，金矿类股票还受到股票市场走势的影响。当股票市场走弱时，金矿类股票也会下跌。这或许可以解释金矿类股票为何在 2008 年的跌幅远大于商品。它也同样能解释黄金类股票在 2011 年的表现为何不如黄金，受困于欧洲债务危机，股市在 2011 年的波动性异乎寻常的大。

投资者与中央银行行长以黄金作为全球债务问题及世界经济走弱的对冲工具，这看起来颇有道理。每当纸币的吸引力下降时，黄金作为货币的属性也让其吸引力大增。黄金 ETF 的出现也让投资者与机构交易者更容易交易商品。在过去，当黄金处于上行通道时，股票投资者的参与方式是买入金矿类股票。在过去的几年中，他们已经可以在纽约证券交易所通过 ETF 来直接购买黄金了。这或许也减少了金矿类股票的吸引力。要让金矿类股票相对于商品的表现重现光芒，股票市场或许需要再度走强。或许，金矿股的相对弱势也可能是一个初期的信号，预示着下一个 10 年可能不像上个 10 年那样对黄金类资产那么有利了。不管怎样，对黄金交易者来说，密切关注金矿类股票仍然是一个好主意（反之亦然）。

墨菲小常识

黄金 ETF 让股票交易者更容易交易黄金了，可能还降低了金矿类股票的吸引力。

黄金类股票在 2011 年的表现不如黄金

图 12-12 对 Market Vectors Miners ETF（GDX）与黄金价格在 2011 年的走势进行了比较。由图中可知，这两条曲线的波峰及波谷通常同时出现。然而，我们还会发现，黄金在 2011 年的表现要优于黄金类股票。从 2011 年年初到 8 月末，黄金的价格上涨了 35%，而黄金类股票的涨幅连金价涨幅的一半都不到（15%）。

金矿类股票在 2011 年 9 月的跳水（原因是美元的大幅上涨及股票市场的下跌）最终让黄金的价格回调。在 2011 年，黄金价格上涨了 15%，而金矿类股票下跌了 11%。在 2012 年年初，这两个市场试图收复失地。通过比较黄金与金矿类股票自 2008 年以来的表现，我们可以得到如下几条经验教训。

图 12-12　比较黄金与金矿类股票在 2011 年的表现

一条经验是它们仍然呈现同向的走势。黄金类股票仍然为那些保守的投资者提供黄金市场的参与方式；另一条经验是这两个市场仍然同时发生变动。

黄金的上涨通常对金矿类股票产生正向
的影响，而金矿股的变动也会对金价产
生影响。图 12-12 中左数第一个上指箭
头显示，金矿类股票在 2011 年初期与
金价一同上升；下指箭头则显示，这两
个市场在 2011 年 9 月一同下跌。然而，

墨菲小常识

　　如果金矿类股票与金价走势
呈同向变动，那么金价的上升
趋势较强。

图 12-12 中最引人注意的部分是 5 月与 7 月所发生的事情。

2011 年 7 月，黄金与金矿类股票重新建立联系

图 12-12 下方的相关系数曲线显示，在 2011 年的大多数时间里，黄金与

金矿类股票呈现出正的相关性。然而，这条相关系数线从 2011 年 5 月开始急速下跌，而金矿类股票的跌幅更大，这让两个市场呈现出罕见的**负相关性**（见图中方格部分）。这些负相关性通常不会持续很长时间，这一次也不例外。相关系数在 7 月初由负转正，这也让黄金及金矿类股票发动了一轮强劲的上攻行情。尽管黄金类股票的走势有时会滞后于黄金，但是，当黄金类股票的走势与黄金一致时，黄金的表现通常好于黄金类股票。

美元的走势也会影响到外国股票

始于 2011 年春天的所有这些趋势变动都是随着美元的升值（及外币的贬值）发生的。这对商品资产及股票市场产生了负面影响。然而，在 2011 年，美元的升值还对外国股票产生了极大的负面影响。一般说来，在美元升值时，外国股票的表现一般不如美国股票，对外国股票的 ETF 来说更是如此。这也有助于解释外国股票为何在 2011 年的表现远不如美国股票。在第 13 章中，当我们将跨市场分析扩展至外国市场时，我将对这些全球趋势加以说明。

股票与美元

本章研究了美元与股票市场之间存在的历史联系。在过去的 10 年中，这两个市场的走势通常呈反方向变动关系。这主要是由于商品与股票之间一直呈正相关性。美元的走势还会对外国股票相对于美国股票的吸引力产生影响。商品的走势与新兴市场联系紧密。中国可以对铜及美国股市的走势产生影响。欧元下跌对欧洲股票的影响要大于美国的股票。外国股票指数从 2010 年的低点处反弹，上升态势不改。加拿大在全球市场间关系中扮演了重要角色。如何将美国纳入外国股票投资组合，我们也对此做了说明。

股票与美元之间存在着微弱的历史联系

美元与股票市场之间的联系是我研究的市场间关系中稳定性最差的一种。从历史上看，股票在美元走弱及走强时均表现得很好。在出版于 2004 年的跨市场分析相关著作中，我建议从商品市场中过滤掉美元对股票的影响。比如，美元的下跌如果导致商品价格的剧烈上涨（正如 20 世纪 70 年代所发生的那样），这对于股票是利空消息。只要商品价格的上涨不会产生通货膨胀问题，美元的下跌就可以和股票价格的上涨同时存在。同时，只要商品价格不陷入通货紧缩陷阱（就像 1998 ~ 2000 年所发生的那样），美元的上涨也可以和股票价格的上涨并存。

你知道吗？

我们还可以这样说：只要美元贬值的通货膨胀影响并未将利率推高（这通常是商品价格上涨的结果），美元的贬值就不是什么大问题。

股票与美元的长期比较

图 13-1 比较了美元与股票市场在 1984～2012 年的表现。从这幅图中你马上能发现这样一件事：这两个市场间并不存在稳定的联系。我们在前面的章节中指出，美元在 20 世纪 70 年代的下跌对于股票是一个利空，因为商品价格的上涨导致通货膨胀螺旋，使债券与股票的价格下跌。1980 年的美元大底，刺破了商品价格泡沫，这也促成了债券与股票市场在 1981 年与 1982 年的大牛市。在 1980 年见底之后，美元持续上涨了 5 年并于 1985 年见顶（图中左数第一个下指箭头）。1985 年的美元跳水源自《广场协议》（Plaza Accord），这是一份由 5 个国家签署的协议，目的是让美元贬值。美元在接下来的 7 年里一直下跌，直到 1992 年方才停止。在此期间，股票一直上涨。美元从 1995 年开始上涨，再一次上涨了 7 年之后，于 2002 年停止上涨（见图中上指箭头）。在此期间，股票也持续上涨。

然而，要说美元在这 20 年中对股票市场没什么负面影响，这也过于草率了。这是因为商品价格被纳入跨市场分析。美元在 1986～1989 年的下跌导致商品价格剧烈上攻，这也促成了股票在

墨菲小常识

你需要从商品市场中过滤掉美元对股票市场的影响。

1987～1990 年的熊市（见图中左数前两个圆圈部分）。1994 年的股票熊市发生在另一次美元下跌，商品价格上涨之后（图中左数第三个圆圈部分）。美元在 1997 年的急剧蹿升（源于亚洲金融危机），将商品价格推至 20 年来的历史

低点，这也影响了全球股票价格。然而，我们在本章主要关注的是 2002 年之后 10 年间所发生的事件。如图 13-1 中的垂直线所示，在这一年里，股票与商品之间的相关性变为负值。这也是我在本章的分析起点。

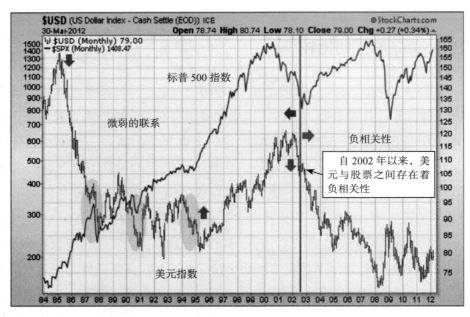

图 13-1　股票与美元之间的长期比较

股票与美元变得负相关

图 13-2 显示，自 2002 年以来，美元与标普 500 指数的走势呈反向变动关系。你可能会回忆起我们在前面章节中所提到过的，美元在 2002 年的下跌导致商品价格大幅度上涨。股票在 2002 年第四季度触底，并在 2003 年春天转头向上。股票与美元之间的反向关系始于 2002 年第四季度，但直到 2003 年春天才成为主要因素（见图中圆圈部分）。从 2003 年春天到 2011 年年末，这两个市场之间的走势呈反向变动关系。2003 ～ 2007 年，股票市场的上扬

伴随着美元的下跌。美元在 2008 年见底的同时，股票市场也开始崩盘（见图中箭头部分）。当股票在 2009 ～ 2011 年上涨时，美元在下跌。如图 13-2 中下方的相关系数线所示，这两个市场在过去的 10 年中呈现出负相关性。我认为，股票与美元之间的反向关系大部分可以通过商品市场来解释。

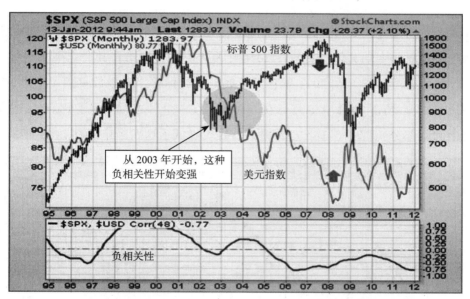

图 13-2　在过去 10 年中，股票与美元走势呈反向变动关系

商品对美元 – 股票关系的影响

　　在本章前面，我曾建议将美元对股票的影响过滤出商品市场。一旦在跨市场分析中加入商品的因素，股票与美元之间的关系就更有意义了。在前面的章节中，我们说明了过去 10 年间全球对通货紧缩的关注导致股票与商品价格之间的关系变得更加紧密，自 2008 年以来尤其如此。由于商品与股票在过

去 10 年里保持着一种反向关系（而商品与股票之间呈正相关关系），按理说，股票与美元之间应该也呈反向关系（换言之，股票与商品均与美元呈反向关系）。这也意味着，只要股票与商品之间的正向关系没有减弱，美元与股票之间就应当保持一种负的相关性。

2011 年，美元的见底让股票下跌

图 13-3 比较了美元与股票在 2010 年与 2011 年的走势，这两个市场之间的走势呈反向变动关系。美元在 2010 年夏天见顶使股市在其后走高。

与之相反，美元在 2011 年春天见底，同时标普 500 指数见顶（见图中箭头）。股票市场在 2011 年 8 月崩盘，而美元在 1 个月之后实现了向上突破（见图中圆圈部分）。图 13-3 下方的相关系数线确认了这两个市场在 2011 年的负

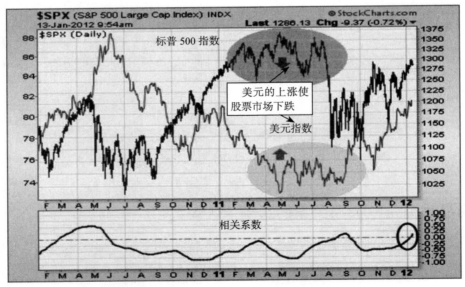

图 13-3　美元在 2011 年的上涨促使股票市场见顶

相关性。随着这两个市场同时上扬，它们的相关系数在 2012 年年初由负转正

（见图中圆圈部分）。然而，美元的反弹更多与欧元的弱势有关，而非美元实际走强。

美元对外国股票产生影响

本章主要有 3 个目标。第一个目标是讨论美元走势对美国股票市场的影响，这个目标已经实现了。第二个目标是证明全球市场是高度相关的。换言之，它们同涨同跌。这也是美国投资者需要知晓外国市场状况（而外国投资者也应该知晓美国市场的状况）的原因。外国市场的走势对美国股市的走势有着很强的影响。然而，尽管全球股市同升同降，并不意味着它们具有相同的涨跌速度。有些市场涨得比别的市场快，而有些市场跌得比别的市场快。其中大多有美元的身影。本章第三个目标，在于证明美元对外国股票相对于美国股票的表现产生的重大影响。

与美国股票相比，美元的上涨给外国股票造成的损失更大

美国投资者必须做出一项决策，即将多少资金配置在外国股票上。要想做出正确的决策，跟踪美元的走势是十分重要的。美元下跌利好外国股票，而美元上涨则利好美国股市。图 13-4 显示了这一规律自 2000 年以来的表现。价格棒线显示了美元指数的走势，实线显示的是 MSCI 世界股票市场指数（不包括美国）与标普 500 指数的比率。该比率显示的是外国股票相对于美国股市的表现。

MSCI 世界股票市场指数（不包括美国）包括了 10 个最大的外国发达国家及新兴市场国家。

注意图 13-4 中两条线的走势相反。2002 ～ 2008 年，随着美元下跌（见图中箭头），外国股票的表现优于美国股票（比率上升）。然而，从 2008 年开始，美元的走强让外国股票的表现比美国股票更差，这也导致美元的贬值利好国外股票，比率下跌（见图中箭头）。外国股票的弱势表现在 2011 年尤其明显。尽管标普 500 指数在 2011 年年末的表现基本平稳，外国发达证券市场（北美以外的国家）的损失将近 12%，而新兴市场的跌幅更是高达 18%。

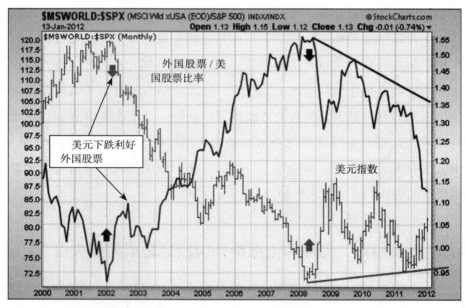

图 13-4　自 2008 年以来，美元的上涨对外国股票的伤害要大于美国股票

在某种程度上，新兴市场在 2011 年所遭受的这场大损失与商品市场的下跌有关，而这又和美元在这一年中大多数时间里的强势表现有关。

墨菲小常识

美元的升值导致商品市场走弱，这又使与商品有关的新兴市场下跌。

商品与新兴市场之间也存在联系

市场间关系存在着另一个经验法则，即新兴市场与商品价格之间也存在联系。这方面的两个重要范例来自巴西与中国。因此，这两个市场的走势不但会影响到商品市场的走势（反之亦然），而且这两个市场彼此之间也是紧密相连的。如图 13-5 所示，安硕巴西基金与中国基金在 2011 年春天同时见顶（此时美元见底），截至 10 月，这两个市场的跌幅均达到 30%。图中的实线说明的是这两个市场对 CRB 指数的影响，后者的损失有 20%。它们之所以有影响力，部分原因在于其规模。巴西与中国是世界上最大的两个新兴市场国家。然而，它们对商品价格的影响（以及彼此之间的相互影响）源于其在国际分工中不同的角色。巴西是世界上最大的商品出口国，而中国则是世界上最大的商品进口国。巴西的商品大多数会出口到中国。这也让中国成为全球商品需求的最大驱动力。

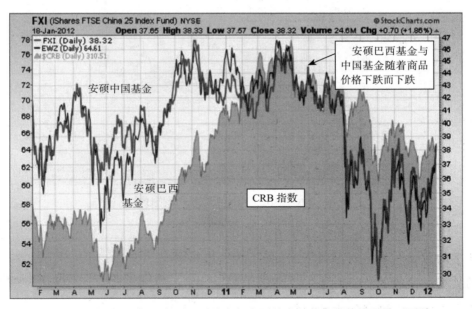

图 13-5 在 2011 年，安硕巴西基金与中国基金随着商品价格下跌而下跌

中国影响到铜价的走势

前面的章节中提到了中国对铜价的影响。从图 13-6 中可以清楚地看到这一影响，该图比较了安硕中国基金（FXI）与铜价在 2008 ~ 2012 年的表现。很明显，这两个市场是同升同降的。在它们于 2009 年年初同时见底（见图中圆圈部分）之后，这两个市场又一同上涨至 2010 年年底。中国市场在 2010年第四季度见顶，而铜价在几个月之后见顶。中国市场率先下跌这一事实证明了跨市场分析的一个优势：如果两个市场高度相关，那么当一个市场下跌时，这通常是另一个市场也将下跌的一个初期预警信号。这也让安硕中国基金成为铜价的一个领先指标。

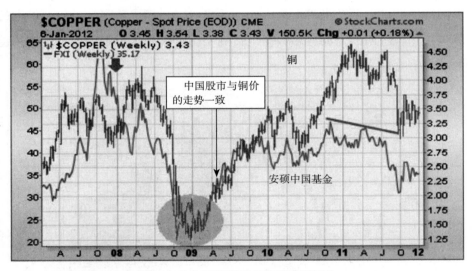

图 13-6　中国股票的走势影响到铜价

中国股市先于铜价下跌也有着经济学上的意义。为应对通货膨胀问题，中国央行开始收紧货币政策。这导致中国股市走弱。中国经济由此放缓，这也减

墨菲小常识

铜价受中国经济报告的影响极大。

少了对全球商品的需求，包括对铜的需求。这也说明了商品交易者要密切关注中国股票市场的原因，即中国股市的走势对铜这样的商品的价格产生了极大的影响。我们在前面的章节中已经说明，铜价与美国股市之间存在着紧密联系。由于中国股市影响到铜价，它也同样会影响到美国股市。

中国股市影响标普 500 指数

由图 13-7 中可知，安硕中国基金与标普 500 指数之间存在着一种更直接的联系。这两个市场在 2007 年一同见顶，在 2009 年一同上升，然后又在 2011 年一同下跌（见图中圆圈部分）。但中国基金先于标普 500 指数几个月，于 2008 年年末见底，然后又于 2011 年先于标普 500 指数几个月见顶。这也是外国股市图表分析的重要性所在。

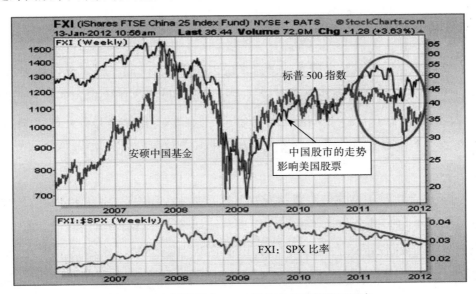

图 13-7 中国股市在 2011 年的表现不如美国股市

这一点对中国这样的重要国家尤为重要。图 13-7 下方的比率是安硕中国基金（FXI）与标普 500 指数之间的比值。该比率测度了这两个市场之间的相对表现。根据这一比率，可以知道中国市场在 2006 年与 2007 年年初的表现优于美国股市，在 2008 年的表现不如美国股市，而在 2009 年的表现再度超过美国股市。该比率还显示，从 2010 年年底第四季度开始到 2011 年年末，中国股市的表现不如标普 500 指数（见图中的趋势线）。

因为中国对全球经济的影响如此之大，我们可以有把握地说，如果中国股市引领全球股市上涨，那么世界上其他国家的情况也将变得更好；如果中国经济不再领涨，全球股市也将黯然失色。

墨菲小常识

当市场趋势向上时，新兴市场的涨速通常快于全球其他市场；而当市场趋势向下时，其跌速也更快。

欧洲也很重要

欧洲发生的情况对全球其他国家来说也同样重要，这些国家也包括美国。2011 年所发生的情况清楚地说明了这一点，众多欧元区国家爆发的债务问题（以及希腊违约的威胁）推动欧元价格急速走低。欧元的跳水是美元在 2011 年走高的一个主要原因。尽管全球市场在 2011 年均有所下调，但欧洲受到的影响最大。

图 13-8 比较了欧元的走势与安硕 EAFE 基金（EFA）/ 标普 500 指数的比率。安硕 EAFE 基金包括了欧洲、澳大利亚以及远东国家的市场。然而，欧洲占该基金的权重最大（57%）。其中所占权重最大的国家是英国（22%），其他的 35% 分配给了其他欧洲股票。因此，如果你看到欧元的贬值对安硕 EAFE 基金产生了一种负面影响，也不必感到惊讶。

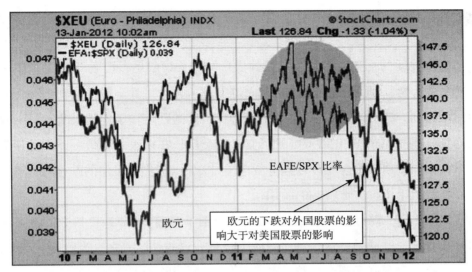

图 13-8 　EAFE/SPX 比率的下跌原因在于欧元的下跌

你知道吗？

欧洲在 EAFE 指数中所占的 57% 权重与欧元在美元指数中所占的权重完全一致。

图 13-8 中这两条曲线之间的紧密联系清晰可辨。在 2010 年上半年（欧元在此期间下跌）及 2011 年欧元再次下跌时（见图中圆圈部分），EAFE 指数的表现均不如美国股市。从 2011 年 4 月末到 10 月，安硕 EAFE 基金跌幅达 25%，而标普 500 指数的跌幅为 19%。EAFE 指数中两个最大的国家，德国与法国的跌幅分别超过 30%（而意大利的跌幅高达 38%）。尽管全球的证券市场在 2011 年这 6 个月中均告下跌，但欧元的贬值使得欧洲股票的跌幅比美国股票的跌幅大得多。

墨菲小常识

外国的问题通常会将全球资金驱赶到美国资产中来，如美元、美国国债及美国股票等。

货币的走势对外国 ETF 的影响更大

尽管美元的上涨会让外国股票的表现弱于美国股票，但它对外国 ETF 的影响更大。外国股票 ETF 在两个方面遭受打击，一是外国股票会随着该国货币一同走弱，二是美元的上涨会导致外国 ETF 的跌速快于本地现货市场。这是因为外国股票的 ETF 在美国股票交易所交易，并以美元报价。外国股票市场以其本国货币标价。一种以强势货币（如美元）标价的实体的跌速将快于一种以弱势货币（如欧元）标价的实体。

如图 13-9 所示，欧元的走势与安硕法国基金与法国 CAC 指数的比率之间存在着紧密的联系。这两条曲线的走势是一致的。换言之，当欧元上涨时，安硕基金的表现好于现金指数（比率上升）；而当欧元下跌时，安硕基金的表现更差一些。从 2011 年春天的市场顶部到 2012 年的 1 月，欧元下跌了 12%。

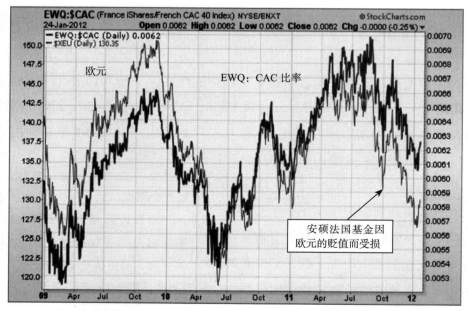

图 13-9 欧元的下跌对安硕法国基金的损害要大于对 CAC 指数的影响

在这 9 个月的欧元疲软期内，安硕法国基金损失了 26%，法国股票的 CAC 指数下跌了 20%。安硕基金的较大跌幅是弱势欧元的直接结果。这一规律也适用于欧元上涨的情况。欧元（或任何其他货币）的上涨将导致其股票 ETF 比现货市场涨得更快。

安硕法国基金在 2010 年获得支撑

安硕基金与其相关的股票现货指数之间存在着差异，这一差异具有很重要的图表分析意义。这是因为外汇走势的效果被安硕基金直接过滤掉的更多。因此，外国股票 ETF 通常能更好地描述外国市场的走势。这对美国投资者尤其重要，因为他们受到美元走势的影响更直接。

图 13-10 比较了安硕法国基金与 CAC 指数自 2009 年年初到 2012 年的表现。在 2010 年上半年，这两个指数均随欧元一同下跌。在 2011 年的第二次欧元危机期间，这两个指数第二次下跌。然而要注意，安硕法国基金位于其 2011 年低点之上（见图中趋势线），而 CAC 指数却跌至前期支撑位之下。**支撑位**（support level）指的是前期的调整低点。这两幅图给出了相互矛盾的信息。CAC 指数的破位对法国市场来说是一个消极信号。然而，安硕法国基金反弹至支撑位之上，这对法国市场来说是一个积极的信号。对一家标的物为欧洲货币联盟国家（EMU）股票的区域性 ETF 来说，对支撑位的成功试盘会产生积极影响。

墨菲小常识

如果外国股票市场上升，而该国货币也升值的话，美国投资者就会因此获得双重收益。

支撑位指的是前期的调整低点。

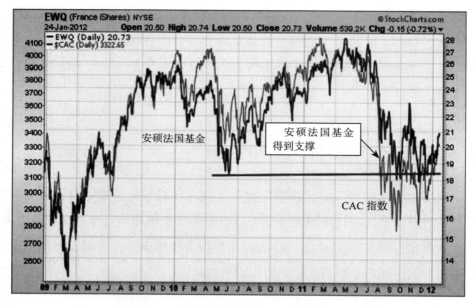

图 13-10　安硕法国基金与 CAC 指数的比较

你知道吗？

安硕德国基金与西班牙基金也站在了 2010 年春天的前期低点之上。

安硕 EMU 基金与欧元背道而驰

图 13-11 对欧元（实线部分）与安硕 EMU 基金的表现进行了比较。跨市场分析可以通过比较欧元（实线部分）与安硕 EMU 基金的表现来实现，图 13-11 就是这种分析方法的一个范例。

图 13-11 中有两点值得注意。一是安硕 EMU 基金从 2010 年夏天所构筑的支撑位处反弹（见图中箭头部分）。这一点很重要，因为 EMU 区域是 2011 年欧洲债务危机的发源地。EMU 基金在支撑位之上，这让人们对欧元债务危机受到遏制的希望大增。

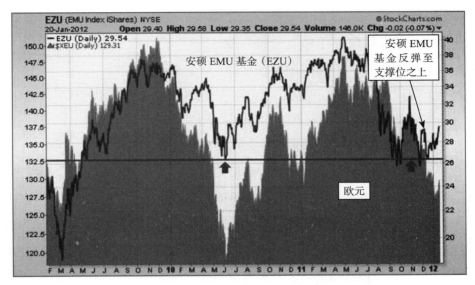

图 13-11　安硕 EMU 基金与欧元之间出现了底背离

图 13-11 还显示，这两条曲线在 2009 年与 2012 年的走势是同升同降的。它们在 2010 年年中一同见底（图中左数第一个上指箭头）。在图 13-11 的右上方，图中显示安硕 EMU 基金反弹至支撑位之上，而欧元持续下跌至 2012 年年初。这也让两条曲线之间形成了一种**底背离**（positive divergence）。安硕 EMU 基金站在 2010 年的调整低点之上，这表明对欧元出现了过度抛售。

你知道吗？

摩根士丹利 EMU 指数包含了欧元区 10 个国家的股票，其中权重最大的两个国家分别是法国（31%）与德国（29%）。

墨菲小常识

当一个市场开始上涨而另一个与其正相关的市场仍然下跌时，就出现了底背离。

EAFE 指数与安硕新兴市场基金在 2011 年年末企稳

对那些想投资于外国市场的投资者来说，有两个指数最为流行，即安硕

EAFE 指数基金（EFA）以及安硕新兴市场指数基金（EEM）。如前所述，摩根士丹利 EAFE 指数持有 10 个全世界最大的发达市场的股票，这些国家位于欧洲、澳大利亚以及远东地区。

墨菲小常识

这些图表分析规则适用于全世界所有的市场。

图 13-12 绘制了这两只外国指数基金自 2009 年以来 3 年的走势图。显然，这两只指数基金的走势通常呈同向变动关系（这也支持了跨市场分析有关全球股票市场高度相关的假设）。发达市场指数及外国新兴市场指数站在了 2010 年春天低点之上（见图中阴影方格部分）。这两只指数基金都需要保持其在 2012 年的战果，并对 2011 年年末形成的底部进行确认。至少，这两只 ETF 不想跌破 2011 年的前期低点。如果做不到这一点，这将对全世界股市产生极大的不利影响，美国市场也不例外。

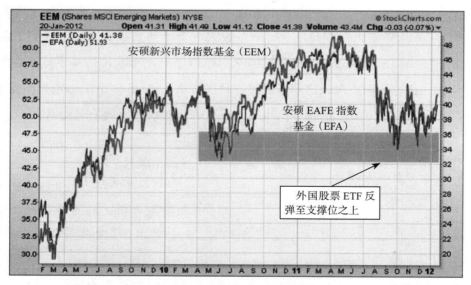

图 13-12　外国股票 ETF 反弹至 2010 年的支撑位之上

别忘了加拿大

如果你想寻找国外的投资机会，有一个国家经常被忽略，它就是加拿大。这看起来不是一个好消息，因为加拿大是世界上表现最好的市场之一。在过去的 10 年里，加拿大股市上涨了 60%，而标普 500 指数的涨幅只有 14%。加拿大是美国最大的交易伙伴，这也能解释加拿大的股票市场为何与美国的股市高度相关。加拿大的股市与该国货币及商品市场的走势之间的联系也十分紧密。这也让加拿大在全球跨市场趋势分析中拥有独一无二的地位。

加元与欧元

加元是美元指数中与欧洲无关的两个外汇之一。欧元在美元指数中的权重是 57%，另外 23% 的权重分配在英镑、瑞典克朗与瑞士法郎中。欧洲的货币占美元指数的 3/4。日元（13%）与加元（9%）是仅有的两种非欧洲货币。这

墨菲小常识
加元受商品走势的影响更大。

让加元具备了测度非欧元走势的职能，我们可以从中了解一些不同于欧元的东西。

图 13-13 比较了加元与欧元在 2009 ～ 2012 年的走势。尽管这两种货币的走势通常呈同向变动，但其相对盈亏呈现出较大的差异，最大的两次偏差发生在 2010 年与 2011 年（见图中左边圆圈部分）。从 2009 年第四季度到 2010 年年中，欧元的损失达 20%，而加元的跌幅为 6%。从 2011 年春天到该年年末，欧元的跌幅两倍于加元的跌幅（13% 与 6%）。然而，这两种货币通常同时上涨。欧元在 2010 年夏天的上涨终止了加元的小幅回落，然后一直上涨至 2011 年，在 2011 年春天，这两种货币又双双见顶。

图 13-13　加元的表现好于欧元

在图 13-13 的右上方，你会发现加元（上边的线）在 2011 年第四季度见底，以一种上扬的趋势进入了 2012 年，而欧元却持续下跌。这让两种货币之间出现了较大的背离。如果加元在 2012 年的反弹态势持续下去，这表明欧元也将上涨。无论其走势如何，在 2012 年，加元都将对其他几个市场产生影响。

加拿大市场与商品

加元的走势对加拿大与美国的股票及商品市场有着重要的影响。从历史上看，加拿大股票市场与美国股票市场之间存在着紧密联系，加元与加拿大股票市场之间也存在着紧密联系，而这两者

墨菲小常识

加元的走势包含了与全球货币、股票及商品走势有关的大量信息。

与商品市场的联系也十分紧密。加拿大是世界上最大的资源出口国之一。多伦多股票指数的半数由生产能源与原材料的加拿大公司组成。因此，这 3 个市场之间是高度相关的。

图 13-14 中的两条实线展示的是加元与安硕加拿大基金（EWC）从 2008 年到 2012 年年初的走势。显然，两者间的联系十分紧密。如图 13-14 中的实线所示，CRB 指数通常与加元及加拿大股市的走势呈同向变动关系。它们在 2008 年一同下跌，在 2009 年年初一同见底，然后又在 2011 年春天一同上涨。随后，这 3 个市场又一同回调。在 2011 年第四季度，这 3 个市场齐齐见底，然后一同稳步迈向 2012 年。图 13-14 中这 3 个市场之间存在的紧密联系，让加拿大成为全球股票、商品及货币走势的一个重要指示器。下注加拿大股票，就等同于下注全球股票市场，同时也是对全球商品市场的未来走势下注。加元的升值将对这些走势构成强有力的支撑。

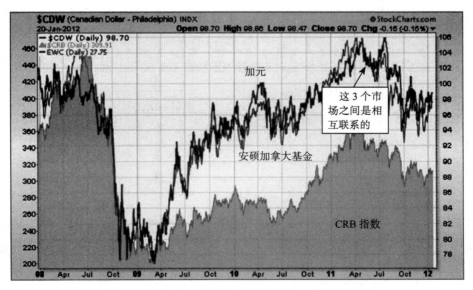

图 13-14　加拿大市场与商品之间存在着紧密联系

你知道吗?

澳元是另一种与商品联系紧密的货币。澳大利亚位于环太平洋地区,中国也位于这一区域,也是澳大利亚商品的一个大买家。全球交易者将澳元的走势看成是这一地区市场走势的指示器。

如何将美洲纳入你的外国投资组合

对那些想投资国外市场的投资者来说,他们可以使用安硕 EAFE 指数基金与安硕新兴市场指数基金的某种组合。然而,有一些外国基金也提供多样化投资的一站式交易方式。在这些基金中,我最中意的是先锋富时美国以外环球指数基金(VEU)。

VEU 包括的股票来自 46 个发达国家及新兴市场国家。该基金的一个主要的好处在于其包括了加拿大(安硕 EAFE 指数基金不包括加拿大)。VEU 持仓中的第二大权重股就是加拿大(7%)。VEU 的第二个好处是它将 25% 的权重分配给了新兴市场,其中包括分配给巴西的 4% 权重。通过将全世界最大的发达国家与新兴市场国家组合起来,VEU 为投资者提供了一个更全面的发达国家市场投资组合,一种更保守的新兴市场投资方式。

墨菲小常识

在一只外国股票投资组合中加入某些新兴市场股票是一个好主意。

图 13-15 比较了 VEU 与安硕 EAFE 指数基金及安硕新兴市场指数基金自 2009 年以来的走势。如图所示,VEU 的走势介于其他两个市场之间。从 2009 年年初到 2012 年年初,安硕新兴市场指数基金的表现最为强势(涨了 77%),而安硕 EAFE 指数基金的涨势最弱(涨了 27%),VEU 介于其他两个市场之间(42%)。

图 13-16 展示了两个原因,说明安硕 EAFE 指数基金在这 3 年中的表现

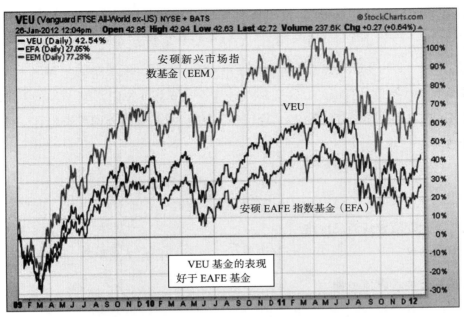

图 13-15　安硕 EAFE 指数基金及安硕新兴市场指数基金与 VEU 之间的比较

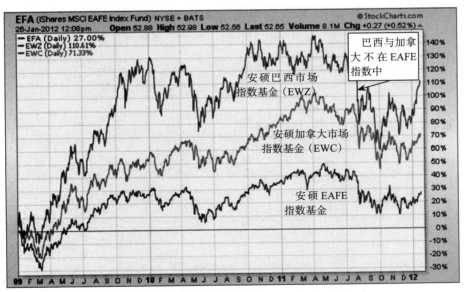

图 13-16　巴西与加拿大市场的表现好于安硕 EAFE 指数基金

为何不如 VEU。自 2009 年以来，全世界表现最好的两个国家是巴西（涨了 110%）与加拿大（涨了 71%）。安硕 EAFE 指数基金并未包括这两个国家。另一只外国 ETF 也与 VEU 提供了一样的选择，该基金就是 MSCI 世界股票市场（不包括美国）指数基金（ACWX），在这 3 年中，ACWX 的表现好于 EAFE 基金，但落后于 VEU。没有理由将美洲从你的外国投资组合中排除出去。

自　测

1. 美元贬值导致商品价格_____。
　　a. 上涨　　　　　　b. 下跌　　　　　　c. 没有影响

2. 黄金被看成是一种_____。
　　a. 商品　　　　　　b. 货币　　　　　　c. 商品与货币

3. 自 2002 年以来，美元的贬值通常_____。
　　a. 利好股票　　　　b. 利空股票　　　　c. 没有影响

4. 美元升值对_____最有利。
　　a. 外国股票　　　　b. 美国股票　　　　c. 没有影响

5. 加拿大股票与_____联系最密切。
　　a. 美国股票　　　　b. 加元
　　c. 商品价格　　　　d. 以上都对

答案：
　　1. a　　2. c　　3. a　　4. b　　5. d

第 14 章

债券与股票的联系

本章讨论的是债券与股票市场之间存在的重要联系。我们将介绍债券收益率与股票在过去 10 年间存在的正向关系，债券收益率的下跌通常会导致股票价格走低。债券收益率及股票价格的下跌使人们更加青睐那些分红型股票，许多此类股票被看成防守股。这包括日用消费品类股票及公用事业股，当股票市场波动性增强时，这两类股票的表现会更好。债券的种类千差万别。高收益公司债券的属性更接近股票。债券投资损失的可能性也很大。量化宽松与扭曲操作对市场及收益率曲线的影响值得研究。TIPS 与黄金的走势通常是一致的。股票与债券的收益率从 2012 年年初开始出现背离。自 2012 年以来，资产配置的天平开始从债券一方向股票倾斜。

债市与股市从投资者那里竞争资金

债券与股票之间的关系是跨市场分析链条上极其重要的一环。这两个市场一直从投资者那里竞争资金。当投资者对经济走势感到乐观时，他们更青睐股票。而当他们变得悲观时，他们就会追求债券。投资组合通常会包括这两类资产，但其重要程度并不完全相同。一个标准的投资组合通常包括 60%的股票与 40%的债券。随着一个人年岁的逐渐增大，明智的做法是减少股票的投资比重，增加债券的比重。年纪大的投资者没有太多的时间从股市重挫中恢复过来。年轻的投资者对成长更感兴趣（通过股票实现），而年纪较大的投资者通常对收益更感兴趣（通过债券实现）。

能够绘制出这两种资产类别的发展趋势，并知晓它们之间的互动关系，这一点至关重要。有时候应该将资金更多地配置在债券上，而有时将资金配置在股票上则是更好的选择。然而，要实现这一点，重要的是知晓如何对这两类资产进行图表分析，如何比较其相对表现。理解推动这些资产表现的经济因素也同样重要。这就需要理解美联储为影响利率及资产配置决策而采取的行动。

我们在第 9 章指出，股票市场可以划分为行业板块与行业组，它们表现好的时期发生在经济周期的各个不同阶段。这一道理对债券也同样适用。重要的是要知晓债券的不同种类，在不同时期做不同的事情。比如，在股市下跌，投资者担心经济发展前景时，国债的表现通常比较强势；而当股票市场上涨，经济走强时，高收益公司债券的表现会更好。本章将说明，如何使用固定收益证券的 ETF 来对这些不同类型债券的走势进行比较。

墨菲小常识

高收益公司债券与国债可能呈现出完全相反的走势。

债券收益率与股票的正相关性

第 3 章说明了债券与股票之间的联系是如何在 1998 年之后发生变化的。在 1998 年之前，债券收益率下跌（债券价格上涨）通常会使股票价格上涨。这一联系在 1998 年之后发生了逆转。自 1998 年以来，债券收益率下跌（债券价格上涨）通常会使股票价格下跌。我在前边的章节中表达了这样的观点：过去 10 年里通货膨胀的压力是这两个市场之间新关系的一个主要成因。

图 14-1 显示了 10 年期国债收益率与标普 500 指数的走势自 2000 年以来的正向关系。比如，你会注意到债券收益率的剧烈下跌要么先于股票而下跌

（在 2000 年与 2007 年），要么与股票的下跌同时发生（见图中的箭头及圆圈部分）。第 4 章显示，债券收益率于 2000 年 1 月见顶，这比股票在当年 9 月的头部早了 8 个月。第 6 章显示，债券收益率在 2007 年 6 月见顶，比股票在当年 10 月的头部早了 4 个月。在 2011 年，债券收益率还导致股票价格走低，稍后我们将对此加以检验。债券收益率的大幅下跌通常意味着通货紧缩的环境出现。在整个大萧条期间，债券收益率也同样下跌。而股票在通货紧缩环境下的表现通常不是这样的。利率在过去 10 年中的历史新低，部分原因也在于美联储为对抗通货紧缩而采取的行动。

图 14-1　债券收益率与股票在过去 10 年中的比较

2010 年与 2011 年，债券收益率引领股市走低

图 14-2 对这两个市场在 2009 ～ 2011 年的表现进行了深入研究。从中我们仍然会发现，标普 500 指数与 10 年期国债收益率之间存在着正相关性。从

2009 年到 2010 年春天，这两个市场同时上扬。图中左数第一个上指箭头显示，债券收益率在 2008 年年末率先上扬。图中下指箭头显示，债券收益率在 2010 年春天急剧下挫，这也导致了股市在其后的回调。这两个市场随后一直上涨至 2011 年春天（图中左数第二个上指箭头）。债券收益率在 2011 年第一季度再度见顶，然后在第二季度骤然下跌（见下跌的趋势线）。6 个月之后，股票市场开始下跌。

图 14-2　2010 ～ 2011 年，债券收益率引领股市走低

图 14-3 仔细考察了这两个市场在 2011 年的表现，讲述了如何将跨市场分析原则与传统的图表分析工具结合起来。10 年期国债收益率在 2011 年 2 月见顶，然后一直下跌至 2011 年 8 月（见图中箭头）。标普 500 指数大约在同期见顶，但直到当年 8 月才开始回调。图 14-3 中的三个圆圈部分显示，标普 500 指数在 2 月、5 月与 7 月三次筑头。图表分析师会将这一图表形态确认为**头肩顶**。头肩顶形态由三个明显的顶部构成，其中，中间的顶部（头部）略高于两边的顶部（肩部）。连接中间两个低点所形成的趋势线称为颈线。当价格

跌穿颈线后，头肩顶的形态就完成了，这发生在 2011 年的 8 月。

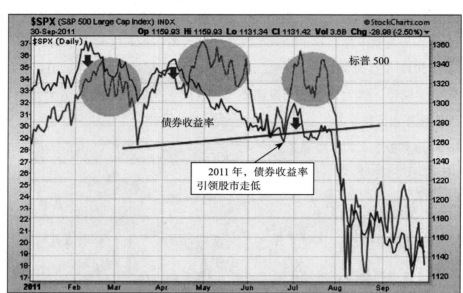

图 14-3　债券收益率在 2011 年的下跌，发出了股市回调的预警信号

头肩顶由三个明显的顶部构成，其中，中间的顶部（头部）略高于两边的顶部（肩部）。

　　尽管图表分析师可以辨认出前述的头肩顶形态，但债券收益率破位的事实进一步强化了这一熊市信号。股市最终于 2011 年 8 月破位，即债券收益率见顶六个月之后。这也是说明跨市场分析与传统的图表分析相结合的一个极好的范例。债券收益率在 2011 年上半年的下跌也影响到了股票市场的行业板块轮动。

墨菲小常识

　　这是说明跨市场分析与传统的图表分析相结合的一个范例。

墨菲小常识

　　债券收益率的下跌以及股票市场走软通常使资金流入那些分红的防守型行业板块中。

一方面，它使资金流向防守型股票行业板块，如日用消费品板块及公共事业板块。另一方面，它也使资金流入分红型股票，这也包括上述的防守型板块。

你知道吗？

在市场回调时，这 3 类防守型行业板块（日用消费品板块、医疗卫生板块及公共事业板块）的表现通常好于其他板块。

债券收益率的下跌使分红型股票上涨

第 9 章显示，在 2011 年春天，资金从经济敏感型行业板块（如原材料及能源板块）流入防守型板块，如日用消费品板块、医疗卫生板块及公共事业板块等。这一行业板块轮动的部分原因在于采取一种防守型策略，以保护股票避免市场下跌风险。资金流入这 3 个行业板块的另一原因是它们是分红最高的行业板块。这让它们在债券收益率跌至历史新低时变得更具吸引力。喜好收益的投资者寻求高收益。当债券收益率下跌时，他们通常会从分红型股票中获得高收益。

图 14-4 对 10 年期国债收益率和安硕道琼斯分红基金（DVY）与标普 500 指数的比率进行了比较，图中两条曲线的走势呈反向变动关系。2009 ～ 2011 年，债券收益率的每个下指箭头均伴随着 DVY/SPX 比率（上指箭头）的上涨。换言之，在这 3 年里，每当债券收益率开始下跌时，分红型股票的表现就开始超过标普 500 指数。这种行业板块轮动的最具戏剧性的一个范例发生在 2011 年，债券收益率在 2 月见顶（左数第三个下指箭头），这让 DVY/SPX 比率飙升（左数第三个上指箭头）。在股市大起大落的这一年里，分红型股票是最大的赢家。这是因为分红型股票也从波动性加剧中获益了。

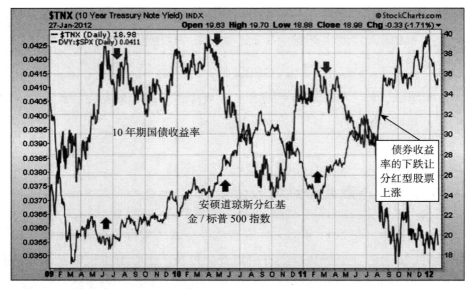

图 14-4　债券收益率的下跌提升了分红型股票

你知道吗？

DVY 投资于那些持续支付高股息的股票。

日用消费品与公共事业受惠于波动性的增加

　　波动性的上升通常会对大多数股票产生负面影响。然而，某些股票行业板块会从波动性的增加中获益，日用消费品板块即为一例。这里有两个原因。一是日用消费品本质上是防守型股票（因为它们与经济周期的涨跌无关）。另一个原因是它们支付股息。当股市因波动性增加而下跌时，股息可以为其提供缓冲。

墨菲小常识

　　由于波动性的增加通常源于弱势的股票市场，资金通常会流入防守型市场板块。

　　图 14-5 显示的是日用消费品 SPDR 与标普 500 指数的比率。阴影部分代

表了 CBOE 波动率指数（VIX）。VIX 测度的是标普 500 指数期权的隐含波动率。VIX 通常被称为**恐惧指数**（fear gauge）。VIX 的走势通常与标普 500 指数呈反向变动关系。因此，VIX 的上涨通常伴随着股票市场的走弱。然而，如图 14-5 所示，VIX 与日用消费品板块相对表现之间呈正相关性。这一现象在 2000 ～ 2002 年的股票市场熊市期间及 2008 年尤其明显，在此期间，VIX 的高涨促使资金流向防守型股票（致使该比率上升）。2011 年也是一样，日用消费品板块是该年表现最好的板块之一，公共事业板块同样如此。

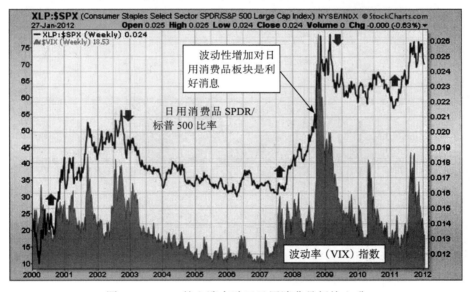

图 14-5　VIX 的上涨有助于日用消费品板块上升

VIX 通常被称为恐惧指数。

图 14-6 比较了公共事业 SPDR（XLU）/ 标普 500 指数的比率与 VIX（图中实线部分）在 2011 年的表现。我们可以再次看到这两条曲线存在正的相关性。这在 2011 年 8 月中表现尤为明显，在此期间，VIX 的高涨与美国股票的骤跌（图中上指箭头）同时发生。XLU/SPX 比率的急速上升，是紧张的资金

蜂拥至分红型公共事业类股票的一种反映。在 2011 年，公共事业类板块是表现最佳的行业之一。2011 年 10 月的下指箭头显示，随着 VIX 的下跌（及标普 500 指数反弹），该比率从当年的第四季度开始下跌。第四季度更为恶化的形势，让资金从公共事业板块及其他防守型板块中流出。你可以通过交易所交易票据（ETN）来购买 VIX，以对冲股市下跌风险。VIX 的上涨也是买入防守型分红股票的大好时机。

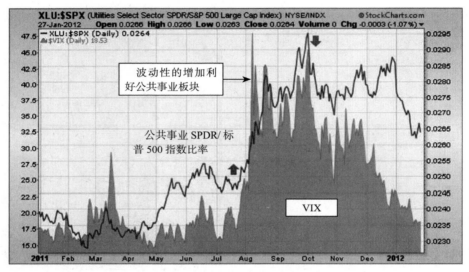

图 14-6　VIX 在 2011 年的上涨提振了公共事业板块

债券的种类各不相同

在讨论债券时，务必要知道不是所有的债券都相同。实际上，债券的类别至少有 6 种：国债、投资级公司债券、高收益公司债券、市政债券、通胀保值债券以及外国债券。它们的走势并不完全一致，比如，高收益公司债券表现得更像是股票，而非债券。

如图 14-7 所示，2008 ~ 2011 年，安硕高收益公司债券基金（HYG）与标普 500 指数之间存在着非常紧密的联系。很明显，在这 4 年中，这两个市场通常是同升同降的。它们在 2008 年一同下跌，在 2009 年与 2010 年同时下跌，又在 2011 年同时上涨。

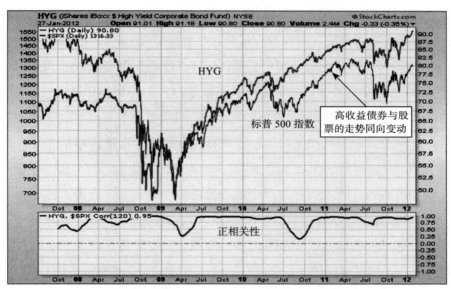

图 14-7 高收益债券与股票的走势非常一致

如图 14-7 下方的相关系数线所示，这两个市场在整个期间表现出极强的正相关性。它们之间存在这一紧密联系的原因，在于高收益公司债券高度依赖于发行这一高风险债券公司的财富。高收益（或垃圾）债券也被视为**风险追逐类资产**（risk-on assets）。换言之，当投资者足够乐观，可以承受更高风险的时候，他们

墨菲小常识

股市的上涨，让投资者对高收益（垃圾）债券之类的高风险债券的需求大增。

更有可能购买垃圾债券。这一道理对投资级公司债券也同样适用，但程度稍差。

尽管高收益债券与股票之间的联系更为紧密，投资级公司债券更像是股票与债券的混合体。这与发行公司的财富密切相关。然而，它对利率的走势

也比较敏感。从某种程度上来看，这让投资级公司债券介于债券与股票之间，兼具这两种投资工具的特点。投资级公司债券对债券收益率的走势比较敏感，但没有国债的敏感性那么强；对股票市场的走势也比较敏感，但其敏感性没有高收益债券那么强。当投资者对股市及经济前景更乐观时，他们通常更青睐公司债券，而非国债。高收益公司债券在股市上涨时的表现是最好的。

图 14-8 对安硕高收益公司债券基金（HYG）与安硕投资级公司债券基金（LQD）的比率和标普 500 指数（图中阴影部分）从 2007 年到 2012 年年初的表现进行了比较。这两条曲线的走势明显是同向变动的。换言之，当市场走弱时，风险更大的高收益（垃圾）债券的跌幅大于投资级公司债券（如 2008 年及 2011 年）。但是，当股市走强时（如 2009 年与 2010 年），其涨幅也高于投资级公司债券。当股市的上涨暗示着公司盈利增加时，投资者愿意为高收益债券承担更高的风险。与之相反，当股市走弱时，投资者会青睐那些更为保守的投资型公司债券。股市的走势也有助于确定债券投资者对公司债券的青睐程度是否超过了国债。

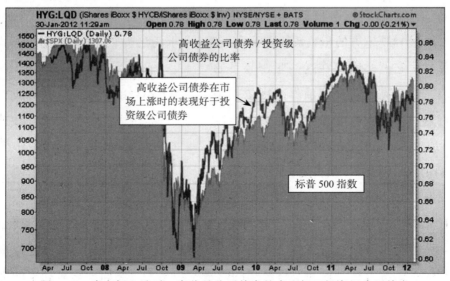

图 14-8 当市场上涨时，高收益公司债券的表现好于投资级公司债券

你知道吗？

高收益债券由那些未获得主要评级机构投资级评级的公司所发行。这些发行公司必须支付高利率，以弥补更高的违约风险。

图 14-9 对安硕投资级公司债券基金（LQD）/ 安硕 7 ～ 10 年期国债基金（IEF）的比率与标普 500 指数从 2007 年到 2012 年年初的表现进行了比较。这两

墨菲小常识

比率分析可以更容易确定哪种债券的表现更为强势。

条曲线的走势同样呈同向变动关系。换言之，当市场走弱时（2008 年及 2011年），投资级公司债券的表现不如国债；而当股市上涨时（2009 年及 2010 年），其表现也好于国债。这是有道理的。当投资者感到恐慌时，他们会争先恐后地抢购国债，因为国债被认为最安全的债券。而当投资者处于上涨的股市中，对公司利润很有信心时，他们更青睐高风险的公司债券。要知道，不同的债券类别在错误的条件下都有可能赔钱，这一点非常重要。

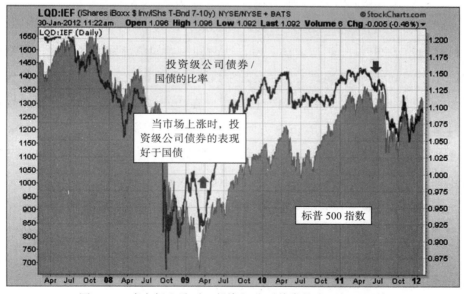

图 14-9　当市场上涨时，投资级公司债券的表现好于国债

你知道吗？

TLT 提供到期时间最长的债券 ETF，这使其成为波动性最大的国债基金。TLT 对债券收益率与股市的走势最为敏感，并且与这两个市场的走势呈反向变动关系。

有些债券的价格走势会反方向变动

图 14-10 比较了安硕高收益公司债券基金（HYG）与安硕 20 年期以上国债基金（TLT）在 2008 ~ 2009 年的实际价格走势。两个市场在两年里的走势明显出现了背离，这说明不同类别的债券在不同年景中的表现可能有非常大的差别。在 2008 年，标普 500 指数下跌了

墨菲小常识

这些数字显示，投资者可能在债券基金上遭遇实际损失。

46%，高收益公司债券的跌幅为 30%（图中上方左数第一个下指箭头）。在这一危机时期（图中阴影部分），国债价格上涨了 35%（图中上方的上指箭头）。

在股市于 2009 年年初上扬之后，这两种债券的角色发生了逆转。国债价格开始于 2009 年年初崩盘（图中上方左数第二个下指箭头），而高收益债券开始飙升（图中下方的上指箭头）。长期国债在 2009 年下跌了 20%，而高收益债券上涨了 30%。如图 14-10 下方阴影部分所示，投资级公司债券在 2008 年下半年下跌（一度下跌 20%），这一收益仍然低于高收益债券。投资级公司债券也在 2009 年上涨（10%），但其涨幅不如高收益公司债券。

图 14-10 说明，投资者可能会在债券上遭受损失——哪怕是国债。在所有类别的债券中，长期国债受债券收益率上涨的影响最大。在过去 10 年的通货紧缩期中，债券收益率是下跌的，这原本不算一个问题，但当利率最终开始上涨之后，这已经成为一个很大的问题了。

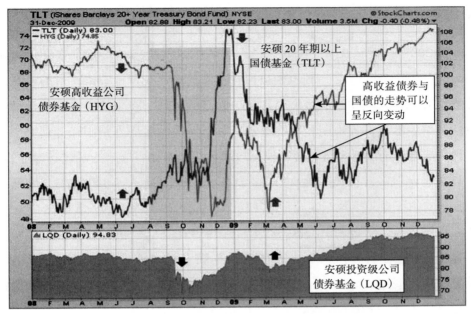

图 14-10 高收益债券与国债在好年景及坏年景中的比较

你知道吗？

债券 ETF 的标的是债券价格。债券价格的走势与债券收益率呈反向变动关系。当债券收益率上涨时，债券的价格下跌。

请将这几点与债券有关的指南铭记于心。在一个上涨的股市中，高收益公司债券与投资级公司债券的表现均好于国债（其顺序也如此）。在一个弱市中，国债的安全性最好，而高收益债券的风险最大。投资级公司债券的跌幅通常介于两者之间。所有类型的债券都有ETF，这让我们可以很容易地绘制出其走势图，并测度其相对表现。ETF 还让

墨菲小常识

股票市场的走势是确定哪种债券受欢迎的重要因素。

我们可以根据市场条件的变化，很容易地在各类债券之间转换。

量化宽松政策

自 2008 年年末以来，美联储已经实施了 3 轮量化宽松政策。**量化宽松**（quantitative easing）是一种由中央银行实施的非传统货币政策，目的是在传统货币政策无效时刺激经济。通常，美联储对抗通货膨胀的主要工具是降低短期利率。然而，当短期利率接近于零时，美联储无法进一步降低利率。在这种情况下，为刺激经济，美联储可以通过买入长期资产来影响收益率曲线，使长期利率进一步降低。在 2008 年 11 月末，通过买入 6 000 亿美元的抵押贷款来支撑证券，美联储实施了第 1 轮量化宽松政策（QE1）。美联储在 2010 年 6 月停止买入，此时，美联储共持有 2.1 万亿美元的银行债务、抵押贷款支撑证券以及国债。在 2010 年 11 月，美联储宣布实施第 2 轮量化宽松政策（QE2），截至 2011 年 6 月，美联储共买入 6 000 亿美元的国债。美联储在 2012 年 9 月 13 日宣布实施第 3 轮量化宽松政策。

量化宽松是一种由中央银行实施的非传统货币政策，其目的是在传统货币政策无效时刺激经济。

量化宽松政策对债券及股票的影响

图 14-11 显示了前两轮量化宽松政策对股票与债券的影响。图中左数第一根竖线代表的是 QE1 于 2008 年第四季度启动。债券收益率几乎是立即上升，股票在几个月之后随之上涨。⊖左数第二根竖线代表了 QE2 于 2010 年 11 月启动。在这种情况下，债券收益率与股票价格均告上涨。当债券收益率上涨时，债券的价格下跌。这让资金从债券流入股票。商品价格也上涨。就在 QE1 与 QE2 实施之后，随着投资者对大量资金注入会引发通货膨胀压力的

⊖ 在 2009 年 3 月，美联储扩大了其抵押贷款购买计划，这进一步提振了股票市场。

恐慌出现，美元迅速暴跌，而商品价格开始飙升。到了 2011 年年中，债券收益率再次骤然下降，并带动股票一同下跌。这进一步加大了投资者对经济放缓及通货膨胀压力增强的恐慌。美联储开始实施第 3 轮量化宽松政策，但方法略有不同。在 2011 年春天，美联储宣布开始实施扭曲操作政策。

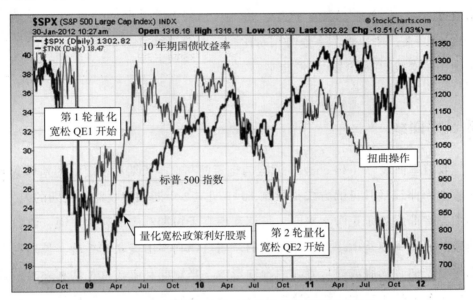

图 14-11　量化宽松政策对债券收益率及股票的影响

扭曲操作政策

在这两轮量化宽松政策中，美联储一共购买了 1.65 万亿美元的联邦债券，这些债券大多在两年内到期。换言之，美联储日益增长的债券投资组合对短期利率的下降产生影响，但对长期债券的收益率影响不大。**扭曲操作**（operation twist）指的是美联储卖出某些短期债券，买入更多的长期债券。这将使债券收益率进一步走低。其目的在于降低长期债券的收益率，并降低企业与个人的借款利率，其中也包括汽车贷款与住房抵押贷款。

图 14-11 中左数第三条竖线表明扭曲操作于 2011 年 9 月开始启动。正如之前在 QE1 和 QE2 中所发生的那样，股市在消息公布之后暴涨。然而，进入 2012 年以来，债券收益率走势相对比较平稳，债券收益率曲线也因此走平。

墨菲小常识

　　扭曲操作政策成功地让债券收益率走低，这也让住宅建筑类股票自 2011 年第四季度以来强劲上扬。

收益率曲线

收益率曲线（yield curve）测度的是短期利率与长期利率之间的差异。测度收益率曲线最常见的方式是绘制 10 年期与 2 年期国债收益率之间的差异。当收益率曲线处于正常水平时，长期利率高于短期利率。通常来说，收益率曲线的斜率主要是由短期利率决定的，而短期利率由美联储控制。长期利率则主要受通货膨胀或通货紧缩的预期影响。当短期利率超过长期利率时，就出现了**反转**的收益率曲线，这对于股市及经济通常是一个危险信号。当经济处于衰退期时，随着美联储为刺激经济而降低短期利率，收益率曲线通常会变得更为陡直。在经济处于复苏期时，随着短期利率的涨速开始超过长期利率（或是长期利率的跌速超过了短期利率），收益率曲线通常开始走平。正是后一种情境说明了收益率曲线在 2011 年下半年的下跌原因。

量化宽松政策对收益率曲线的影响

图 14-12 绘制了 10 年期国债与 2 年期国债的收益率价差，这也是测度收益率曲线最常见的方法。如图所示，收益率曲线在 QE1 与 QE2 之后变得更陡

直（见图中箭头）。这也是 10 年期债券收益率上涨的结果。然而，收益率曲线在 2011 年第三季度迅速下跌。这是国债收益率暴跌的结果，为规避弱市，资金大量涌入国债市场。

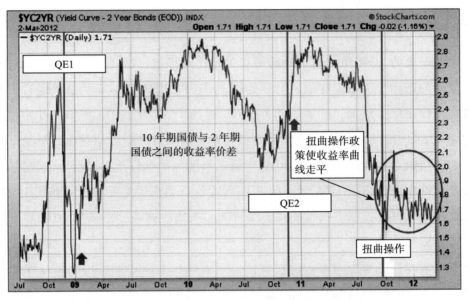

图 14-12   量化宽松政策对收益率曲线的影响

你知道吗？

随着经济低迷的欧洲国家债券价格暴跌及债券收益率的不断走高，欧元区债务问题也让全球的固定收益证券基金涌入相对安全的美国国债市场。

如图 14-12 所示，在 2012 年年初，短期利率与长期利率之间的价差相对比较平稳（图中圆圈部分）。这表明扭曲操作在某种程度上成功地实现了美联储降低长期收益率曲线，刺激经济的目标。

墨菲小常识

在世界上的每一次金融危机中，国债仍然被视为全世界最安全的资产。

从图中似乎还可以看出，在 2012 年年初，扭曲操作使投资者将资金投到那些高收益（高风险）资产上来，这些资产包括普通股、高收益债券及商品货币等。这也有助于全球股票市场在 2012 年年初迎来一个强劲的开局。

2012 年年初，债券收益率与股票的走势出现背离

在过去的 10 年里，有一种跨市场关系比较稳定，这就是债券收益率与股票之间的正相关关系。在通货紧缩的这 10 年中，债券收益率的下跌通常引领股票价格走低。然而，如图 14-13 所示，这两个市场自 2012 年年初开始出现背离（见图中的趋势线）。10 年期国债收益率在 1 月的走势相对比较平稳，标普 500 指数走势强劲（注：在 2012 年第二季度，债券收益率开始与股票脱钩。标普 500 指数下跌了 10%，而 10 年期国债收益率在历史上首次跌破了 1.5%。股票在 6 月见底，债券收益率在一个月之后见底。这两个市场在 2012 年 9 月同时上涨）。

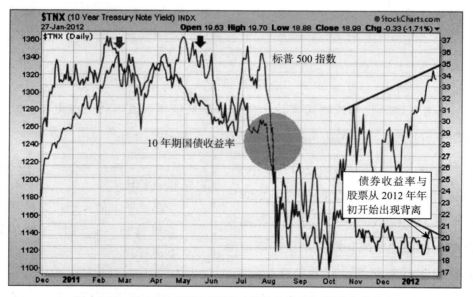

图 14-13　从 2012 年年初开始，债券收益率与股票出现背离

新兴市场的货币与股票在 2012 年年初上涨了 7%，这是投资者对风险承受度增强的另一信号。乐观情绪的增长，部分原因在于美联储在 2012 年 1 月宣布，在 2014 年年底前将短期利率保持在 0 附近。这一公告让债券与股票价格同时暴涨（并推动债券收益率走低）。（注：在第二季度，随着资金从高风险资

墨菲小常识

美国股市在 2012 年第一季度的行情是自 1998 年以来的最佳表现。

产（股票与商品）转向安全的美国国债与美元，新兴市场的货币与股票也开始下跌。这些高风险资产在 2012 年第三季度再度反弹。）

TIPS 与黄金一同上涨

就在美联储于 2012 年 1 月发布公告之后，TIPS 成为表现最好的债券。黄金是美联储公告后另一个暴涨的市场。量化宽松的一个目标是确保通货膨胀不低于目标通胀率。换言之，该政策的目的是遏制通货紧缩。一个风险是美联储对抗通货紧缩的行为可能会过火（或是持续时间过长），最终会导致高通货膨胀。这也说明了黄金与 TIPS 为何成为自 QE1 实施以来表现最好的两种资产。

图 14-14 显示，从 2010 年年初到 2012 年年初，安硕 TIPS 基金（实线部分）与黄金价格存在着紧密联系。就在美联储宣布将其零利率政策从 2012 年 1 月再延长 3 年之后不久，安硕 TIPS 基金升至 10 年来的最高点。与此同时，黄金也出现了 32 年来最强劲的表现。这两个市场的强劲走势表明，有些投资者在对其赌注进行对冲，他们认为美联储

墨菲小常识

当美联储停止购买债券并让债券收益率上升时，黄金市场一定会下跌。这有助于提振美元。

（及其他央行）所采取的宽松政策可能会最终导致高通货膨胀（注：这两个市场其后出现短暂的背离。债券收益率在 2012 年上半年下跌，让 TIPS 的价格上涨，美元的暴涨使黄金在第二季度下跌 15%。在 QE3 于 2012 年 9 月开始实施后，这两个市场一同上涨）。

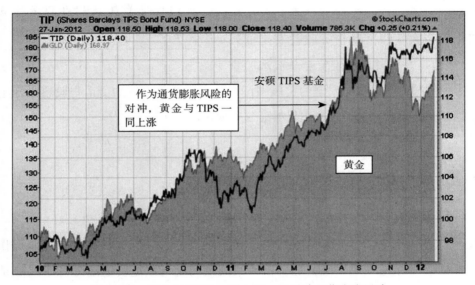

图 14-14 黄金与 TIPS 一同上涨，以对冲通货膨胀风险

你知道吗？

通过调整本金的偿付，TIPS 为债券持有人提供了通货膨胀的保护。

从 2012 年年初开始，天平开始向股票倾斜

第 6 章说明了如何使用比率分析来确定债券与股票走势的相对强弱程度。该章还显示，股票从 2009 年年初开始走强。在股票于其后的两年中受到追捧之后，债券从 2011 年开始走强。图 14-15 绘制的是 10 年期国债与标普 500 指数的比率。该比率在 2009 年年初见顶（图中下指箭头），然后一直

下跌至 2010 年年末。在这两年中，债券 / 股票的比率下跌对于股票是利好消息。该比率在 2011 年中期急速上涨，并突破了 2 年期的趋势线（图中上指箭头）。2011 年对债券（尤其是国债）更为有利，但情况在 2012 年年初发生了变化。

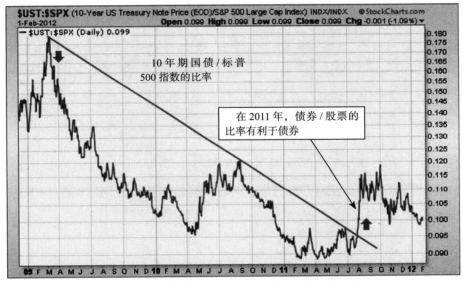

图 14-15　2011 年，债券 / 股票的比率有利于债券

图 14-16 对 2012 年之后的国债价格与标普 500 指数的比率进行了深入分析。如图所示，当债券价格上涨而股票价格下跌（图中上指箭头）时，该比率在 2011 年 7 月上涨。然而，这一比率于 2011 年 10 月见顶，这表明股票已经重拾升势。如图所示，该比率跌至其 10 月的低点，这也让我们确信，自 2012 年年初开始，资产配置的天平重新向股票倾斜（注：随着股票的下调，债券 / 股票比率在第二季度重新青睐债券；在第三季度又转而青睐股票。从 2012 年 8 月中

墨菲小常识

债券收益率的上涨与债券价格的下跌，让投资者将资金从债券向股票转移。

旬开始，股票的涨幅超过 10 年期国债 12 个百分点）。

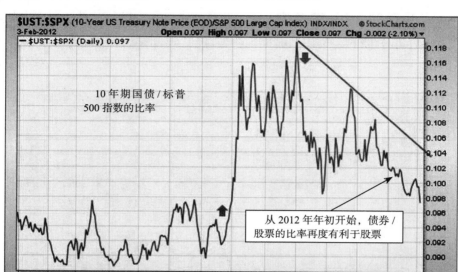

图 14-16   2012 年年初，债券 / 股票的比率有利于股票

美联储实施 QE3

在 2012 年 9 月 13 日，星期四，美联储实施了第 3 轮量化宽松政策（QE3），该政策允许美联储每个月购买 400 亿美元的抵押贷款支撑证券（由房地美、房利美与吉利美支撑的抵押贷款）。这笔资金是对美联储在扭曲操作政策下每月购买 450 亿美元债券的一个补充，该政策将一直持续到 2012 年年末。美联储还将其维持接近零水准短期利率这一承诺延长至 2015 年年中（在欧洲央行宣布了一项雄心勃勃的无限量买入政府债券计划的 1 周之后，美联储公布了这一政策）。市场对 QE3 的反应与对 QE1 与 QE2 时的反应相类似。外汇上涨，而美元跌至 4 个月以来的新低。黄金带领商品涨至 6 个月以来的新高。道琼斯工业指数升至 2007 年以来的最高点，而纳斯达克市场升至 12

年来的新高。高收益公司债券与股票一同创下新高。作为高通货膨胀的对冲工具，TIPS 也上涨了。与之相反，30 年期国债遭受了 3 年来最沉重的打击，其收益率大幅上涨至 4 个月以来的新高。QE3 也有助于强化市场间关系。随着美元的下跌，股票与商品在 9 月一同上涨。股票与商品价格的上涨推动国债价格走低，收益率上升。QE3 也有助于恢复股票与债券之间的正常联系。股票价格与国债的收益率一同上涨（国债的价格下跌）。

|第 15 章|

债券与商品的联系

本章研究的是债券与商品之间的联系。债券与商品价格的走势通常呈反向变动关系。就在商品价格于 1980 年见顶后不久，债券市场开始了长达 30 年的牛市行情。铜是与债券价格及收益率联系最为紧密的商品。你可以从汤姆森 – 路透 / 杰富瑞 CRB 指数中查询其构成。CRB/ 国债比率可以帮我们确定这两个市场走势的相对强弱。这一比率还会影响到股票市场的走势、行业板块的轮动、新兴市场的走势等。这两个市场在亚洲两个大国间的矛盾走势有助于说明商品价格的通货膨胀与债券的通货紧缩是如何并存的。

传统的关系之一

在前面 3 个章节中，我们分别考察了商品价格与美元的反向关系、股票与商品价格之间的正向关系及债券与股票价格之间的反向关系。本章将分析最后一个市场间关系，即债券与商品之间的关系，这也是传统市场间关系中最简单的一种。然而，过去 10 年中通货紧缩的趋势对这两个市场的正常联系或多或少有所抑制。自 2002 年以来，商品的通货膨胀与利率的通货紧缩是并存的，这一关系在某种程度上来说比较罕见。在前面的章节中，我们已经对这种关系的发生机理有所阐述，一种原因与美联储试图通过贬值美元来引发商品价格通货膨胀有关。比如，第 5 章曾经指出，始于 2002 年的商品大行情是美联储对抗通货紧缩（通过贬值美元让经济再膨胀）的直接结果。在过去的10年里，商品价格的上涨并未像正常情况那样拉动债券收益率上涨，本章将对此提供一些其他方面的解释。我们先来分析一下债券与商品价格之间通常存在的一些正常关系。

债券与商品的价格走势通常呈反向变动关系

国债价格对通货膨胀的威胁极其敏感，商品价格则被看成通货膨胀的领先指标。因此，债券与商品价格之间通常呈反向变动关系。换言之，债券与商品的价格走势通常相反。商品价格上涨通常会使国债价格下跌，商品价格下跌则通常会使国债价格上涨。

你知道吗？

我们在这里讨论的是债券价格。债券价格与债券收益率总是呈反向变动关系。因此，商品价格与债券收益率通常呈同向变动关系。

墨菲小常识

债券价格与债券的收益率呈反向变动关系。

自商品价格于 1980 年见顶之后，债券开始了长达 30 年的大牛市

在 20 世纪 70 年代的 10 年通货膨胀期内，商品价格的上涨使国债价格下跌（债券收益率上涨）。这一切都源自于商品价格在 1980 年的那次见顶，这引发了长达 20 年的通货膨胀减缓期。**通货膨胀减缓**（disinflation）指的是消费价格以一个缓慢的速度增长的情况。在 20 世纪最后的 20 年里，商品价格

的下跌使债券价格上涨。

通货膨胀减缓指的是消费价格以一个缓慢的速度增长的情况。

图 15-1 显示，1981 ～ 2001 年，国债与商品价格的走势呈反向变动关系。图中左数第一个下指箭头显示，CRB 指数在 1980 年见顶，国债价格在 1 年之后大幅上升（图中左数第一个上指箭头）。在接下来的 20 年里，国债价格上涨，而商品价格下跌（这也使得股票价格上升）。对这 20 年中的上指箭头及下指箭头进行比较之后，我们发现，一个市场的变动通常伴随着另一个市场的反向变动。比如，CRB 指数在 1984 年下跌，同时债券价格上涨（见图中箭头）。商品价格在 1993 年的上涨拉动债券价格走低。在 1997 年与 1998 年，受亚洲金融危机的影响，商品价格暴跌至 20 年来的最低点。商品价格在这两年中的崩盘也让债券价格飙升。它们之间的反向关系一直持续到 21 世纪。

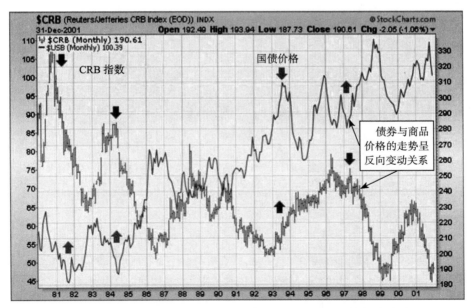

图 15-1　1981 ～ 2001 年，债券与商品价格之间呈反向变动关系

债券与商品在 2003 ～ 2006 年的反向关系

在 2000 年之后的 6 年中，债券与商品的价格继续维持其反向关系，但有一件事除外。这件事发生在 2002 年。图 15-2 比较了这两个市场在 2002 ～ 2006 年的表现。圆圈部分显示，这两个市场在 2002 年悉数上涨，这一情况并不常见（稍后我将介绍其产生原因）。然而，从 2003 年开始，它们又回到了更为正常的反向关系上。图中左数第一个上指箭头显示，CRB 指数在 2003 年上涨，而债券价格也同时见顶（左数第一个下指箭头）。2003 ～ 2006 年，商品价格的上涨与债券价格的下跌同时发生。CRB 指数在2006 年的下跌（图中左数第二个下指箭头）促使债券价格反弹（左数第二个上指箭头）。它们的关系在 2007 年再度发生变化。

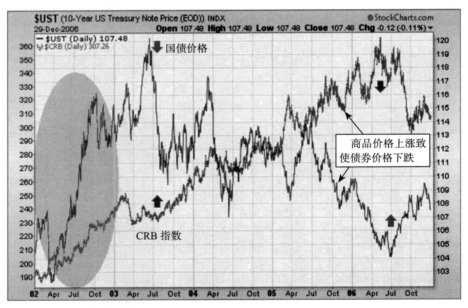

图 15-2　2003 ～ 2006 年，债券与商品价格之间呈反向关系

你知道吗？

国债价格在 2003 年的下跌同样源自股票价格的大幅上涨。投资者抛售债券，购入股票与商品。

墨菲小常识

债券与商品间的正常关系发生变化，其原因通常来自股票或美元走势的变动。

这一关系为何在 2007 年发生变动

图 15-3 比较了这两个市场在 2007 ～ 2012 年的走势。你可能已经注意到了，这两个市场在 2007 年下半年及 2008 年上半年一同上涨，然后又重回更为正常的走势——呈反向变动关系。在 2007 年年中，它们这一反常行为出现的原因在于另外两个市场（股市与美元）的走势。正如我们在第 6 章所阐述的那样，股票从 2007 年下半年开始暴跌，这也让资产配置从股票向债券大规模转移。美联储为阻止股价下滑（源于房地产市场的崩盘）所采取的激进宽松

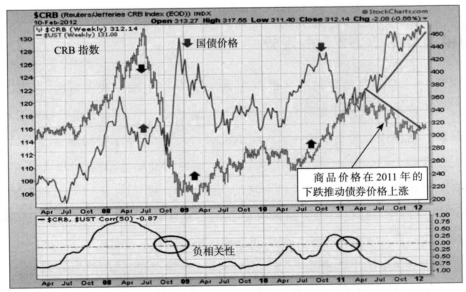

图 15-3 债券与商品在 2008 年恢复正常的反向关系

政策也使利率走低（债券价格上涨）。美元因此暴跌，这也使得商品价格上涨。因此，债券与商品价格在 2007 年 7 月后的 3 个季度中一同上涨。直到 2008 年 7 月美元见底导致商品价格走弱为止。

图 15-3 中左数第一个下指箭头显示，CRB 指数于 2008 年 7 月见顶。在这一灾难性的 1 年的下半年中，商品价格（及股票价格）的崩盘让国债价格暴涨（图中左数第一个上指箭头）。从这一点上来说，债券与商品价格又回归其正常关系。在 2009 年，商品（及股票）价格的见底让国债价格下跌（见图中箭头）。

> **墨菲小常识**
>
> 在研究任意两个市场之间的关系时，知晓其他市场的情况也十分有必要。

商品价格在 2010 年下半年反弹，国债价格同时下跌。从 2011 年春天，商品价格开始回调（下跌的趋势线），这也使这一年的国债价格强劲上扬（见图中上升的趋势线）。

铜和玉米在 2002 年的走势

图 15-2 显示，债券与商品价格在 2002 年一同上涨。我将对这一年的情况做一个简要回顾，以说明其发生的原因。原因之一，在于股票价格在 2002 年暴跌，这使债券价格上涨（第 5 章也说明，美元在 2002 年的崩盘让商品价格先于股票上涨，这一情况也比较罕见）。债券与商品价格在 2002 年下半年同时上涨还有一个原因，即价格上涨的商品种类。图 15-4 比较了铜和玉米在 2002 年的表现。你会发现，这两种商品的价格走势从 2002 年年中开始出现分歧。从 6 月到 9 月，由于美国中西部地区出现旱灾，玉米（及其他粮食）价格开始飙升（图中上指箭头）。粮食价格的暴涨极大地提振了 CRB 指数。然而，铜价在第三季度下跌（图中下指箭头）。粮食市场（与天气密切相关）上

涨，而铜价（与经济景气程度密切相关）下跌。推动粮价上涨的主要因素就在
于旱情。铜价走高的条件是经济条件的
好转。铜价比玉米价更适合作为经济景
气程度的晴雨表。铜价还是债券价格走
势的指示器。对这场 2002 年下半年因天
气变化所导致的粮价暴涨，债券交易者

墨菲小常识

　　铜价与股票的价格走势成正
向关系，与债券价格呈反向关系。

似乎不怎么关心，他们更关心的是铜价下跌所发出的经济走弱的信号。因此，
当 CRB 指数上涨时，他们选择继续持有债券。

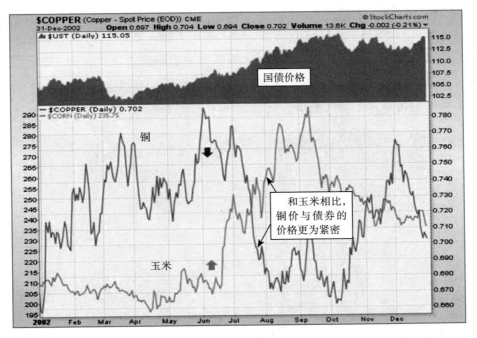

图 15-4　和玉米相比，铜价在 2002 年的走势与债券价格的走势更为一致

你知道吗?

　　铜价在 2002 年 10 月见底，股价也同时触底，同时债券价格也开始走弱。

铜价与国债价格的比较

债券价格与经济的走势密切相关。因此，经济走弱会使债券价格上涨（使债券收益率下跌）。与之相反的是，经济走强会让债券价格下跌（债券收益率上涨）。在 CRB 指数中的 19 个商品中，铜是与经济走势联系最为密切的商品。因此，铜与债券市场的走势密切相关。

你知道吗？

铜价也和全球经济与股票的涨跌密切相关。

如图 15-5 所示，2002 ～ 2008 年，铜价与国债价格通常呈反向关系。铜价（及股价）在 2001 年随着国债价格的上涨而下跌。铜价在 2003 年上涨（图中左数第一个上指箭头），与此同时，国债价格也形成了历史头部（图中左数第一个下指箭头）。在 2006 年下半年，铜价的下跌（图中左数第二个下指箭头）与国债价格的上涨（图中左数第二个上指箭头）一同出现。从 2007 年年

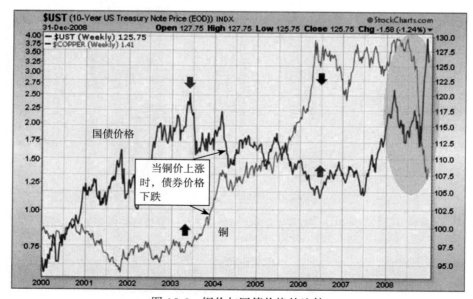

图 15-5　铜价与国债价格的比较

中到 2008 年年初，这两个市场一同上升，原因如前所述（与股票及美元的下跌有关）。

你知道吗？

股票与铜价在 2003 年春天一同上涨，这是因为资金从债券市场中流出并流入股票市场。

图 15-5 中的圆圈部分显示，这两个市场在 2008 年年中出现了极大的偏离。在 2008 年下半年，铜价（及股价）暴跌，而国债价格暴涨。国债价格在 2008 年的暴涨及铜价的暴跌也是经济进入衰退的症状，这一情况一直持续到 2008 年年末。股票价格也一路下跌。当经济处于衰退期时，铜价与股价通常随着利率的下跌而下跌。国债价格上涨，这就是 2008 年所发生的事情。市场的熊市一直持续到 2009 年春天，所有这 3 个市场都以反方向发生重大变动。

墨菲小常识

铜价是判断全球经济走势强弱的一个极佳的指示器。

铜价在 2009 年见底使债券价格见顶

在这一部分中，尽管我们主要关注铜价与债券价格之间的联系，但我们很难将这两个市场与股市及全球经济完全分开。在研究任意两个市场的市场间关系时，务必牢记还有其他的力量在起作用。我们已经发现，在 2002 年及 2007 年年中到 2008 年，债券与商品之间的联系偏离了其正常的反向关系。这一反向关系在 2008 年年中回归正常，并一直保持到 2012 年。

如图 15-6 所示，从 2008 年年中到 2012 年第一季度，铜价与国债价格的走势呈反向变动关系。图 15-6 底部的相关系数曲线显示，这两个市场在大多数时间里呈反向变动关系。最具戏剧性的变动是国债价格在 2009 年上半年的暴跌（左数第一个下指箭头），铜价同时上涨（左数第一个上指箭头）。

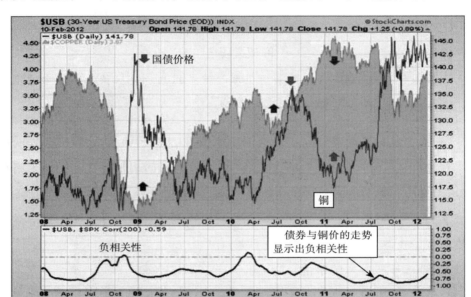

图 15-6 自 2008 年以来，债券与铜价之间的反向关系

随着铜价的回调，国债价格在 2010 年上半年暴涨（见图中箭头）。然而，进入 2011 年，铜价再度飙升而国债价格下跌。但是，在 2011 年春天，铜价（与大多数商品）再次下调，这让国债大幅上

墨菲小常识

这是又一个证明金融市场在预测经济转折方面价值的范例。

涨（见图中箭头）。前面的章节中已经说明商品价格在这一年春天的下跌是如何发出全球股市回调的预警信号的，股市不久之后就出现了回调。2011 年的欧洲债务危机也让欧元暴跌，美元上涨。

在 2011 年，美元的上涨及商品价格的下跌让这一年的股市剧烈动荡，美元在这一年中的升值也让外国市场的跌幅超过美国市场。尽管美国股市侥幸逃脱了熊市的厄运（熊市的标准是下跌 20% 以上），大多数外国股市则跌穿

了熊市的门槛。对于巴西、中国等新兴市场国家来说尤其如此，这些国家的股市与商品价格紧密联系。尽管像铜这样的商品市场在 2011 年下跌惨重，国债却赶上了一个好年景。在 2011 年第四季度，商品随着股票一同见底，为 2012 年的良好开端打下了一个坚实的基础。股市在这一年经历了最佳开局。随着欧洲局势的企稳及欧元的高涨，美元开始走弱。2012 年年初的弱势美元使外国股市上扬，它们在前些年大部分时间里都是下跌的。铜价也强劲上扬。在 2012 年第一季度，面临着股票与商品价格的上涨，美联储买入长期国债的政策使债券收益率走低。(注意：在 2012 年第二季度，当欧元再度下跌时（美元上涨），所有这些市场的走势均发生逆转，这也使股市与商品（包括铜）价格随着国债价格的上涨而出现回调。这些趋势在 2012 年第三季度再度反转。随着股票及商品价格在 2012 年夏天的反弹，国债价格开始走弱。随着美元及国债的走弱，QE3 在 2012 年 9 月的实施进一步强化了股票的上攻趋势。)

你知道吗？

股票价格在 2009 年春天上涨，这也使债券价格下跌。经济衰退结束于 2009 年年中，此时，铜、股票及债券收益率已经见底几个月了。

汤姆森 – 路透 / 杰富瑞 CRB 指数

鉴于 CRB 指数在跨市场分析中起着十分重要的作用，我们有必要知晓其具体含义及结构。CRB 指数是应用最广泛、受认可程度最高的商品大盘走势的指示器。该指数的历史也最长。CRB 指数由美国商品研究局于 1958 年首次发布，最初包含 28 种商品。自那时起，商品指数历经 10 次修订，最后一次修订完成于 2005 年。目前，汤姆森 – 路透 / 杰富瑞 CRB 指数共包含 19 种商品，这些商品均在美国及伦敦的交易所中交易。CRB 指数中包含到期时间在 6 个月之内的商品合约。CRB 指数中的行业组包括能源（原油、燃料油、无铅汽油、天然气），工业金属（铝、铜、镍），贵金属（黄金、白银），粮食（玉米、大豆、小麦），热带作物（可可、咖啡、糖），农产品（棉花、橙汁），家畜（活牛、生猪）。能源业是权重最大的行业组，它一般至少占 CRB 指数 33% 的权重。原油是 CRB 指数中权重最大的单个商品，占 23%。工业金属与粮食目前所占的权重各为 13%。两种贵金属的权重加在一起为 7%（黄金占 6%，白银占 1%）。影响最为广泛的两类行业组是能源板块及金属板块（包含工业金属及贵金属），因为它们会影响到通货膨胀、利率及全球经济走势。（尽管这一指数的全称为汤姆森－路透／杰富瑞 CRB 指数，大多数市场追随者仍使用其简称（CRB 指数）。）

墨菲小常识

　　交易所交易基金的存在，让交易者可以买入及卖出一篮子商品及商品板块。

CRB 指数／国债价格的比率

　　我使用的一种最重要的跨市场指标是 CRB 指数与国债价格的比率。在之前出版的两部跨市场分析著作中，我率先介绍了 CRB 指数／债券比率，然后我逐渐发现这一指标极具价值。该比率最直接的用处，在于它能在任意一个给定的时点上，确定债券与商品这两类资产哪一种更强。如图 15-7 所示，这一比率还可以用于其他市场中。图 15-7 绘制的是 CRB 指数与 30 年期国债价格比率在过去 30 年间的走势。商品／债券比率在 1980 年见顶（左数第一个下指箭头），然后在接下来的 20 年里一路下滑。1980～2000 年，该比率的下滑表明，国债是更好的投资选择。

　　图中左数第二个下指箭头显示，由于亚洲金融危机的影响（这也使债券获益），该比率在 1997～1998 年暴跌。商品／债券比率还为交易者提供了一种确定两个市场间关系何时发生变化的简单方法。在 2002 年，当 CRB/债券比率跌穿了已持续 20 年之久的下跌趋势线时（图 15-7 中圆圈部分），我们就可以使用这一方式判断。2002 ~ 2008 年，该比率的上升给商品类资产带来的好处大于债券。图中左数第三个下指箭头显示，商品 / 债券比率在 2008 年崩盘，此时商品价格暴跌，而国债价格飙升。我们就从这里开始分析。

墨菲小常识

在任何时候，判断资产相对表现强度的一种最简单方式是使用 CRB/ 国债比率。

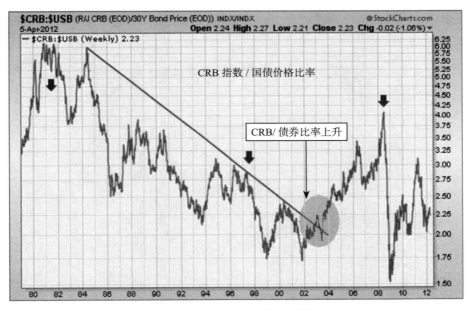

图 15-7　过去 30 年间的商品 / 债券比率

2008 年以来的商品 / 债券比率

图 15-8 绘制的是同一 CRB 指数 /30 年期国债价格比率从 2008 年到 2012 年年初的走势。通过图中的趋势线，我们很容易确定该走势的变化。图中左

数第一个下指箭头显示，在 2008 年金融危机的高潮时刻，商品 / 债券比率暴跌。显然，债券是 2008 年下半年最受欢迎的资产。图中左数第一个上指箭头显示，商品 / 债券比率在 2009 年第一季度见底，然后一直上涨至 2011 年春天。该比率的上涨表明，商品市场是这两年中更适宜的投资领域。图中左数第二个下指箭头显示，市场在 2011 年春天再度看好债券。一般情况下，在测度国债与商品相对表现及确定投资选择时，CRB/ 债券比率是一种很有用的方法。但我们还应考虑其他问题：该比率是如何影响股票市场的。

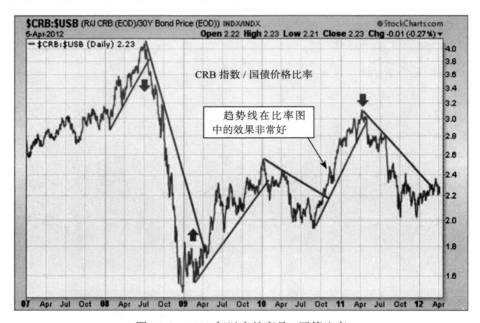

图 15-8　2008 年以来的商品 / 国债比率

CRB/ 债券比率对股票的影响

如图 15-9 所示，我们将标普 500 指数（实线部分）纳入前图所示的同一 CRB/ 债券指数中来。如图所示，CRB/ 债券比率的走势同样对股票的走势产生影响。这两条曲线在 2008 年一同暴跌（图中左数第一个下指箭头），然后又在 2009 年年初一同上涨（图中上指箭头）。然后一直上升至 2011 年春天，此后开始进入下调整理阶段（图中左数第二个下指箭头）。CRB/ 债券比率的上涨表明，商品价格的走势强于债券。因为股票与商品价格呈正向关系，与债券价格呈反向关系，所以 CRB/ 债券比率的上涨对股票的走势产生积极的影响。CRB/ 债券比率的下跌则不利于股票，因为这意味着债券价格上涨，商品价格下跌。这也让 CRB/ 债券比率成为一种有用的股票分析指标。但情况并不总是这样。

墨菲小常识

　　CRB/ 国债比率的上涨同样利好那些经济敏感型股票行业组。

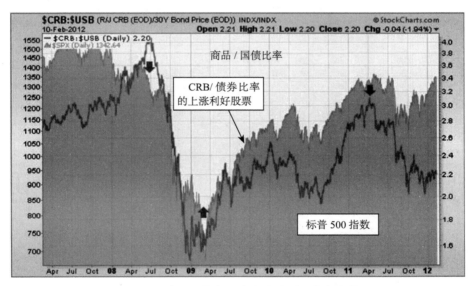

图 15-9　商品 / 债券比率会影响到股市的走势

商品 / 债券比率对股票影响的历史

　　图 15-10 对 CRB/ 国债比率（实线部分）与标普 500 指数（灰色区域）自

1990 年以来的走势进行了比较。该图的目的在于说明这一比率对过去 10 年中股票走势变化的影响。1990 ～ 1999 年（图中竖线的左边），CRB/ 债券比率的下跌利好股票。在 1999 年之后（竖线的右边），该比率的下跌利空股票。图 15-10 下方的相关系数线显示，2000 年之前，该比率与股票之间存在负相关性，在 2000 年之后，两者间的相关性变为正值。

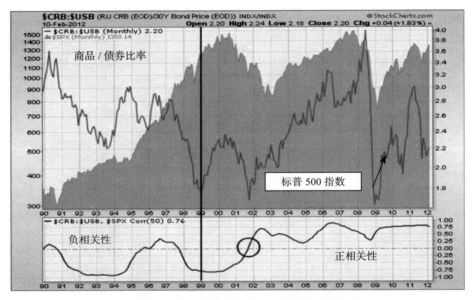

图 15-10　商品 / 债券比率对股票影响的历史

　　第 3 章说明，亚洲金融危机之后的通货紧缩威胁让债券与股票价格之间的关系（还有股票与商品之间的紧密联系）发生了重大的脱钩现象。在 1998 年之前，债券价格的上升（以及商品价格的下降）利好股票。自 1998 年以来，债券价格的上升（以及商品价格的下降）利空股票。CRB/ 债券比率为我们提供了一种测度这 3 个市场之间关系的简单方法。自 1999 年以来，CRB/ 债券比率的上升已经成为股票的正向指标。

商品／债券比率还影响到行业板块轮动

图 15-11 对 CRB/ 国债比率（实线部分）与原材料 SPDR（XLB）/ 标普 500 指数比率（图中阴影部分）进行了比较。如图所示，CRB/ 债券比率的走势同样会影响原材料股票的相对表现。当商品价格的涨速高于债券的涨速时（CRB/ 债券比率上涨），原材料股票的表现通常好于股市。原因有两个：一是原材料股票的走势与商品价格的走势相关；二是原材料股票也属于经济敏感型股票，这意味着当投资者对股市及经济的前景更乐观时，原材料股票的表现通常会更好。（对诸如小盘股、可选消费品类股票、工业股、交通运输类股票及科技股等其他周期性股票行业板块来说，这一规律也同样适用。）图 15-11 显示，2008 ～ 2012 年，原材料股票相对表现的涨跌与 CRB/ 债券比率的走势紧密相连。对于公共事业股之类的防守型股票来说，这一规律也同样适用。

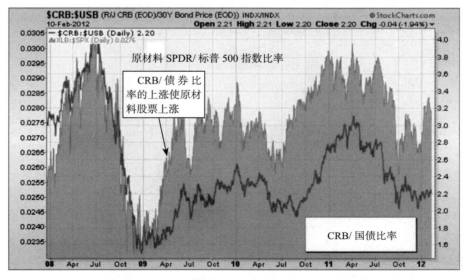

图 15-11　CRB/ 债券比率的上涨利好原材料股票

图 15-12 对 CRB/ 国债比率（实线部分）与公共事业 SPDR（XLB）/ 标普 500 指数比率（图中阴影部分）在 2008 ～ 2012 年的走势进行了比较。你会发现，这两个比率的走势呈反向变动关系。从 2009 年春天到 2011 年，CRB/ 债券比率的上涨表明公共事业股的表现不佳（图中前两个箭头）。然而，CRB/ 债券比率在 2011 年的下跌让公共事业股成为

当年表现最好的行业板块（左数第二个下指箭头）。尽管图 15-12 中的结果与图 15-11 中的结果相反，其原因是一样的。当 CRB/ 债券比率上涨时，投资者开始青睐那些受惠于经济繁荣的经济敏感型股票。CRB/ 债券比率的下降对日用消费品及公共事业股等防守型股票更为有利。这也让 CRB/ 债券比率成为一个判断行业板块轮动的指示器。

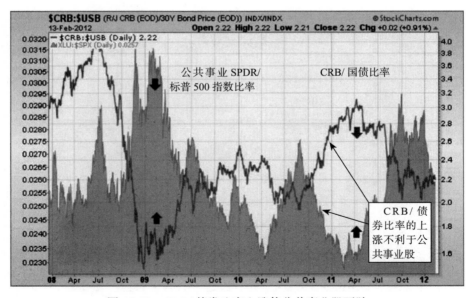

图 15-12　CRB/ 债券比率上涨使公共事业股下跌

CRB/ 债券比率还会影响到新兴市场

图 15-13 对 CRB/ 国债比率与安硕新型市场基金（EEM）/ 标普 500 指数比率在 2008 ～ 2012 年的走势进行了比较。这两个比率之间同样存在正向关系。在经历了 2008 年的下跌之后，这两个比率在 2009 年年初上涨，然后一直涨到 2010 年年末。在 2011 年，这两个比率一起回调，然后在 2012 年年初企稳。CRB/ 债券比率的上涨向全球交易者发出了一个积极信号。当全球交易者开始变得乐观时，他们更有可能投资于高风险的新兴市场。由于新兴市场与商品价格走势的联系更为紧密，CRB/ 债券比率的上涨也向交易者发出一个信号：新兴市场的投资机会正在增加（注意：这两个比率均于 2012 年第二季度走弱，并于当年夏天回升）。

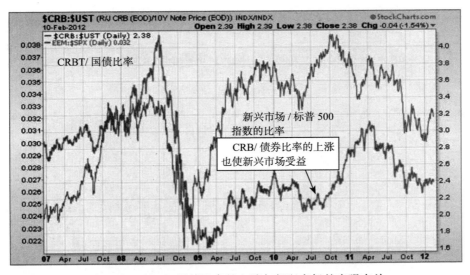

图 15-13　CRB/ 国债比率的上涨与新兴市场的走强有关

CRB/ 债券比率的另一个用处是作为**风险承担 / 风险规避**（risk-on/risk-off）的指示器。CRB/ 债券比率的上涨利好那些冒险型资产，如商品、商品型货币、高收益债券、新兴市场、经济敏感型股票及股票大盘。CRB/ 债券比率

的下降利好那些避险型资产，如国债、美元、防守型股票组合等。基于我们
在本章中所谈的理由，CRB/债券比率是
一种极佳的跨市场分析指标。

商品的通胀与债券的通缩

　　前面的图表说明，在过去的 10 年中，债券与商品之间大多保持着一种反
向关系。因此，商品价格与债券收益率之间同样在大多数时间里呈现相同的
走势。然而，债券收益率的涨幅追不上商品价格的脚步。在 2012 年年初，这
两个市场之间出现了比较大的分歧。图 15-14 比较了 CRB 指数与 10 年期国
债 1980 ～ 2012 年的走势。这两个市场在 2002 年之前的走势相同（竖线的左
边）。然而，自 2002 年以来，商品价格与债券收益率背道相驰。这在 2002 ～

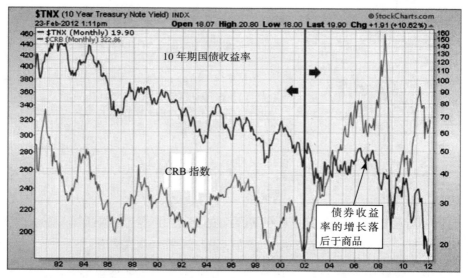

图 15-14　自 2002 年以来，商品价格的上涨并未使债券收益率走高

2008 年里尤其如此。2003 ～ 2007 年，债券收益率随着商品价格一同

上涨，但债券收益率的涨速跟不上商品价格上涨的脚步。尽管这两个市场之间的分歧在 2010 年变得越发明显，它们在 2011 年仍一同下跌（注意：在 2012 年第二季度，当 10 年期国债收益率跌至历史新低，而商品价格下跌了 20% 时，这两种资产之间的差异开始重新变小。它们在 2012 年第三季度一同上涨）。

这种分歧的原因之一在于：股票市场的 10 年弱势将债券价格推高，使债券收益率走低。还有一个原因让债券收益率保持在低位水平，即美联储为对抗通货膨胀而采取了不寻常的适应性货币政策。由于美元的贬值，这一政策让商品价格于 2002 年开始暴涨。2007 年房地产市场崩盘后的通货紧缩趋势也压制了债券收益率的上涨，迫使美联储让其进一步走低。自 2008 年 9 月以来，美联储将短期利率降到接近于零。美联储前两轮实施的量化宽松政策，加之 2011 年下半年开始的扭曲操作政策，其结果就是大量国债的买入及债券收益率的暴跌。由美联储实施的大规模货币供给引发了通货膨胀的恐慌，这也使商品价格飙升（使美元贬值）。然而，在商品价格上涨时，还有一个原因让债券收益率持续走低，即来自亚洲的竞争性趋势。

墨菲小常识

美联储的干预是债券收益率未随商品价格上涨的原因之一。

你知道吗？

扭曲操作政策通过买入长期债券来推动债券收益率走低。

商品与债券的价格与中国及日本的联系

图 15-15 显示，在过去的 10 年里，香港股市与 CRB 指数之间存在着很强的相关性。中国已经成为世界上最大的商品进口国，可以说，商品价格的

暴涨与新兴的中国市场有很大的联系（为对抗通货膨胀，中国在这 10 年的末期采取了紧缩性的货币政策）。日本是一个反面例子。日本的 GDP 平减指数（一种测度价格走势的指标）在 1998 年变为负值，并一直持续到 2012 年。这也让日本陷入了长达 15 年的通货紧缩。

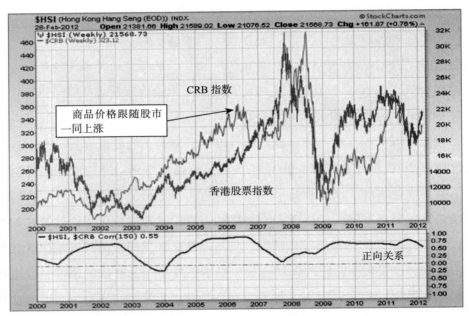

图 15-15　香港股市与商品价格的上涨之间的联系

　　图 15-16 显示，自 2000 年以来，日本股市的下跌与 10 年期国债收益率之间存在着很强的相关性。可以这么说，日本的通货紧缩是国债收益率通货紧缩的成因之一。中国与日本是世界上第二及第三大经济体。其中的一个国家正在对抗通货膨胀，而另一个国家则在同通货紧缩战斗。无须多想就可以知道，这两个亚洲巨人之间的竞争性趋势能够解释美国同时存在商品通货膨胀与国债收益率通货紧缩的原因。

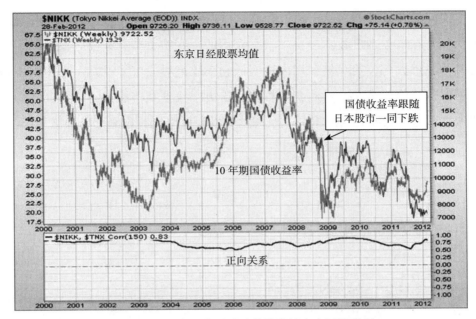

图 15-16　日本股市下跌及债券收益率之间的联系

总结

　　本章是全书主体最后一部分——第四部分的最后一章。第 11 章介绍了美元与商品价格走势之间存在着很强的反向关系。第 12 章介绍了股票与商品价格之间的联系是如何变得更加紧密的，尤其是 2008 年以后的联系。第 13 章介绍了股票与美元在过去 10 年中的反向关系。第 14 章考察了债券与股票价格之间的反向关系。本章分析了债券与商品之间的联系。这 5 章包含的联系涵盖了当前 4 类资产（债券、股票、商品及货币）间存在的主要跨市场关系。过去 10 年间的通货紧缩趋势已经让 20 世纪下半叶存在的某些传统市场间关系发生了改变。我们在第四部分所介绍的各种关系，构成了当前市场间关系的**新格局**。

　　我们将在最后的总结中再次介绍这些新关系，这一部分还包含了我对跨市场分析在证券市场技术分析中所起作用的一些结语。总结部分还提供了我的某些思想火花，美联储采用的长期低利率政策对股市来说是一种压制还是一种促进，值得思考。对此我们总能从历史中找到某些答案。最后，我们以快速浏览当前的图表结束本书，以期从中发现某些能够预测市场未来 10 年走势的线索。

自　　测

1. **国债与股票价格的走势通常_____。**
   a. 同向变动　　　　　b. 反向变动　　　　　c. 没有关系

2. **高收益（垃圾）债券的走势通常_____。**
   a. 与国债的走势同向变动　　　　　b. 与股票的走势同向变动

3. **当股票价格_____时，公司债券的表现通常优于国债。**
   a. 上涨　　　　　b. 下跌

4. **商品价格的上涨通常导致国债价格_____。**
   a. 上涨　　　　　b. 下跌

5. **CRB/ 国债比率的上涨有可能_____。**
   a. 利好股票　　　b. 利好经济敏感型股票
   c. 利空防守型股票　　d. 以上都对

答案：
　　1.b　　2.b　　3.a　　4.b　　5.d

结　　论

第 16 章

结语：所有的跨市场分析都是相关性分析

跨市场分析都是相关性分析。本章中所有图表的目的均在于说明这样一个问题：全部金融市场是紧密联系在一起的，更重要的是，如何利用这些信息来改进我们的预测过程。

经过我的努力，希望你已经明白这一点：跨市场分析也是技术分析的一个日益重要的组成部分。在过去的几年中，不同金融市场之间的关系变得越发紧密，因此，如果你不了解其他市场的情况，那么你哪个市场也分析不明白。我所分析的市场主要有 4 个：债券、股票、商品及外汇市场。但其覆盖的领域远远超出这一范围。跨市场分析在资产配置及行业板块轮动策略中占据了非常重要的位置，而这两部分工作又都和经济周期有关。交易所交易基金极大地便利了跨市场分析策略的实施，让投资者对市场各环节的跟踪变得非常容易。

外国股市的影响同样也会对美国股市起到关键作用。全球股票是高度相关的。在分析美国股市时，不考虑外国股市的走势将是十分危险的。欧元区发生的金融危机将对美元、商品价格、国债及标普 500 指数的走势产生连锁反应。诸如巴西、中国这样的新兴市场大国的走势同样会对商品及股票价格产生非常大的影响。打开任何一家电视台的商业频道，你都会看到全世界所发生的市场事件。其他市场发生的事情会影响到我们所研究的市场。

幸运的是，对全部的市场进行跟踪不再是一件难事。你所需要的只是一个能让你绘制全球市场的互联网网站和一些基本的图表分析方法。你不需要成为一个图表专家。大多数重要的趋势变化都很容易确定。但你需要确认你的确**理解**了这些趋势的变化。为实现这一目的，你需要看图。除了某些基本的图表分析方法之外，你还需要理解某些基本的跨市场分析原则。下面我们对这些最重要的跨市场分析原则及市场间关系进行回顾。

跨市场分析原则概要

跨市场分析的基本原则：

● 全球市场是相互联系的。

● 无论要分析哪一个市场，都必须分析其他的市场。

四大资产：

● 股票、债券、商品、外汇。

市场间关系：

● 美元与商品价格的走势呈反向变动关系。

● 债券价格与商品价格的走势呈反向变动关系。

● 自 1998 年以来，债券与股票价格的走势呈反向变动关系。

● 自 2008 年以来，股票与商品价格的走势变得更密切了。

它们之间如何相互作用：

● 债券通常先于股票改变走势。

● 股票通常先于商品改变走势。

● 债券收益率率先见顶，股票其次，商品最后见顶。

● 市场顶部的行业板块轮动比市场底部的轮动更可靠。

外国市场的影响：

- 全球股市之间是紧密联系的。
- 美元的走弱利好外国股票。
- 美元的走强利好美国股票。
- 新兴市场的走势与商品的走势密切相关。

市场间关系的新格局

尽管本书中所介绍的跨市场基本分析原则长时间保持稳定，但它们有时也会发生某些变化。然而，如果它们发生变化，那通常是有原因的。由于亚洲金融危机于 1997 年爆发，全球通货紧缩的威胁改变了某些关键的市场间关系。房地产市场 2007～2008 年的崩盘进一步增大了这种通货紧缩的威胁。在过去 10 年中，市场间关系主要发生了如下的一些变化：

- 自 1998 年以来，债券与股票的价格走势呈反向变动关系。
- 股票与商品价格的走势开始变得高度相关，自 2008 年以来尤其如此。
- 股票与美元的走势呈反向关系。

当然，在未来的 10 年里，这些市场间关系的新格局未必能一直延续下去。1998 年之后的通货紧缩威胁是这些新关系的主要成因。各国中央银行可能向全球经济体中注入了大量的超额流动性，这最终会导致高通货膨胀。这也会让某些市场间关系再度发生变化，调整至一种新的状态。然而，如果市场确实发生了某些变化，本书中所介绍的可视化工具可以帮助你确认这一点。

美联储的政策可能会影响到正常的债券 / 股票关系

自 2008 年以来，美联储已经采取了一系列措施来将利率保持在历史最低水平上。为降低国债收益率并将其保持在低水平上，美联储共实施了扭曲操作政策及3轮量化宽松政策。这是为了提振经济，增加消费者借贷，拯救房地产业。这一政策还有一个目标，即鼓励投资者将资金从几乎是零收益的货币市场基金与收益率不足2%的国债中转出，投入股票之类的高收益资产。尽管这一目标部分成功，但它有一个主要的问题：完全同样的政策也可能会让投资者持有国债的时间过长，实际上很可能阻止资金流入股市。

国债收益率在1981年见顶，然后一跌就是30年。当债券收益率下跌时，债券价格上涨。因此，国债价格经历了一波长达30年的大牛市。2000年以来的通货紧缩趋势，让债券在过去10年中的表现超过股票。在2012年，10年期国债的收益率在历史上首次跌破了1.5%（这一利率低于通胀率），持有国债的风险或许超过了未来的回报。由于国债的收益率已经不能再低，这也就限制了国债价格的上涨空间。国债在过去的10年中已成为一个可靠的避风港，而这10年中还包含了两次重大的股市崩盘。然而，在未来的岁月里，全球经济的任何好转（加上通货膨胀的上涨）都有可能导致债券收益率走高。当债券收益率上升时，债券的价格会下跌。这会将投资者赶到股票中去。图16-1显示，国债的价格自1981年以来持续上涨了30年，而30年期国债的收益率则从1981年的15%跌至2012年的3%（在2012年7月，债券收益率跌至2.5%，这也是20世纪50年代以来的第一次）。指望债券收益率继续走低似乎不太可能，这也限制了国债价格进一步上涨的空间。国债价格长达30年的牛市（还有国债收益率长达30年的下跌行情）似乎已经接近终结。

20世纪40年代，美联储也曾将债券收益率保持在低位

美联储当前实施的政策是抑制债券收益率的上涨，其目的在于阻止债券价格进一步下跌。这让债券持有者产生了一种安全错觉。美联储上一次实施

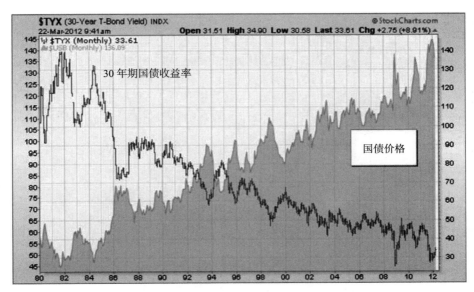

图 16-1　国债价格长达 30 年的牛市或将终结

这种金融抑制政策还是在 20 世纪 40 年代。美联储从 1942 年开始购入国债，以防止因债券收益率提高所带来的战时通货膨胀，并可以用贬值的美元来支付战争债务。美联储直到 1951 年才让债券收益率按正常速度增长。尽管股票在 20 世纪 40 年代的大多数时间里是上涨的，但是，直到债券收益率在 20 世纪 50 年代飙升，股票的牛市才真正来临，并一直持续了 20 年。20 世纪 50 年代，美联储让债券收益率上升，债券价格下跌，投资者才开始抛售债券并大量购入股票。

　　图 16-2 显示，1942 ～ 1950 年，30 年期国债收益率处于平台整理阶段。这主要是美联储的政策所致。国债收益率直到 1951 年才向上突破（见图中圆圈部分）并一路上扬。股票也于同年上涨。图 16-3 显示，道琼斯工业指数也于 1951 年突破了长达 20 年的平台整理期（见图中圆圈部分），开始了一轮大规模上攻行情，这轮行情一直持续到 20 世纪 60 年代。这两个市场在 1951 年一同大规模上涨，这绝非巧合。通过让债券收益率上涨，美联储也使债券价

格下跌。这也让投资者将资金从债券转向股票。

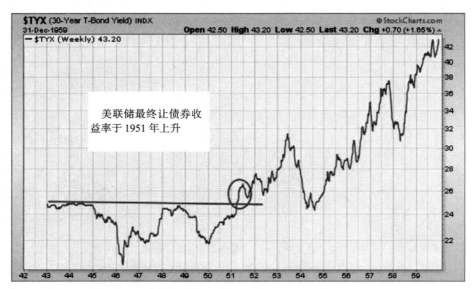

图 16-2　美联储最终让债券收益率于 1951 年上升

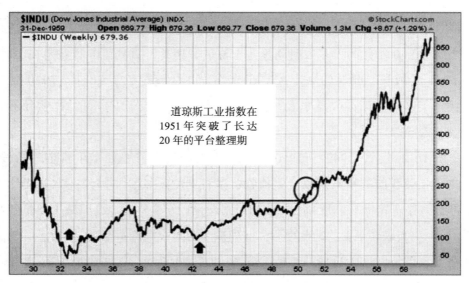

图 16-3　在 1951 年，道琼斯工业指数突破了长达 20 年的平台整理期

在当前这种环境下，美联储将债券收益率压得如此之低，这或许对资金从债券转入股票这一正常进程产生了干扰，而这一进程通常发生在通货紧缩衰退期的后期。通过这一政策，美联储实际抑制了股票价格。自2000年以来，股票已经被固定在一个宽幅的交易区间之内。在美联储停止干预债券市场，让市场力量自然接管这一进程之前，股价还会继续在这一交易区间内运动。如果美联储真这样做的话，我认为股票在下一个10年中的表现会好于债券。

资产配置策略开始向股票倾斜

在2000年前后开始的10年通货紧缩期给债券带来的好处要大于股票。这一情况现在发生了变化。图16-4显示了标普500指数与国债价格比率自1980年以来的走势。1980～2000年，该比率的上涨给股票带来的好处要大于债券。该比率在2000～2008年的下跌则更多地利好债券。从2009年以来，该比率的上涨开始利好股票。图16-4显示，股票/债券比率的下跌被限制在一个由2000年开始的两条平行趋势线所围成的区域内。从2009年年初开始，该比率开始从下方的趋势线处反弹。如果股票/债券比率突破了上方的趋势线，这意味着形势完全转向股票，但现在还只是向着这个趋势发展。

纳斯达克指数 / 债券比率可能正在探底

如图16-5所示，这幅图更能说明形势对股票比对债券更有利。该图显示的是纳斯达克综合指数与国债价格比率自2000年以来的走势。该比率于2000年见顶，而以高科技板块为主导的纳斯达克市场也于同年崩盘，股票市场开始了所谓的**失去的十年**，债券市场则开始暴涨。纳斯达克指数 / 债券比率

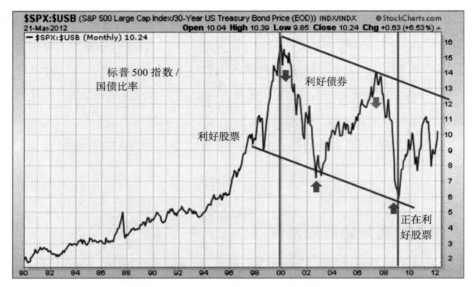

图 16-4　标普 500 指数 / 国债比率可能转而对股票有利

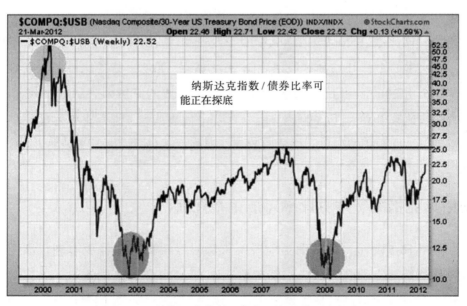

图 16-5　纳斯达克指数 / 债券比率可能正在探底

一直在 2002 年的低点及 2007 年的高点之间横盘整理。在 2009 年，该比率从和 2002 年的低点处相同的位置（图中圆圈部分）开始反弹，并持续上涨。现在，纳斯达克指数 / 债券比率已经逼近这十年交易区间的高点处。如果该比率超过 2007 年形成的市场头部，那么这是一个十分明显的信号，说明债券的黄金十年已告终结，股票可能进入一个新的黄金十年。

纳斯达克综合指数触及 12 年来的高点

纳斯达克市场在 2000 年年初的崩盘，开启了 21 世纪的第一轮熊市及股票市场的失去的十年（纳斯达克指数下跌了 78%）。现在，纳斯达克市场或许会引领股票市场摆脱这迷失的十年。图 16-6 显示，纳斯达克综合指数在 2012 年第一季度超越了 2007 年的前期高点，达到了 12 年以来的最高位（见图中

图 16-6 纳斯达克综合指数触及 12 年来的高点

圆圈部分)。从技术的角度来说,这是一个极强的突破上涨信号,表明纳斯达克市场的漫漫熊途已然终结。**长期熊市**(secular bear market)指的是持续时间在十年或更长的熊市。图 16-6 中的实线部分显示的是纳斯达克综合指数与标普 500 指数的比率。该比率自 2009 年以来持续上涨,已触及 12 年以来的最高点。在前面的章节中,我们在分析行业板块轮动时曾说明,高科技股的领涨对其他市场来说通常是一个积极信号。

长期熊市指的是持续时间长达十年或更长时间的熊市。

银行股成为新的领涨板块

对股市来说,银行股的走强是另一个让人振奋的信号。自 2007 年以来,银行业已经成为股市的一个巨大的拖累。银行股在 2008 年的崩盘对于股市中其他板块是一个毁灭性的打击。但情况后来已经有所好转。自进入 2012 年以来,银行股的走势十分强劲。金融股的领涨通常发生在经济衰退的末期及经济扩张的初期。这也是银行股领涨为何让人振奋的原因。

图 16-7 显示的是地区银行业 SPDR(KRE)截至 2012 年第一季度的走势图。KRE 基金升至 2010 年的高点,这在图形中是一个很重要的阻力区(图中上方的横线)。对银行股及股市中其他的板块来说,超越前期高点是一个非常强烈的信号。图 16-7 中的阴影部分是 KRE 指数与标普 500 指数的比率。这条相对强度线在 2011 年第四季度上涨,这也让银行股成为 2012 年第一季度表现最强势的行业板块。(注意:尽管银行股在第二季度的表现有所下滑,但该板块仍然是 2012 年的领涨股。从 2011 年 10 月的底部到 2012 年 8 月,地区银行业的涨幅为 46%,而标普 500 指数的涨幅为 25%。总的来说,金融股同期涨幅为 30%。在 2012 年的前 8 个月里,金融股的涨幅为 17%,这一数

字超过了标普 500 指数 12% 的涨幅。在 QE3 于 2012 年 9 月开始实施后，地区银行业 ETF 立即升至 4 年以来的新高。）

图 16-7　地区银行业 SPDR 测试 2010 年的前期高点，成为新的领涨板块

住宅建筑类股票见底

如图 16-8 所示，安硕住宅建筑业基金（ITB）也于 2012 年第一季度试探其 2010 年的高点。自 2009 年以来，这只住宅建筑类股票的一篮子基金一直在横盘整理。对其 2010 年高点的突破，表明这只基金开始从底部区域摆脱并形成上涨趋势（不久就超越了这一高点）。图中的阴影部分代表着 ITB 与标普 500 指数的比率。这条相对强度线在 2011 年第四季度上涨（同银行股一道），这也使住宅建筑类股票成为 2012 年第一季度表现最强的行业板块之一。两个行业板块的表现同时改善的事实也让人振奋，但不令人意外，因为银行与住宅建筑业的联系十分紧密。银行向那些想购买新住宅的人发放按揭贷款。（注

意：住宅建筑业指数在 2012 年 6 月超越其 2010 年的高点。在 2012 年 8 月，该指数触及 2008 年以来的历史最高水平。这也是 2012 年前 8 个月中表现最好的交易所基金，该指数的涨幅达 52%，而标普 500 指数的涨幅为 12%。在 2011 年 10 月见底之后，ITB 基金的价格翻了一番。）

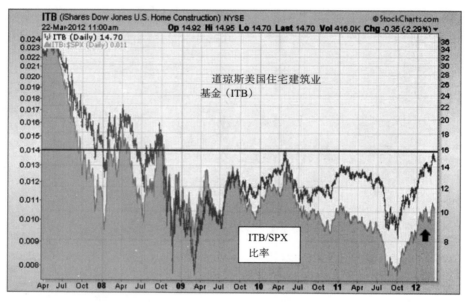

图 16-8　安硕住宅建筑业基金试探其 2010 年的高点，并成为新的领涨板块

为技术分析领域增加一种新模式

传统的技术分析通过使用价格图表来研究市场趋势。然而，在 1990 年之前，技术分析以**单市场**（single market）分析为主。无论这一市场是债券市场、股票市场、商品市场还是外汇市场，技术分析师只会单独分析每个市场。不同市场中的交易者不会关注其他市场的情况。美国的分析师不会在乎外国市场上所发生的事情。跨市场分析改变了这一切，它促使交易者考虑其他的市

场。跨市场分析代替不了传统的技术分析，它只是为其**增加了一种新的分析模式**。我们还得分别分析每个市场，以确定该市场最可能的走势。为实现这一点，我们使用传统的图表分析方法。然而，一旦我们完成了这一步，我们就得考虑其他市场的走势了。这就是跨市场分析为传统的技术分析带来的新东西。这两者相辅相成，缺一不可。下面我简要列举几条跨市场分析为技术分析带来的新东西。

- 跨市场分析使全球市场融合为一个统一连贯的整体。
- 跨市场分析为基础分析、经济分析及技术分析之间搭建了桥梁。
- 通过整合经济分析的影响力，增加了技术分析的应用范围，跨市场分析增加了技术分析的价值。

仔细研读图表

尽管本书对传统的技术分析方法着墨不多，但它是跨市场分析过程中极其重要的一部分。在我写的一本题为《金融市场技术分析》的著作中，我对技术分析的整个领域进行了全面、翔实的介绍。我出版的第二本书名为《图表炒家》，该书主要是为那些对图表分析相对不熟悉的读者准备的，书中介绍了如何将跨市场分析与传统的技术分析结合起来。还有一些专门研究分析图表的网站。

StockCharts.com 图表学堂

我与 Stockcharts.com 网站也有联系，在 2012 年，该网站被《股票与商品技术分析杂志》（*Technical Analysis of Stocks & Commodities Magazine*，网址为 www.traders.com）连续 11 年评为"最好的技术分析网站"。如果你想找

一个网站来刷一下技术分析的经验值，那么 StockCharts.com 很适合作为你初学的网站。本书所使用的全部图表均来自 StockCharts.com 网站。该网站上的大多数图表均可免费获取。StockCharts.com 还提供图表学堂，该学堂向你介绍一切你需要掌握的图表分析方法（参见 www.stockcharts. com/school）。该网站上还有一个在线书店，你可以从中寻找你所需要的技术分析书籍和视频。

神经网络

跨市场分析要求我们分析许多市场，以确定各市场之间的相互影响。这样，我们有必要引入人工智能软件来寻找隐藏的市场间关系。这种方法利用了**神经网络**（neural networks）的图像识别能力。神经网络非常善于对那些看似不相关的市场大数据中进行数据挖掘，从中找到目标市场与众多相关市场间的重复模式。神经网络可以根据这些隐含模式进行市场预测。VantagePoint 跨市场分析软件（VantagePoint Intermarket Analysis Software）（参见 www.vptraders.com）就利用了神经网络的图像识别能力。该软件由路易莎·门德尔松（Louis Mendelsohn）开发，门德尔松是交易软件开发的领军人物之一。他的儿子莱恩·门德尔松（Lane Mendelsohn）经营着一家教育网站，该网站致力于向投资者提供市场分析方面的教育服务，特别是与交易有关的软件（参见 www.traderplanet.com）。这个网站还提供和跨市场分析有关的教学用具及文章。

展望未来

下面我们将通过分析 4 幅图来结束本章的内容，这些图为一些市场间关系的未来走向提供了线索。图 16-9 显示的是美元指数 2000 ~ 2012 年第一季度的走势。在 2002 年见顶之后，美元只在接下来的 6 年中暴跌，然后在

2008 年渐趋平稳，此时美元指数已经升至之前用于确定跌势的下跌趋势线之

图 16-9　美元指数可能正在见底

上。自 2008 年之后，美元指数一直在 2008 年的低点和 2009 年的高点之间横盘整理。图 16-9 显示，美元见底的可能性大增。然而，要增强美元的升势，价格应升至连接 2009/2010 年高点的上升趋势线之上。美元与商品价格的上涨将会对市场产生极大的影响。

美元的见底会压制商品价格

图 16-10 对 2002 年以来的美元指数的下跌与商品价格（CRB 指数）的上涨进行了比较。商品价格在 2002 ~ 2008 年暴涨（图中箭头部分），美元在 2002 年的崩盘是主要原因。美元在 2008 年年中的见底与商品价格在 2008 年下半年的崩盘不谋而合。在 2011 年，美元的反弹同样导致商品价格下调。和

美元在过去 40 年里的表现一样，在商品价格未来的走势中，美元走势还将起到主要作用。

图 16-10　美元见底会起到压制商品价格的效果

CRB 指数的 40 年趋势图

图 16-11 显示了汤姆森 – 路透 / 杰富瑞 CRB 指数自 1970 年以来的走势。在过去的 40 年里，这一商品价格指数经历了 4 个重要转折。每一次转折都同时伴随着美元走势的反向变动。CRB 指数在 1972 年发生的重大转折（图中左数第一个圆圈部分）就是由美元下跌引起的。商品价格在 1980 年见顶（图中左数第一个方框）的同时，美元也发生了重要转折。商品价格在 2002 年出现重大变化（图中左数第二个圆圈部分），而美元也于此时崩盘。商品价格在 2008 年下半年的崩盘（图中左数第二个方框部分）与美元的上涨同时发生。鉴于这两个市场间历史上存在着反向关系，我们有理由认为，美元在未来的

走势越稳，商品价格获得过去 10 年中收益的难度也就越大。

图 16-11　CRB 指数的重要转折与美元的反向走势同时出现

股票 / 商品比率对股票的利好大于商品

图 16-12 显示了标普 500 指数与 CRB 指数比率自 1999 年以来的走势。股票 / 商品比率在 1999 年见顶，然后一直下跌到 2008 年年中。自 2008 年以来，这一比率已经有所上升。在 2012 年第一季度末，标普 500 指数 /CRB 指数比率已经触及近 5 年来的最高点，并升至 1999 年以来的下跌趋势线之上（见图中圆圈部分）。这一比率的上升表明，上一个 10 年期利好商品的走势已经一去不复返，在下一个 10 年中，股票将重夺领头羊的位置。我猜想，在未来的岁月里，股市与美元之间的反向关系将逐渐弱化，这在股票与商品之间的紧密联系弱化的情况下尤其可能出现。美国股票甚至还会从坚挺的美元中

得到某些收益。外国股票在过去 10 年中的领涨地位主要是美元走弱的结果。在未来的岁月中，一个更稳定的美元将扭转这种趋势，也会让全球资金对美国股市趋之若鹜。

图 16-12　标普 500 指数 /CRB 指数比率开始利好股票

要顺势交易，切勿人云亦云

我们在前面所做的图表分析仅代表个人观点，我们依据的是 2012 年第一季度的市场走势。我不会建议任何人跟风交易。我希望你从本书中学到足够的知识，可以帮助你自行做出投资决策。随着时间的推移，市场趋势也会发生变化，但本章中所介绍的原则不会变。跨市场趋势有时也会发生变化，但绝不会无缘无故地发生变化。这些趋势的变化都需要一定的时间，其持续时间也相当长。问题的关键，在于确定这些变化的发生时间并利用这些变化。如果你具备一些基本的图表分析方法，再辅之以本书中介绍的跨市场分析原则，你就相当于全副武装，可以进行跨市场分析的实际操作了。

译 者 简 介

    王　帆　长春理工大学经济管理学院经济系金融工程专业，副教授，毕业于东北师范大学，获经济学硕士学位，从事货币金融学、投资银行理论及实务等方面的研究工作。近年来出版学术专著 5 部，译著 2 部，在国外学术期刊与国内核心期刊上公开发表论文 10 篇，主持省级课题 3 项，并参与多项国家级科研课题研究。

    高闻酉　长春理工大学经济管理学院经济系金融工程专业，讲师，毕业于日本早稻田大学，获经济学硕士学位，从事金融工程、外汇投资分析等方面的研究工作。近年来，在国内外学术期刊上公开发表论文 7 篇，主持省社科基金 1 项，并参与多项国家级科研课题研究。

    马海涌　长春理工大学经济管理学院经济系金融工程专业，副教授，毕业于欧洲管理学院（ESCP-EAP）/ 亚洲理工学院（AIT），获金融学与 MBA 双硕士学位。从事公司金融、投资等方面的研究工作。近年来出版学术专著 3 部，译著 5 部，在国外学术期刊与国内核心期刊上公开发表论文 7 篇，主持省级课题 1 项，并参与多项国家级科研课题研究。

推荐阅读

序号	书号	书名	作者	定价
1	30250	江恩华尔街45年（珍藏版）	（美）威廉 D. 江恩	36.00
2	30248	如何从商品期货贸易中获利（珍藏版）	（美）威廉 D. 江恩	58.00
3	30247	漫步华尔街（原书第9版）（珍藏版）	（美）伯顿 G. 马尔基尔	48.00
4	30244	股市晴雨表（珍藏版）	（美）威廉·彼得·汉密尔顿	38.00
5	30251	以交易为生（珍藏版）	（美）亚历山大·埃尔德	36.00
6	30246	专业投机原理（珍藏版）	（美）维克托·斯波朗迪	68.00
7	30242	与天为敌：风险探索传奇（珍藏版）	（美）彼得 L. 伯恩斯坦	45.00
8	30243	投机与骗局（珍藏版）	（美）马丁 S. 弗里德森	36.00
9	30245	客户的游艇在哪里（珍藏版）	（美）小弗雷德·施韦德	25.00
10	30249	彼得·林奇的成功投资（珍藏版）	（美）彼得·林奇	38.00
11	30252	战胜华尔街（珍藏版）	（美）彼得·林奇	48.00
12	30604	投资新革命（珍藏版）	（美）彼得 L. 伯恩斯坦	36.00
13	30632	投资者的未来（珍藏版）	（美）杰里米 J.西格尔	42.00
14	30633	超级金钱（珍藏版）	（美）亚当·史密斯	36.00
15	30630	华尔街50年（珍藏版）	（美）亨利·克卢斯	38.00
16	30631	短线交易秘诀（珍藏版）	（美）拉里·威廉斯	38.00
17	30629	股市心理博弈（原书第2版）（珍藏版）	（美）约翰·迈吉	58.00
18	30835	赢得输家的游戏（原书第5版）	（美）查尔斯 D.埃利斯	36.00
19	30978	恐慌与机会	（美）史蒂芬·韦恩斯	36.00
20	30606	股市趋势技术分析（原书第9版）（珍藏版）	（美）罗伯特 D. 爱德华兹	78.00
21	31016	艾略特波浪理论：市场行为的关键（珍藏版）	（美）小罗伯特 R. 普莱切特	38.00
22	31377	解读华尔街（原书第5版）	（美）杰弗里 B. 利特尔	48.00
23	30635	蜡烛图方法：从入门到精通（珍藏版）	（美）斯蒂芬 W. 比加洛	32.00
24	29194	期权投资策略（原书第4版）	（美）劳伦斯 G. 麦克米伦	128.00
25	30628	通向财务自由之路（珍藏版）	（美）范 K. 撒普	48.00
26	32473	向最伟大的股票作手学习	（美）约翰·波伊克	36.00
27	32872	向格雷厄姆学思考，向巴菲特学投资	（美）劳伦斯 A. 坎宁安	38.00
28	33175	艾略特名著集（珍藏版）	（美）小罗伯特 R. 普莱切特	32.00
29	35212	技术分析（原书第4版）	（美）马丁 J. 普林格	65.00
30	28405	彼得·林奇教你理财	（美）彼得·林奇	36.00
31	29374	笑傲股市（原书第4版）	（美）威廉·欧奈尔	58.00
32	30024	安东尼·波顿的成功投资	（英）安东尼·波顿	28.00
33	35411	日本蜡烛图技术新解	（美）史蒂夫·尼森	38.00
34	35651	麦克米伦谈期权（珍藏版）	（美）劳伦斯 G. 麦克米伦	80.00
35	35883	股市长线法宝（原书第4版）（珍藏版）	（美）杰里米 J. 西格尔	48.00
36	37812	漫步华尔街（原书第10版）	（美）伯顿 G. 马尔基尔	56.00
37	38436	约翰·聂夫的成功投资（珍藏版）	（美）约翰·聂夫	39.00

推 荐 阅 读

序号	书号	书名	作者	定价
38	38520	经典技术分析（上册）	（美）小查尔斯 D. 柯克帕特里克	69.00
39	38519	经典技术分析（下册）	（美）小查尔斯 D. 柯克帕特里克	69.00
40	38433	在股市大崩溃前抛出的人：巴鲁克自传（珍藏版）	（美）伯纳德·巴鲁克	56.00
41	38839	投资思想史	（美）马克·鲁宾斯坦	59.00
42	41880	超级强势股：如何投资小盘价值成长股	（美）肯尼思 L. 费雪	39.00
43	39516	股市获利倍增术（珍藏版）	（美）杰森·凯利	39.00
44	40302	投资交易心理分析	（美）布雷特 N. 斯蒂恩博格	59.00
45	40430	短线交易秘诀（原书第2版）	（美）拉里·威廉斯	49.00
46	41001	有效资产管理	（美）威廉 J. 伯恩斯坦	39.00
47	38073	股票大作手利弗莫尔回忆录	（美）埃德温·勒菲弗	39.80
48	38542	股票大作手利弗莫尔谈如何操盘	（美）杰西 L. 利弗莫尔	25.00
49	41474	逆向投资策略	（美）大卫·德雷曼	59.00
50	42022	外汇交易的10堂必修课	（美）贾里德 F. 马丁内斯	39.00
51	41935	对冲基金奇才：常胜交易员的秘籍	（美）杰克·施瓦格	80.00
52	42615	股票投资的24堂必修课	（美）威廉·欧奈尔	35.00
53	42750	投资在第二个失去的十年	（美）马丁 J. 普林格	49.00
54	44059	期权入门与精通（原书第2版）	（美）爱德华·奥姆斯特德	49.00
55	43956	以交易为生II：卖出的艺术	（美）亚历山大·埃尔德	55.00
56	43501	投资心理学（原书第5版）	（美）约翰 R. 诺夫辛格	49.00
57	44062	马丁·惠特曼的价值投资方法：回归基本面	（美）马丁·惠特曼	49.00
58	44156	巴菲特的投资组合（珍藏版）	（美）罗伯特·哈格斯特朗	35.00
59	44711	黄金屋：宏观对冲基金顶尖交易者的掘金之道	（美）史蒂文·卓布尼	59.00
60	45046	蜡烛图精解（原书第3版）	（美）格里高里·莫里斯、赖安·里奇菲尔德	60.00
61	45030	投资策略实战分析	（美）詹姆斯·奥肖内西	129.00
62	44995	走进我的交易室	（美）亚历山大·埃尔德	55.00
63	46567	证券混沌操作法	（美）比尔·威廉斯、贾丝廷·格雷戈里-威廉斯	49.00
64	47508	驾驭交易（原书第2版）	（美）约翰 F. 卡特	75.00
65	47906	赢得输家的游戏	（美）查尔斯·埃利斯	45.00
66	48513	简易期权	（美）盖伊·科恩	59.00
67	48693	跨市场交易策略	（美）约翰 J. 墨菲	49.00
68	48840	股市长线法宝	（美）杰里米 J. 西格尔	59.00
69	49259	实证技术分析	（美）戴维·阿伦森	75.00
70	49716	金融怪杰：华尔街的顶级交易员	（美）杰克 D. 施瓦格	59.00
71	49893	现代证券分析	（美）马丁 J. 惠特曼、费尔南多·迪兹	80.00
72	52433	缺口技术分析：让缺口变为股票的盈利	（美）朱丽叶 R. 达尔奎斯特、小理查德 J. 鲍尔	59.00
73	52601	技术分析（原书第5版）	（美）马丁 J. 普林格	100.00
74	54332	择时与选股	（美）拉里·威廉斯	45.00
75	54670	交易择时技术分析：RSI、波浪理论、斐波纳契预测及复合指标的综合运用（原书第2版）	（美）康斯坦丝 M. 布朗	59.00
	13303	巴菲特致股东的信		

投资大师 · 极致经典

书号	书名	定价	作者
978-7-111-59210-5	巴菲特致股东的信：投资者和公司高管教程（原书第 4 版）	99.00	沃伦 E 巴菲特 劳伦斯 A 坎宁安
978-7-111-58427-8	漫步华尔街（原书第 11 版）	69.00	伯顿 G. 马尔基尔
978-7-111-58971-6	市场真相：看不见的手与脱缰的马	69.00	杰克 D. 施瓦格